卓越法官文库

The Normative Foundation of Prepackaged Bankruptcy System:
The Freedom of Contract and the Substantive Justice of Contract

预重整制度规范基础

——契约自由与契约实质正义

荣 艳 著

法律出版社
LAW PRESS·CHINA
—— 北京 ——

图书在版编目（CIP）数据

预重整制度规范基础：契约自由与契约实质正义 / 荣艳著. -- 北京：法律出版社, 2024. -- ISBN 978-7-5197-9425-5

Ⅰ. D922.291.914

中国国家版本馆CIP数据核字第2024RR3978号

预重整制度规范基础
——契约自由与契约实质正义
YU CHONGZHENG ZHIDU GUIFAN JICHU
—QIYUE ZIYOU YU QIYUE SHIZHI ZHENGYI

荣 艳 著

策划编辑 朱 峰
责任编辑 苗 婕
装帧设计 贾丹丹

出版发行 法律出版社
编辑统筹 辞书·融出版编辑部
责任校对 晁明慧
责任印制 吕亚莉
经　　销 新华书店

开本 710毫米×1000毫米 1/16
印张 15 **字数** 176千
版本 2024年9月第1版
印次 2024年9月第1次印刷
印刷 北京建宏印刷有限公司

地址：北京市丰台区莲花池西里7号（100073）
网址：www.lawpress.com.cn
投稿邮箱：info@lawpress.com.cn
举报盗版邮箱：jbwq@lawpress.com.cn

销售电话：010-83938349
客服电话：010-83938350
咨询电话：010-63939796

书号：ISBN 978-7-5197-9425-5
定价：68.00元

凡购买本社图书，如有印装错误，我社负责退换。电话：010-83938349

序言一

荣艳法官的《预重整制度规范基础——契约自由与契约实质正义》一书，从契约自由与契约实质正义的视角对预重整制度进行了深入的研究，对司法实践中存在的种种对预重整的理论误解和不当操作进行了分析，并提出了修正和完善建议，值得从事破产法理论研究和实务工作的同人认真阅读并加以借鉴。

预重整是一种对债务困境企业的挽救制度，最初源自美国等发达市场经济国家。预重整引入我国后，在原有的庭外重组和破产重整两种企业挽救制度的法理与实践基础上，通过制度优势的结合和创新形成独立的企业挽救模式。预重整分为庭外重组和破产重整两个关联阶段，以庭外重组为主导和实质性活动阶段，在成功达成重组协议后，通过启动简易破产重整程序赋予重组协议（进入重整程序后改称为“重整计划草案”）以司法强制力的阶段，最终实现企业挽救的目的。

值得注意的是，目前我国的预重整实践是在完全没有立法规定、没有统一理念与规则的情况下进行的。各个地方法院或政府在探索过程中，根据自己的利益取向和需求理解，自行制定适用于本地区的“规则”或“指引”，指导本地区的预重整实践，其中难免因利益误导而出现一些违背预重整本质法律属性的错误。正如本书作者所指出，从各地法院及政府制定的预重整指引看，“预重整更像是庭内司法重整的外挂程序，只是将本应在庭内司法重整中进行的相关程序移到庭外，以便节约庭内司法重整的时间，提高重整的效率；或者作为强化重整受理条件审查的识别机制，在庭外谈判成熟后再确认是否符合重整受理条件，从而决定是否准许进入庭内司法重整程序。政府的行政权则更多侧重于考虑企业出现困境后对地方经济、民生保障等方面的影响，进而积极介入预重整的前期谈判，尽可能促进企业的挽救成功；对企业继续营运价值等问题的考虑则并不明显。行政权、司法权对预重整'不放心'的态度与提前介入的做法，虽然呈现出主动介入监管的态度，但显然与预重整这一制度的根本目标出现了背离”。

我认为，预重整的法律本质是当事人的庭外自行协商重组。既为当事人庭外的自行协商谈判，法院或者政府是无权对其行使法庭内的司法权力或行政权力进行强制干预的。预重整适用于特定的对象，其启动与进行不需要法院或政府的受理和批准；不需要法院指定临时管理人，更不需要由他人接管企业（哪怕是所谓临时接管管理），但可由当事人自行聘请辅导机构，协助其重组工作；预重整在庭外重组阶段不能具有中止执行、解除保全、停止计息等重整程序启动后才可以具有的司法强制效力。法院在预重整中的工作是制定预重整的规则指引，并在预重整达成协议、当事人提出的重整申请受理后，据此审查预重整活动及当事人达成的重组协议即重整计划草案，并依法直接批准重整计划草案，进而使预重整中债权人对重整计划草案的同意表决效力可以延伸至重整程序中，免去债权人会议的召开和表决，简化重整程序，挽救困境企业。

也正因如此，联合国国际贸易法委员会制定的《破产法立法指南》在总结分析各国预重整的立法规定和实施经验后，将预重整称为“简易重整程序”，即“为使受到影响的债权人在程序启动之前自愿重组谈判中谈判商定的计划发生效力而启动的程序”。这一概念是在预重整的自愿重组谈判成功后，从启动重整程序以获得司法效力的角度，将与预重整相衔接的特别重整程序称为简易重整程序。

作者在书中指出：“只有遵循市场经济的发展规律，即由市场遵循自身意愿发起并展开谈判，实现对资源的重新配置，进而满足市场自身的需求，才是预重整制度之于市场经济发展的意义所在。”如何更好地建立市场化、法治化的预重整制度，是我们在企业破产法修订中有待实现的重要目标之一。而要完成这一立法任务，需要对预重整制度以及我国的司法实践进行深入的研究分析，在正确的理论基础上建规立制，纠正那些可能因部门利益诱导而发生的种种错误做法。

本书作者具有深厚的商事法律理论基础以及多年的审判实践经验，在书中综合运用法教义学、实证研究、比较研究等方法，系统梳理我国内地预重整实践的现状，透视当前实践中尺度不一、功能模糊、角色混乱等现象背后的本质问题，即预重整制度中市场主体的私权利与行政权、司法权的公权力的边界模糊、识别错误等问题，指出问题的根本原因在于对预重整制度的规范基础认识不清。为此，作者从预重整制度本位、理论基础的底层切入，运用现代契约理论框架进行分析，提出预重整制度庭外谈判重组中的核心原则——契约自由原则，以及公权力对预重整进行规制的核心原则——契约实质正义原则。在契约自由原则部分，以预重整中的多重契约关系为切入点解构预重整庭外重组的核心内容，论述预重整中建立代表人制度如债权人委员会、股东委员会等的必要性，明确预重整中辅助机构的身份定位。在此基础上，提出预重整庭外重组的具体规范原则：预重整启动自由、期限自治；预重整庭外重组期间由债务人自行管理财产与营业事务；预重整不产生自动中止等庭内司法重整才具有的强制效力；预重整庭内外程序中意思表示推定一致；预重整庭外重组程序可逆等。在契约实质正义原则部分，论述公权力只能基于契约实质正义原则对市场主体的谈判重组进行规制，而不应超越上述边界。在预重整中涉及行政权规制与司法权规制两个部分。行政权规制为事中规制，主要体现为规范与监管，即对预重整提供配套政策与服务，以及对预重整自由谈判中涉及行政监管事项的监督管理，如对可能损害社会公共利益的预重整经营方案的监督，对金融机构、上市公司预重整中的行政监管等。司法权的规制则为事后规制，即在预重整由庭外重组转入庭内司法重整程序时，对庭外谈判重组方案的审查与批准，在具体规范原则下进行程序规制与实体规制，并通过事后规制指引预重整庭外重组中的自由谈判。

本书还对目前我国实践中的各种预重整模式进行了性质分类和操作分析，将"预重整"分为市场化模式或者说相对市场化模式、法院司法主导模式和地方政府行政主导模式三种类型，分析了各种模式及其操作方式的利弊之处，并根据预重整的法律本质确认只有市场化的预重整才是真正的预重整，才能代表预重整的发展方向。

实践中，一些地方出于便利自身工作、获取业绩、减轻责任等利益考虑，错误理解预重整的本质，滥用司法强制力和行政权力，使预重整与司法重整出现了功能同质化，制度混同化，甚至出现以没有法律依据的预重整来规避、取代规范的司法重整制度的倾向。实践中一些对预重整错误的理解和做法，造成了相当程度上的混乱，甚至让人们在一些部门利益面前模糊了、忽略了对预重整制度本质特征的思考与认识。预重整更多地被作为司法重整的前置程序、外挂程序或者庭内司法重整的识别机制，甚至规避司法重整规制与责任的手段，并没有真正充分发挥其预期的作用。

为澄清、纠正对预重整制度的种种错误认识与操作，本书作者指出，预重整的契约本质即当事人自行协商机制，决定了预重整的制度特征与运行规律。"行政权、司法权与市场主体契约性重组之间的关系，并不是相互排斥的关系。相反，市场在资源配置中起决定性作用的同时，需要由行政权从社会公共利益的角度对市场主体提供公共政策配套服务、进行公共管理。司法权则为预重整程序运行提供强制力的保障，并限制预重整程序运行中契约自由的滥用。因此可以说，预重整中行政权、司法权与市场主体的私权利之间是明确界限，相向而行的关系。预重整核心内容是市场主体在庭外遵循契约自由原则的契约性重组，行政权与司法权则是从实质公平与社会公共利益维护等契约实质正义的角度对契约自由进行规制，并在此基础上提供强制力保障。进言之，公权力只有在社会本位的价值理念下，基于契约实质正义的要求对预重整进行规制，才能够与市场主体的私权利处分活动相互呼应、有效融合，从而使预重整制度能够规范有效运行。”超越不同权利的行使界限，滥用司法权和行政权，不仅会背离预重整的本质法律属性，无助于实现预重整制度的设立目的，使其不能再称为“预重整”，反可能变成对司法重整的破坏与冲击，进而失去其制度优势和存在意义。

本书的主要创新之处在于，作者以社会本位为视角，以现代契约理论为分析手段，通过对我国内地的预重整实践与香港地区以及与美国、英国、日本的制度与实践进行比较，探究我国内地社会主义市场经济体制下预重整制度的规范基础及规范原则。在此基础上，提出预重整制度应当秉持社会本位理念，在现代契约理论框架下运行。具体而言，预重整制度的规范基础为私法自治之契约自由原则与公权规制之契约实质正义原则。在预重整庭外谈判重组中，市场主体以契约自由为原则展开谈判，司法权与行政权则基于契约实质正义原则对庭外谈判重组进行事中规制与事后规制。只有权利与权力合理分界，市场主体与行政、司法各司其职，契约自由与契约实质正义高度融合，预重整制度才能有效运行，真正发挥其独特的制度优势与魅力。这不仅廓清了当前实践中的模糊认识，丰富了我国内地预重整制度探索中的学说理论，也为预重整这一困境企业早期挽救制度在我国内地的实践提供了规则上的指引。

中国共产党第二十届中央委员会第三次全体会议的决定指出：“健全企业破产机制，探索建立个人破产制度，推进企业注销配套改革，完善企业退出制度。健全社会信用体系和监管制度。”我相信本书的出版，可以为读者尤其是破产法界从事理论研究和实务工作的各位同人，从多角度理解预重整制度提供有益的启发和借鉴，促进预重整制度的建设与完善，进一步提升我国的营商环境，使企业破产挽救制度的立法修改、理论研究与实施操作更上一层楼，早日实现中央的改革目标。

是为序。

中国人民大学破产法研究中心主任

中国人民大学法学院教授

王欣新

2024年8月9日

序言二

在当今经济全球化和市场竞争日益激烈的新阶段，企业的生存与发展面临诸多挑战，尤其是企业财务困境与破产风险的防范和处理，成为现代法治国家必须面对的重要课题。在这一复杂背景下，我的学生荣艳，以其敏锐的学术眼光和扎实的理论功底，完成了这部名为《预重整制度规范基础——契约自由与契约实质正义》的专著。

预重整制度作为现代破产法律体系中一项创新性制度设计，其核心价值在于通过非正式的、灵活的市场机制，实现对濒临破产但仍具备持续经营潜能的企业进行重组与拯救。这一制度不仅是对传统破产重整模式的补充，更是对企业拯救理念的深化与发展。从法学理论的角度审视，预重整制度的本质在于平衡契约自由与契约实质正义，以期在确保债权人权益不受不当侵害的前提下，给予债务人企业以重生的机会。

契约自由作为市场经济的基石，体现了主体之间在法律框架内进行自主约定的权利，这是市场交易的核心原则之一。在预重整制度中，契约自由的重要性尤为突出，因为它为企业和债权人提供了灵活性和创新空间，使他们能够根据具体情况设计符合各自利益的重整方案。这种灵活性有助于激发市场主体的活力，优化资源配置，提高经济效率。然而，契约自由并非无限制的。完全无约束的契约自由可能导致权力和资源的不平衡分配，尤其是在信息不对称或谈判力量悬殊的情形下，可能出现强者愈强、弱者愈弱的局面。这种不平衡不仅损害了弱势群体的利益，还可能危及市场机制的公平性和正义性。

本书通过对预重整制度的理论基础进行深入剖析，探讨了契约自由与契约实质正义在预重整实践中的具体应用。在法律规范层面上，本书系统梳理了预重整的制度框架，包括预重整方案的制定、债权人会议的召开、法院的监督与批准等关键环节，以及分析了预重整庭外重组程序与庭内重整程序的衔接与转换。

在理论层面上，本书阐述了预重整制度与企业拯救、债权人保护、市场效率等多重价值目标之间的关系，揭示了预重整在现代破产法体系中的地位与作用。本书在契约自由与契约实质正义之间，巧妙地寻找到了平衡点。作者从契约自由原则的高度出发，深入探讨了预重整制度中各方利益的博弈与平衡，揭示了如何在尊重市场主体自主选择权的基础上，实现对弱势方的合理保护。这一视角不仅丰富了预重整制度的理论内涵，也为实践操作提供了有益的指导。

在实践应用层面上，本书结合典型案例及我国的国情，提出了一系列具有前瞻性和可操作性的建议。这些建议不仅有助于完善我国预重整制度的法律框架，为司法实践中的具体操作提供了切实可行的路径，更展示了预重整制度在解决企业危机、维护市场秩序、促进资源优化配置等方面的实际效果。

作为作者的导师，我深知她在本书的写作过程中付出了大量心血。她不仅细致研读了大量国内外文献，广泛参与了相关领域的学术研讨与实务交流，作为一名资深法官，她还能够深入审判工作一线，从国内实情出发，力求做到理论与实践的有机结合。她的学术热情和严谨态度使这部著作不仅具有较高的学术价值，也具有重要的实践意义。

《预重整制度规范基础——契约自由与契约实质正义》一书，不仅是作者个人学术研究的重要成果，也是对我国预重整制度研究的一次重要推动。我相信，本书的出版将为学界和实务界提供新的启示和思路，推动预重整制度的进一步完善与发展。

诚然，法律的生命在于经验而非纯粹逻辑，但本书恰恰在经验与逻辑之间找到了平衡点。它不仅展现了法律的严谨与规范，也体现了法律的人文关怀和实践智慧。本书不仅是对预重整制度深邃理论的精妙阐述，更是对契约自由与契约实质正义在破产法领域中应用的独到解读。它不仅为学术研究者提供了丰富的思想资源和严谨的分析框架，也为实务工作者带来了解决复杂问题的实用工具和启发性视角。我衷心希望，每一位翻阅此书的读者，都能够在其中发现对自身研究或工作的助益，为您在思考与实践中带来深刻的启迪和切实的帮助。

陈志轩

2024年8月8日

前　言

2007年6月1日施行的《中华人民共和国企业破产法》(以下简称《企业破产法》)确立了市场化的破产重整制度,为挽救遭遇财务或经营困境的企业提供了新的路径。[1]2007年《企业破产法》实施后,重整案件数量虽然不断增加,[2]但由于受到严格的时间与程序限制,该法在实践中未能得到充分有效的运行。重整申请门槛高、重整程序推进难以及重整计划执行效果不佳等问题还不同程序地存在。[3]一方面,一部分原有挽救希望和价值的企业,望"重整"而"生畏",因无法得到充分有效的"救治"而走向消亡,对社会经济的发展造成影响。另一方面,在市场经济条件下,一些企业尝试在庭外自行谈判重组以实现企业重生。但该方法着力于各方自愿状态下的企业自救,优点在于具有较好的灵活性和较高的效率性,[4]但致

---

〔1〕 1986年《企业破产法》中的整顿制度本质上是由政府主导的一种行政整顿制度,并非市场经济条件下的困境企业挽救之重整制度。参见王欣新:《破产法》(第3版),中国人民大学出版社2011年版,第245页。

〔2〕 以2016年数据为例,我国内地共受理重整案件1041件,比上一年度上升85.2%;审结重整案件525件,比上一年度上升43.4%。2018—2022年,全国法院审结破产重整案件2801件,盘活资产3.4万亿元,帮助3285个企业摆脱困境,稳住92.3万名员工就业岗位。参见最高人民法院院长周强2023年3月7日在第十四届全国人民代表大会第一次会议上所作的《最高人民法院工作报告》,载最高人民法院网,https://www.court.gov.cn/zixun/xiangqing/393751.html。

〔3〕 参见占菊钗:《2016年中国破产法理论研究综述》,载《公司法律评论》2017年卷。另外,实践中,重整还存在"程序繁琐、时间冗长、成本偏高"等不足,从而限制了重整在困境企业挽救中的适用。参见贺小荣、王富博、杜军:《破产管理人与重整制度的探索与完善——〈全国法院破产审判工作会议纪要〉的理解与适用》(上),载《人民司法(应用)》2018年第13期。

〔4〕 参见《世界银行法庭外债务重组研究资料:法庭外债务重组》,郑志斌、刘玥译,贺丹审校,载王卫国、郑志斌主编:《法庭外债务重组》(第1辑),法律出版社2017年版。

命的不足是容易产生债权人“钳制”及信息不对称问题,〔1〕也无法在困境企业挽救中充分实现其价值。2007年《企业破产法》中的破产重整制度与美国破产重整制度具有广泛的相似性,〔2〕经过多年的实践,市场对破产重整制度的熟悉与接受程度已逐步加深。在此背景下,同样产生于美国,与破产重整制度相衔接的预重整制度〔3〕进入我国内地困境企业挽救机制的研究视野,并在司法实践中得到不断尝试和探索。

2020年3月,国家层面关于市场化要素配置的体制机制建设意见,重申了以供给侧结构性改革为主线,在资源配置中坚持市场化原则。〔4〕预重整作为市场经济发展中一项重要的困境企业挽救制度,其本身就是实现资源重新配置的过程。很显然,市场应当在预重整中起决定性作用。然而,随着我国内地对预重整探索的不断展开,实践中做法各异、尺度不一、功能混淆等问题也逐渐显现。但目前无论是对预重整基础理论的理解,还是在实践中对程序及实体的把握,均缺乏成熟统一的认识与尺度。部分地方政府参与预重整的积极性高,主动介入市场主体契约性谈判重组的过程,对市场主体启动预重整等权利行使进行一定的限制,如温州、珠海两地通过政府工作会议纪要的方式对预重整的启动作出了规定。在一些中小型企业预重整中,地方政府则较少介入支持。法院司法权在预重整实践的介入方面,也存在不同的尺度与做法。有的将庭内司法重整的部分程序前置,如对预重整的启动进行审查、指定管理人、中止执行等,使预重整事实上成为庭内司法重整的一部分。〔5〕部分案件中则采用先行协商或排除相应

〔1〕 See D. Kim, *Do Self-serving Managers Choose Chapter 11 Filing over Out-of-court Restructuring*? Journal of Economics and Finance, Vol.30, 105-114(2006).

〔2〕 参见吴在存:《美国破产重整及管理人制度的考察与启示》,载《人民司法(应用)》2018年第28期。

〔3〕 参见[美]杰伊·劳伦斯·韦斯特布鲁克、查尔斯·布斯、[德]克里斯托弗·保勒斯、[英]哈里·拉贾克:《商事破产:全球视野下的比较分析》,王之洲译,中国政法大学出版社2018年版,第147页。

〔4〕 参见中共中央、国务院《关于构建更加完善的要素市场化配置体制机制的意见》。

〔5〕 参见王欣新:《建立市场化、法治化的预重整制度》,载《政法论丛》2021年第6期。

障碍，待时机成熟后再进入正式的司法重整程序的做法。[1]但无论哪种做法，法院很难“放心”地由各方当事人在庭外自行进行谈判重组，使预重整与重整在功能上出现了一定的同质性。实践中的不同做法，造成了一定程度上的混乱，甚至让人们模糊了对预重整制度特征的认识。预重整更多地被作为重整的前置、外挂程序或者庭内司法重整的识别机制在运用，并没有充分发挥预期的作用。[2]与此同时，对于遭遇困境的企业而言，运用预重整帮助企业解困的需求日益增长与迫切。鉴于目前各地规则不一的现状，实践中呼吁在全国层面规范预重整制度，以适应市场的需求。[3]预重整制度的市场需求与法律供给之间存在极为不平衡的供需矛盾。有学者指出，实践中各地的预重整缺乏法律依据，做法不一，甚至使预重整产生与庭内司法重整相同的法律效力，或者对没有挽救价值的企业进行预重整，对债权人利益造成损害。[4]实务界也不断提出当前预重整存在定位模糊，与庭内司法重整的功能雷同等问题。[5]那么，对于预重整这样一个外来制度，在制度创设与完善过程中，贯穿其中的价值理念、理论框架究竟是什么，市场主体及相关各方又应当在何种规范基础、具体规范原则下运行？如何对市场主体的私权利与行政权及司法权进行准确定位，确定权利（力）边界，才能契合当前中国内地市场的需求，有效为困境企业纾困解

〔1〕 参见李曙光：《预重整制度在中国的探索式样本——评福昌电子破产重整案》，载李曙光、刘延岭主编：《破产法评论》（第1卷），法律出版社2018年版，第505－510页。

〔2〕 最高人民法院审判委员会副部级专职委员刘贵祥在2019年10月14日国际破产协会中国研讨会北京一日会议上发表的主题演讲致辞中也提出：“由于缺乏制度支持，理论和实践中需要进一步探索和讨论临时管理人在预重整中的职责和权利边界，临时管理人、债务人和债权人在预重整中的行为如何在重整程序中延伸，如何保证债务人信息披露的充分性，如何解决庭外重组中的财产冻结等问题，同时还要注意因为进行预重整反而降低重整程序的效率，人为抬高重整申请门槛的问题。”刘贵祥：《中国破产法的实施和改革完善》，载微信公众号“破产法快讯”2019年10月15日，https://mp.weixin.qq.com/s/iK_J0GupBnM5_eAd_6ifww。

〔3〕 参见吴晓璐：《年内10家上市公司入列“重整席”业界呼吁建立全国统一预重整规则》，载《证券日报》2022年6月23日，第A03版。

〔4〕 参见李曙光：《我国破产重整制度的多维解构及其改进》，载《法学评论》2022年第3期。

〔5〕 参见王玲芳：《混合企业救援实践下的预重整制度构建》，载《法治研究》2022年第4期。

忧，从而真正使这一制度能够保障与推动市场经济的健康发展？作为一种混合性的困境企业挽救制度，预重整不仅避免了庭外谈判重组与庭内司法重整自身的劣势，又结合了两种制度的强大优势，运用预重整制度对困境企业进行挽救的过程本身，就是实现市场资源重新配置的过程。因此，预重整制度理应在一定的规则下按市场化方式运行，尊重市场的自主决定，同时由公权力进行适度规制，才能够顺应经济社会的发展，实现对市场经济保驾护航的作用。基于当前的实践背景，理清预重整制度理论框架并明确其规范基础，从而确立市场主体的私权利与行政权、司法权的边界，是预重整制度良好运行、实现其对困境企业挽救价值的关键所在，也是解决当下预重整实践混乱局面的根本“钥匙”。

截至目前，国内关于预重整的研究可以分为三个阶段：第一阶段是对国外预重整制度的介绍与引入阶段。这一阶段从2007年《企业破产法》实施后开始。学者们以对国外预重整制度的介绍与分析为主，主要集中在对国外预重整制度特别是美国预重整制度的概念、特征、优势等的介绍与引入，对英国、日本及我国香港地区等国家和地区的预重整制度关注较少。随着我国内地预重整的实践探索不断展开，并“出现了一批通过预重整成功挽救困境企业的案例，例如，中国第二重型机械集团有限公司、二重集团（德阳）重型装备股份有限公司（以下合并简称中国二重）破产重整案，深圳市福昌电子技术有限公司（以下简称福昌电子）破产重整案等”[1]。由此，对预重整的研究转入第二阶段，即对我国内地实践探索的经验摸索与总结、分析阶段。这一阶段的研究更多地集中于对实践探索的总结，并归纳了不同做法的特点与经验。第三阶段是对我国内地预重整实践的质疑与思考阶段。这一阶段主要集中在近两三年，学界与实务界对当前预重整实践做法各异、理念不一的现象开始反思，对预重整制度的法律性质及规

---

〔1〕 贺小荣、王富博、杜军：《破产管理人与重整制度的探索与完善——〈全国法院破产审判工作会议纪要〉的理解与适用》（上），载《人民司法（应用）》2018年第13期。

制、预重整的目的，政府与法院的角色定位等进行思考与讨论。总的来说，一方面，理论与制度的介绍及研究为困境企业挽救指出了新的方向，带来了新的希望；另一方面，实务中关于预重整的探索在操作方面各有不同、标准不一，凸显这一制度在我国内地运行中面临的突出问题，特别是关于预重整制度的理论基础、行政权与司法权在预重整中的定位等困境。上述问题的根源，与其说是关于预重整具体运行模式的观点不同，不如说是对预重整制度价值理念、理论基础的认识不足。关于预重整的理论体系与规范基础，从理论到结构、规范等完整全面的体系化的认识有待于进一步加深。

当前，中国经济发展正处于新一轮结构调整期，市场经济中优胜劣汰是必然规律。对暂时遭遇困境但仍有营运价值的企业进行有效挽救，是市场经济体制改革中必须关注的问题。预重整是困境企业与其利益相关者之间，在正式启动重整程序之前就企业挽救进行谈判，在达成方案或形成主要支持意见之后，申请启动正式的司法重整程序对庭外谈判成果予以确认，从而取得司法强制力的混合性困境企业挽救制度。[1]在困境企业挽救的各种机制中，预重整制度以其结合庭外谈判重组灵活性与庭内司法重整强制性的特征，体现出极大的制度优势。

本书拟在梳理预重整实践现状与现有文献的基础上，通过对制度原理进行研究，并兼与其他国家及地区预重整制度进行比较，力求以一套科学的理论分析框架对这一制度进行结构解析。在此基础上通过对制度的规范分析，以及对实践案例的微观透视，论证预重整制度的规范基础，并据此提出具体的规范原则。即从预重整制度本位、理论基础的底层切入，运用现代契约理论框架进行分析，提出预重整制度庭外谈判重组中的核心原则——契约自由原则，以及公权力对预重整进行规制的核心原则——契约

〔1〕 参见王佐发：《预重整制度的法律经济分析》，载《政法论坛》2009年第2期。

实质正义原则。在此基础上，论述预重整制度的规范基础，即私法自治之契约自由原则与公权规制之契约实质正义原则，以及在此规范基础之上的具体规范原则。本书着力探究公权力与私权利的界限所在，以使市场主体与行政、司法各司其职，相向而行，确保预重整制度有效运行。进言之，预重整制度应当秉持社会本位理念，在现代契约理论框架下运行：在预重整庭外谈判重组中，市场主体以契约自由为原则展开谈判；行政权与司法权则基于契约实质正义原则进行事中规制与事后规制。只有权利（力）合理分界，契约自由与契约实质正义高度融合，预重整才能真正发挥其独特的制度优势与魅力。

目　录

第一章　契约理论与预重整概述

一、契约自由与契约实质正义之关系演变

（一）古典契约理论中契约即正义的反思

在法律文化中，英美等西方国家一直有强烈的契约意识与契约观。莎士比亚的《威尼斯商人》中夏洛克对安东尼的所作所为，虽然为众人所唾弃，但夏洛克"不这样办，威尼斯的法律就是一纸空文"的叫嚷，反映了古代西方强烈的契约意识。[1]与此同时，这一故事中所反映的对契约内在价值的追求，也跃然纸上：

意大利人安东尼向犹太人夏洛克高利借贷3000元，并约定了清偿时间，如违约则愿意割肉一磅作为惩罚。借款到期后安东尼因故未能按时归还，此后其虽愿以20倍之借款偿还，以免割肉之痛，但夏洛克并不同意并诉至法院。法官劝说夏洛克息事宁人，但夏洛克坚持己见，于是判令安东尼准许夏洛克割取胸肉一磅。在夏洛克准备割取安东尼胸肉时，法官告知夏洛克不得伤害安东尼皮肤或使其流血，因为契约无此约定，否则当予严办。夏洛克闻此，脸色骤变，所操利刀停在半空中，迟迟不能落下。[2]

这一戏剧故事，不仅反映了契约自由的精神，故事中涉及的契约实质

---

〔1〕 参见何勤华、郝铁川、程维荣、戴永盛：《中西法律文化通论》，复旦大学出版社1994年版，第127–128页。

〔2〕 参见胡启忠：《契约正义论》，法律出版社2007年版，第15–16页。

正义问题，亦为契约理论研究者所深思。[1]

契约自由思想源于罗马法。[2]在罗马法上，契约被认为是法律认可的关于债权债务关系的协议，由两个要件构成，一是债发生的根据，即原因或客观事实；二是当事人之间达成的协议。[3]在古典契约理论中，契约自由与契约正义相伴相生，浑然天成，每一个主体都有权利和能力决定是否缔结契约与缔约内容，而任何有理智的人都不会订立对自己有损害的契约，因此契约即正义。[4]然而正是契约即正义这样的理念影响，导致人们对契约自由原则的滥用。古典契约理论将所有市场中的主体都设定为理智人，且能力相互平衡。然而，随着经济的发展以及垄断的出现，市场主体之间的能力出现极大的不平衡，古典契约理论中契约即正义的理念在现实经济生活中遭到极大的怀疑。如雇主与雇员之间的契约、销售者与消费者之间的契约，以及具有市场垄断地位的企业与供应商之间签订的契约等，已经很难说契约双方具备完全平等的能力，从而使契约即正义的理念已经完全无法适应现代社会发展。社会的发展变化使西方现代契约正义理论应运而生。这一理论强调从社会角度对契约自由进行限制，在关注契约自由的同时关注公平。[5]从更深层次来看，一方面，自20世纪下半叶以来，强调法律与道德相结合的新自然法哲学理论的复兴，从理论层面为强调实质正义的现代契约正义理论提供了基础与支持；另一方面，强调法律与社会相结合的社会法哲学理论为契约实质正义提供了以社会为本位的理论基础与视角。[6]

---

〔1〕 参见胡启忠：《契约正义论》，法律出版社2007年版，第15-16页。

〔2〕 参见姚新华：《契约自由论》，载《比较法研究》1997年第1期。

〔3〕 参见［意］彼德罗·彭梵得：《罗马法教科书》，黄风译，中国政法大学出版社1996年版，第307页。

〔4〕 参见张旭东：《论契约自由与契约正义》，载《郑州航空工业管理学院学报（社会科学版）》2005年第4期。

〔5〕 参见胡启忠：《西方现代契约正义理论产生的理论基础》，载《财经科学》2007年第1期。

〔6〕 参见胡启忠：《西方现代契约正义理论产生的理论基础》，载《财经科学》2007年第1期。

在经济学方面，亚当·斯密“看不见的手”的理论，主张在市场环境中，通过个体的自利行为，转化为最优的市场配置。换言之，通过“看不见的手”的牵引，市场对资源进行自动分配，从而使社会的整体利益得到提高。〔1〕“看不见的手”的推动，使自由经济得以发展。然而，随着西方经济的进一步发展，经济衰退大潮及至经济危机的出现，“看不见的手”的理论已难以支持现实的发展，凯恩斯的国家干预理论应运而生。凯恩斯强调国家应当加强对整个经济生活的干预，从而对社会就业等公共政策领域进行调节，从经济学的角度为契约实质正义理论提供了基础。这一经济学理论在契约法领域，体现为对契约形式自由的限制，强调国家对于契约自由的干预与调节。〔2〕应该说，对契约自由的限制强调国家对于市场经济发展的合理干预，体现国家对于弱势群体的保护及对于社会公共利益的维护。在契约理论不断发展的过程中，契约自由与契约正义作为契约理论的核心要素逐渐为人们所接受。〔3〕

（二）现代契约理论中契约实质正义的提出

由于古典契约理论假定的前提是市场的完备性，〔4〕因而契约自由本身就是契约正义。根据契约自由的理念，当事人之间的契约就是当事人之间的法律，对缔约者直接发生法律效力。〔5〕然而随着经济的高度发展，这一理论已不能适应经济发展的需要。近代以来，西方社会契约意识中的构成要素渐渐发展为：契约自由、契约神圣以及契约受法律规制。契约自由强

---

〔1〕 参见［英］亚当·斯密：《道德情操论》，韩巍译，西苑出版社2005年版，第174页。

〔2〕 参见胡启忠：《西方现代契约正义理论产生的理论基础》，载《财经科学》2007年第1期。

〔3〕 参见汪莉：《契约法中的契约自由与契约正义》，载《学术界》2005年第6期。

〔4〕 参见李永军：《从契约自由原则的基础看其在现代合同法上的地位》，载《比较法研究》2002年第4期。

〔5〕《拿破仑法典》第1134条第1款关于“依法成立的契约，在缔约的当事人间有相当于法律的效力”的规定，是对契约自由最为经典的表述。参见张俊浩主编：《民法学原理》（下册）（修订第3版），中国政法大学出版社2000年版，第725页。

调订立契约以双方的合意为基础，当事人可以自由表达立场；契约神圣则强调契约一旦订立，必须得到遵守；契约受法律规制，是指契约的订立必须符合法律的规定，也即契约自由应当受到限制，如果契约内容不符合社会公众利益或损害他人利益，违反法律规定等，则契约应当归于无效。正是由于关于契约的三个原则深入人心，西方资本主义的商品经济得以保持正常运行。〔1〕

在市场经济社会中，市场主体可以自主决定其在私法上的权利义务，而这种自治实现则需要通过契约达成。〔2〕关于契约自由与契约正义的关系，一种观点认为，契约自由与契约正义是契约法的两个基本的原则，两个原则互相协同，使契约法的机能得到发挥；〔3〕也有观点认为，契约自由是契约法的首要原则，随着社会的发展，契约正义为契约自由提供了新的价值判断，是对契约自由的补充而不是否定，二者价值目标相同。〔4〕还有观点认为，契约正义是契约法的基本价值，而契约自由是契约法的基本原则，契约正义必然要求契约自由，同时又必然限制与约束契约自由。〔5〕有观点进一步认为，正义涉及对事实的评价，而评价则需以价值为指引，总体而言，价值包括自由、平等、安全、秩序、效率、公平六种，因此契约正义包括契约自由、契约平等、契约安全、契约秩序、契约效率、契约公平六种正义的目标。〔6〕这一理论与前一观点在本质上都认为契约正义是契约理论总括性的根本价值体系，契约自由是契约正义的必然要求。可见，在理论研究中，关于契约自由与契约正义的关系有不同的理解与认识，而关于契

〔1〕 参见何勤华、郝铁川、程维荣、戴永盛：《中西法律文化通论》，复旦大学出版社1994年版，第125-130页。

〔2〕 参见王泽鉴：《台湾的民法与市场经济》，载《法学研究》1993年第2期。

〔3〕 参见王泽鉴：《债法原理》，北京大学出版社2009年版，第59页。

〔4〕 参见张俊浩主编：《民法学原理》(下册)(修订第3版)，中国政法大学出版社2000年版，第725-727页。

〔5〕 参见汪渊智、冯锦生：《论合同正义》，载《政法论坛》1996年第6期。

〔6〕 参见胡启忠：《契约正义论》，法律出版社2007年版，第99-106页。

约不是绝对自由而应当有所限制的核心理念则相对统一。正如梁慧星教授所言，现代社会中，民法理念已经关注到个体之间不平等的经济地位，因此抛弃了契约绝对自由的形式正义而转向对实质正义的追求。〔1〕

我国古代的契约称为“契”或“约”，涉及买卖、典卖、租佃、借贷等经济生活领域。〔2〕我国关于契约的历史悠久、形式多样，今天所称的合同在古代是验证契约的一种标记，而后在立法中逐渐以“合同”取代“契约”，但“要约”“违约”等术语仍然使用。〔3〕我国内地市场经济不断发展的过程中，市场主体的契约意识得到逐步的提升，并极大地促进了经济的发展。从1999年施行的《合同法》到2021年施行的《民法典》合同编，以契约自由与契约实质正义为核心的契约意识已经深入人心。〔4〕契约自由意味着在合同领域“法律授权当事人自己立法”。〔5〕从具体规定看，《合同法》总则中规定了契约自由的原则，〔6〕《民法典》合同编更是将契约自由原则进行了拓展，进一步将合同的成立规范作为任意性规范，同时增加规定了订立合同的方式，更大程度地彰显了契约自由原则。〔7〕同时，《民法典》合同编中，对契约实质正义也作了进一步的强调，在合同法诚实信用、不得损害社会公共利益等原则的基础上，强调了对特定缔约角色的保护，对格式条款成

〔1〕　参见梁慧星：《从近代民法到现代民法——二十世纪民法回顾》，载《中外法学》1997年第2期。为区别于契约形式正义，与契约自由相对应，本书将契约正义限缩为契约实质正义。

〔2〕　参见何勤华、郝铁川、程维荣、戴永盛：《中西法律文化通论》，复旦大学出版社1994年版，第130-133页。

〔3〕　参见贺卫方：《“契约”与“合同”的辨析》，载《法学研究》1992年第2期。

〔4〕　参见谢鸿飞：《〈民法典〉合同编内在体系的变迁》，载《山西大学学报（哲学社会科学版）》2020年第6期。

〔5〕　谢鸿飞：《〈民法典〉合同编内在体系的变迁》，载《山西大学学报（哲学社会科学版）》2020年第6期。

〔6〕　《合同法》（2021年1月1日废止）第4条规定：“当事人依法享有自愿订立合同的权利，任何单位和个人不得非法干预。”

〔7〕　参见谢鸿飞：《〈民法典〉合同编内在体系的变迁》，载《山西大学学报（哲学社会科学版）》2020年第6期。

立与内容的控制，对显失公平规则构成要件的明确，等等。[1]

（三）契约实质正义的基本内涵

"契约自由原则为民法上私法自治原则的最重要表现"[2]，体现在人们对于是否订立契约的自由，选择订约对象的自由，还体现在订约内容的自由，以及以何种方式订约的自由。[3]契约自由原则为市场经济的发展注入了活力。对于经济活动中的当事人而言，他们自由订立的合同即他们之间的法律，必须得到遵守。对契约自由原则的尊崇极大地激发了市场主体参与经济活动、推进经济发展的内在动力。人们可以按照其内在需求选择对象进行交易，进而推动社会经济向前发展。"在契约自由原则之下，人们在市场的交换中从自身利益出发，在'看不见的手'的指引下，达到一个也许并非本意想要达到的目的，却因着对自身利益的追求而使得社会整体利益得到促进与提升。"[4]然而，自由必须加以规制，否则任何一个个体都可能因自由被滥用而受害。[5]正如前面论及的那样，古典契约理论中契约自由的绝对核心地位建立在一个完备自由市场的假定之上。近代民商法中，理论上亦假定人们都是理性的、经济的，人都有追求与维护自身利益的本能，也都具备竞争的冲动与能力。因此，法律只要是在形式上平等地对待市场主体，人们就会遵循意思自治的原则达成个体的最佳利益，进而达到社会利益的最大化。[6]因而，契约自由的出发点是从个体出发，通过个体自然有机的活动，促进整体社会利益的发展。但随着市场经济的发展，市场主

---

〔1〕 参见谢鸿飞：《〈民法典〉合同编内在体系的变迁》，载《山西大学学报（哲学社会科学版）》2020年第6期。

〔2〕 陈聪富：《契约自由与诚信原则》，台北，元照出版有限公司2015年版，第5页。

〔3〕 参见韩世远：《合同法总论》（第4版），法律出版社2018年版，第45页。

〔4〕 参见［英］亚当·斯密：《国民财富的性质和原因的研究》（下卷），郭大力、王亚南译，商务印书馆1974年版，第27页。

〔5〕 参见［美］E.博登海默：《法理学：法律哲学与法律方法》，邓正来译，中国政法大学出版社2004年版，第302页。

〔6〕 参见史际春、李青山：《论经济法的理念》，载《华东政法学院学报》2003年第2期。

体并不都是理性、能力相当的，完备的自由市场并不存在。那么市场这只“看不见的手”是否需要“看得见的手”来进行规制与调控？显而易见，国家对于契约自由，基于维护当事人缔约公平的需要，得加以限制。[1]正如马克斯·韦伯认为的那样，任何一种法律秩序都不应毫不限制契约自由，对任何的协议不考虑其具体内容而全部予以保护。[2]这样的限制，体现为对契约实质正义的追求与维护，旨在协调市场主体个体之间、个体与整体及国家利益之间、生产者与消费者之间的利益冲突，进而维护正常的交易秩序。[3]在现代契约理论中，人们将目光从个体出发的单一视角转为关注社会整体利益的社会视角。契约实质正义事实上是通过对契约自由的限制实现对契约自由的维护与补充。契约实质正义要求个体在订约和履约的过程中，从自身利益出发的同时，考虑与协调社会和国家的利益。在司法上，契约实质正义则体现为给予法官充分的自由裁量权，法官能够根据契约关系中的具体情况，平衡双方的利益，进而达到对弱者的保护。[4]因此可以说，契约实质正义的核心要义是对契约自由的滥用进行限制，对契约自由的限制，正是为了实现契约实质正义。[5]

契约实质正义还体现在对公序良俗即公共秩序与善良风俗的遵守，从而实现对市场经济中涉及国家与社会的一般利益与道德观念的维护。[6]在日本，是否遵守公序良俗直接影响契约的效力；英美法系判例法中也确立了违反公共政策的协议无效原则、不道德的合同无效原则；我国合同法律

---

〔1〕 参见陈聪富：《契约自由与诚信原则》，台北，元照出版有限公司2015年版，第55页。

〔2〕 参见［德］马克斯·韦伯：《论经济与社会中的法律》，张乃根译，中国大百科全书出版社1998年版，第101页。

〔3〕 参见徐国平：《论我国契约法应有的两大原则：契约自由和契约正义》，载《芜湖职业技术学院学报》1999年第1期。

〔4〕 参见刘志云：《论契约正义及其理论基础》，载《华东政法学院学报》1999年第5期。

〔5〕 参见张旭东：《论契约自由与契约正义》，载《郑州航空工业管理学院学报（社会科学版）》2005年第4期。

〔6〕 参见陈晓君主编：《合同法学》，中国政法大学出版社1999年版，第28页。转引自吴兴光、龙著华、周新军、叶昌富：《合同法比较研究》，中山大学出版社2002年版，第28–29页。

中关于遵守公序良俗的规定则体现在对社会公德的遵守、对社会公共利益的维护等方面。[1]从案例来看,体现契约实质正义的历史也许可以追溯到美国1886年的一个案件中。这个案件中,一个采矿公司用该公司一个商店中的汇单支付工资,这是立法机关所禁止的,而问题在于禁止这种行为并强令雇主用现金支付雇员的工资是否系对契约自由的干涉与不合理的限制。对此,庞德认为:如果仅从契约双方来看,这种限制不是必要的,并且限制了契约双方的自我权利主张;而如果从个人在人类生活中的社会利益来考虑,这种限制则是必要的,且只有通过这种限制,才能保护矿工的尊严。这样的标准符合威廉·詹姆士提出的伦理哲学原理,即在不可能所有愿望都获得满足的世界,尽量少地牺牲其他利益来使人们获得尽可能多的利益,对契约自由的限制就是公正的。[2]从这个案例可以清楚地分辨出契约自由与契约实质正义之间的关系,从保护弱者、维护社会公共利益与社会秩序角度而言,这样的限制显然是正义的。社会秩序为其他一切权利提供了基础,[3]不受限制的契约自由必然损害社会公共秩序,而这样的契约自由将进一步使社会中其他个体的权利受到损害。

马克思主义的契约观体现了以自由与平等为内涵的契约正义,是与同一时期的生产方式相适应与匹配的制度正义和社会正义。[4]因此,马克思主义契约理论强调与生产方式相适应的实质正义。马克思科学社会主义同时强调从国家层面在契约领域根据社会的需要对契约自由作出限制。[5]因此,社会主义市场经济中的契约正义,恰恰是对真正意义上的契约自由

---

〔1〕 参见吴兴光、龙著华、周新军、叶昌富:《合同法比较研究》,中山大学出版社2002年版,第29-30页。

〔2〕 参见[美]罗斯科·庞德:《普通法的精神》(中文修订版),唐前宏、廖湘文、高雪原译,法律出版社2010年版,第116-117页。

〔3〕 参见尚杰:《〈社会契约论〉导读》,四川教育出版社2002年版,第108页。

〔4〕 参见尤春媛:《社会主义市场经济视野中的契约文明与法治政府建构》,南京航空航天大学2011年博士学位论文。

〔5〕 参见胡启忠:《西方现代契约正义理论产生的理论基础》,载《财经科学》2007年第1期。

的维护，是契约的实质正义。由此我们可以看出，契约实质正义强调在社会经济生活中，在尊崇契约自由原则的同时对契约自由给予干预，强调个人意思自治与社会利益的平衡。换言之，对契约自由进行限制，正是“对契约自由原则真实意义的恢复与匡正”。[1]对契约实质正义的坚守体现在保障缔约当事人的地位平等，使处于弱势地位一方能够自主表达意志，从而实现订约目的；保障当事人的自主自愿，即对一方利用强势地位，滥用契约自由强迫另一方接受不平等的合同条款进行法律上的干预；维护等价有偿的原则，即在一方不履行义务给对方造成损害时，应按照交易的内在要求进行赔偿；维护公序良俗、保障正常的交易和生活秩序；维护公平原则，本着公平和正义的原则从事订约和履约行为。[2]在我国内地，人们关于契约自由与契约实质正义的认识随着《合同法》的施行而逐渐加深。《民法典》施行后，民法典合同编进一步体现了对实质公正等契约正义原则的一脉相承。[3]契约自由在特定的情形下得加以限制，而这种限制，是对契约真正自由的维护，也是牺牲较少利益而获取较多社会利益的体现。

总而言之，现代契约理论在肯定契约自由的同时强调基于契约实质正义对契约自由进行限制。现代契约理论的内核——契约自由与契约实质正义水乳交融，相辅相成。无论是在西方资本主义的市场经济体制下，还是在我国社会主义市场经济体制下，契约自由与契约实质正义，都是市场经济活动中应当坚守的价值目标。“一个时代的法律精神是这个时代一切社会制度的价值基础。”[4]在今天的社会经济生活中，契约自由必须置于社会的大环境中考虑，个体自由意志的行使必须考虑他人利益与社会公共利

---

〔1〕 李永军：《从契约自由原则的基础看其在现代合同法上的地位》，载《比较法研究》2002年第4期。

〔2〕 参见王利明：《合同法研究》（第1卷），中国人民大学出版社2015年版，第200-202页。

〔3〕 参见谢鸿飞：《〈民法典〉合同编内在体系的变迁》，载《山西大学学报（哲学社会科学版）》2020年第6期。

〔4〕［美］罗斯科·庞德：《普通法的精神》（中文修订版），唐前宏、廖湘文、高雪原译，法律出版社2010年版，第40页。

益，在契约自由中体现实质上的公平正义，在契约实质正义的庇佑下保障真正的契约自由。

二、预重整的契约本质

（一）企业的契约性与预重整的契约本质

从市场经济中企业的运行来分析，市场就是个体之间在追逐自身利益进行交易过程中形成的一种经济上的互动。[1]质言之，市场是市场主体之间以交易为目的与内容而形成的合同关系的总和，因而市场化就是契约化。[2]作为市场主体的企业内部成员之间及与外部主体之间形成契约性的关系，因此我们可以把它称作契约束。[3]在这个契约束中，既包含了企业内部成员之间形成的内部契约，也包含了企业作为市场主体与其他相关方形成的外部契约。相应地，当企业出现困境时，与企业相关的主体的利益会受到影响。预重整是以困境企业为连结点的各利益相关者在法庭外进行商业谈判，对各方的利益作出新的安排，并在达成预重整方案的前提下，通过司法程序予以确认的程序。预重整的庭外谈判中，不仅涉及企业与债权人、投资人等之间通过谈判最终形成的契约关系，还涉及企业组织结构及股权调整等内部契约关系的变更。

不同于法律上将企业视为一个拟制的独立法人，经济学上认为企业本质上是一组由外部债权人、供应商、顾客、股东、经营者、雇员等相关主体

---

〔1〕 参见[美]弗兰克·伊斯特布鲁克、丹尼尔·费希尔:《公司法的经济结构》(中译本)(第2版)，罗培新、张建伟译，北京大学出版社2014年版，第8页。

〔2〕 参见王利明:《契约精神与法治社会》，载王利明:《法平如水——一位法学家的思想随笔》，中华书局(香港)有限公司2016年版，第24页。

〔3〕 参见[美]弗兰克·伊斯特布鲁克、丹尼尔·费希尔:《公司法的经济结构》(中译本)(第2版)，罗培新、张建伟译，北京大学出版社2014年版，第14页。

之间缔结的契约关系的联结（或者是一种法律假设）。[1]企业契约理论认为，企业是由企业家用以协调生产资源并替代价格机制、节约交易费用的一种契约组织。科斯在其《企业的性质》一文中对企业作为价格机制替代物的描述，[2]让我们看到企业产生的背景，以及企业在市场中的作用所在。在此基础上，张五常教授进一步提出要素市场契约的理论，认为企业就是要素的所有者与最终产品之间的装置，这种装置将要素所有者与企业家联系在一起，二者签订契约，由企业家统一指挥，企业是要素市场契约的集合。[3]在科斯与张五常的理论看来，企业本身是一个契约的集合，是要素所有者与企业家之间的契约集合。与此同时，企业作为市场主体，与市场中的其他主体之间通过契约关系进行经营与贸易。因此可以说，企业不仅是契约主体，这种组织本身同时也是契约关系体。[4]企业契约理论的发展让我们看到了一个更为形象、具体的企业特征。因此，在企业的运行中，契约是企业存在的基础，而公司或企业本身也作为契约关系的联结在市场中发挥作用。[5]这样的契约关系犹如一张网络，以企业为中心发散并联结在一起。[6]

当企业遭遇困境运用预重整程序对其进行挽救时，由企业及其利益相关者在原权利义务关系的基础上，通过对各方利益的调整与重新安排形成挽救方案。预重整中的企业与正常的企业一样，作为一个契约的集合体，一方面“公司治理结构是一个企业所有权安排的契约”[7]，基于企业自救而对企业内部的治理结构及涉及企业所有权的一切安排，均涉及契约的重

---

〔1〕 参见葛结根：《资本结构契约理论研究——基于代理成本、非对称信息与企业控制权的分析框架》，中国人民大学2004年博士学位论文。

〔2〕 参见［美］罗纳德·科斯：《企业的性质》，载盛洪主编：《现代制度经济学》（上），北京大学出版社2003年版，第103－117页。

〔3〕 参见张志华：《企业的契约性质、所有权理论及公司治理结构述评》，载《财经科学》2006年第7期。

〔4〕 参见［美］麦克尼尔：《新社会契约论》，雷喜宁、潘勤译，中国政法大学出版社1994年版，第9页。

〔5〕 参见［美］米歇尔·詹森、威廉姆·马克林：《企业理论：管理者行为、代理费用与产权结构》，载盛洪主编：《现代制度经济学》（上），北京大学出版社2003年版，第176－177页。

〔6〕 参见张民安：《法国民法中意思自治原则的新发展》，载《法治研究》2021年第4期。

〔7〕 张志华：《企业的契约性质、所有权理论及公司治理结构述评》，载《财经科学》2006年第7期。

新订立；另一方面，与企业利益相关的外部各方亦需与企业展开谈判与博弈，而这些谈判与博弈的最终结果是契约的达成与预重整方案的制定。无论是在企业内部还是外部，以企业挽救为核心展开的债权人、债务人、外部投资人、原股东等各方达成的关于利益重新调整的契约集合，是预重整的核心内容。因此，预重整本质上就是达成一个新的契约集合并使之生效的过程。在知悉困境企业客观情况的基础上，困境企业的债权人、投资人等主体进行合理的选择，与债务人、股东建立一个新的契约模型。〔1〕在此过程中通过谈判形成的契约，无论是对原债权债务关系的修改，还是建立新的契约关系，本质上是以交换为目的，是一种交换契约。〔2〕这也是预重整庭外谈判重组中的的核心内容。在预重整制度运行过程中，无论是参与预重整谈判的市场主体，还是对该制度运行提供保障的公权力，只有遵循预重整的契约本质，尊重市场主体在预重整庭外谈判重组过程中的意思自治、契约自由，才可能实现这一困境企业挽救制度的功能与价值，从而使企业这一现代制度的功能在市场经济运行中得到有效的发挥。

"破产法为私法"〔3〕，自治是私法的本质特征。预重整中市场主体遵循私法自治的原则进行谈判并通过司法强制力保障而实现其目的。在重整制度中，一个重要的问题是在制度的设计与运行中给予市场主体以有效的激励，〔4〕这样的激励通过司法公权力对当事人的谈判结果审查确认而得到保障。因此可以说，作为契约集合的预重整方案，其契约本质不仅体现在各方根据契约自由原则而决定是否订立契约、何时订立契约、契约的内容，还体现在公权力通过司法审查确认从而赋予预重整方案这样一个契约集合以强制效力，而司法审查正是基于契约实质正义原则对契约自由的规

---

〔1〕 See Donald R. Korobkin, *Contractarianism and the Normative Foundations of Bankruptcy Law*, Texas Law Review, Vol.71(1993).

〔2〕 参见张民安：《法国民法中意思自治原则的新发展》，载《法治研究》2021年第4期。

〔3〕 李永军：《破产法：理论与规范研究》，中国政法大学出版社2013年版，第3页。

〔4〕 参见王佐发：《公司重整制度的契约分析》，中国政法大学出版社2013年版，第4页。

制。这样的制度安排，反映了现代契约理论框架下预重整制度契约自由与契约实质正义的完美融合。

具体而言，“契约自由是私法自治的核心”[1]，预重整作为一项由债务人与债权人、投资人、其他利益相关者首先通过庭外谈判进行重组，进而寻求司法强制力保障的程序，首要体现的是市场主体的意思自治——契约自由。在预重整中，企业作为债务人，鉴于其陷入困境的客观情形，首先要启动与债权人的谈判，此时谈判的启动体现了债务人对自身解困的自愿选择。对于债权人而言，是否同意与债务人进行谈判，就其债权的偿还方式、时间、比例进行协商等都建立在自愿的基础上。其间，还涉及与新引入的投资人就投资的方式、金额、对价等进行谈判，但一切的谈判均是建立在市场主体内在需求与自由意志的基础之上的。与普通单个契约一般仅涉及相对的两方不同的是，在预重整程序中，以企业为核心涉及的主体多元，每一方当事人中的个体也往往众多。如企业与债权人、股东、投资人等。因此，想要所有各方全部达成一致无疑是困难的，而此时，债权人“敲竹杠”问题就容易出现。个体债权人为了使自己获得更大的利益，在谈判中以不同意为要挟，以望促使债务人给予更多的清偿，而在资源匮乏的情境下，此条件必然对他人利益造成损害。预重整制度以有效挽救企业，进而使债权人等利益相关者的权益实现最大化保护为目标。以企业为中心形成的各个契约，最终在预重整方案中予以体现。在符合法定条件的情形下，以司法强制力保障预重整方案的生效与执行，使契约自由与对契约自由的法律规制实现结合，体现预重整的经济与社会价值。其中，作为核心的预重整方案须体现大多数人的意志，维护全体利益相关者的权益，才有可能取得预重整的成功。反之，如果债务人或债权人有一方不愿意就此进行谈判，或具体的方案内容并未维护全体利益相关者的合法权益，则

〔1〕 谢鸿飞：《〈民法典〉合同编内在体系的变迁》，载《山西大学学报（哲学社会科学版）》2020年第6期。

不可能获得预重整的成功。而法院对进入庭内司法重整程序前各方达成的预重整方案进行审查与批准，将非正式程序转入正式程序，一方面追求充分意思自治下的各方权益最大化，另一方面又以司法的强制力维护契约实质正义中公平与秩序的价值目标。〔1〕

（二）其他国家和地区预重整制度的契约性考察

美国预重整制度的优势主要体现在两个方面，一是成本与效率的优势，二是对债务人信誉影响较低的优势。从成本与效率优势的角度来看，预重整首先在庭外展开，无须获得法院的许可，进而免去了向法院申请所带来的时间与费用上的成本。因此，债务人通常愿意通过预重整减轻其债务负担，这些谈判是自愿的，由市场主体自行决定，无须其他方来决定是否对一个企业启动预重整。〔2〕同时，预重整首先是各方当事人围绕企业财产及营运价值所展开的一系列庭外谈判，相比传统的庭内司法重整更为灵活与便利，从而效率更高，更易取得成功。虽然重整计划与传统意义上的合同存在区别，如异议当事人仍然要受到计划条款的约束，以及当事人不享有完全的自主权，需在满足一系列法定要件后经由法院批准，但性质上仍然属于合同，是当事人合意的产物。〔3〕与此同时，由于破产文化的影响，对于企业的信誉而言，直接进入破产重整程序无疑将对企业的信誉造成极大的冲击，从而使企业的境遇雪上加霜，由此带来企业营运价值贬损、融资困难、谈判困难等问题。如果在企业遭遇困境的初期即展开预重整的庭外谈判，则对企业信誉的影响将降到极小范围，从而提高企业挽救成功的比例。但正如一枚硬币总是存在两面一样，预重整的上述优势，使其同样

---

〔1〕 参见胡利玲：《预重整的目的、法律地位与性质——基于对我国预重整地方实践的反思》，载《东方论坛》2021年第4期。

〔2〕 See Elizabeth Tashjian, Ronald C. Lease & John J.McConnell, *An Empirical Analysis of Prepackaged Bankruptcies*, Journal of Financial Economics 40, 135–162（1996）.

〔3〕 参见［美］查尔斯·J.泰步：《美国破产法新论》，韩长印、何欢、王之洲译，中国政法大学出版社2017年版，第1201页。

存在一定的局限，比如：在预重整期间，困境企业不享有进入司法重整才享有的司法强制力的保障；债务人不享有自动中止的程序保护；预重整谈判期间不能约束待履行契约及未到期租赁契约；无担保债权人的利息不停止计算；在预重整谈判期间的融资不能给予优先权优惠等。[1]预重整的这些特征表明，在美国，预重整以市场主体庭外自由协商谈判为生命线，这也是与庭内司法重整的区别所在。

在英国的困境企业挽救方式中，整理计划程序（Scheme of Arrangement，SOA）是由债务人先行提出方案，在与债权人及股东等利益相关者进行谈判的基础上，取得法院批准召开会议的命令后，由利益相关者会议分组表决，表决通过后即可申请法院裁定批准整理计划，是庭外的自行协商与司法监管共同形成的困境企业挽救机制。而在预重整管理程序中，则为破产执业者参与的前提下，债务人企业先行与第三方或者企业的管理层达成资产及营业事务出售的协议。该协议的达成取决于双方的协商谈判。预重整管理程序中，契约性得到充分的体现，在法院批准进入管理程序后，该协议立即生效，从而使协议取得法律强制力。[2]甚至在预重整管理程序中，达成的方案无须获得法院的批准即可由管理人执行。[3]在全球遭受新冠肺炎疫情影响的大背景下，各国的经济都不同程度地受到了影响。为了更好地促进经济发展，英国借鉴《美国破产法典》第11章的预重整制度，对其困境企业挽救制度进行了进一步的改革，在其整理计划制度基础上增加的重组计划制度（restructuring plan），同样由各方对方案协商后表决后，申请法院批准。不同之处在于增强了对不同意的组别的填塞效应，即在不同组别分别

---

〔1〕 参见王佐发：《公司重整制度的契约分析》，中国政法大学出版社2013年版，第302-303页。

〔2〕 参见Jennifer Payne：《英国“债务重整”的未来》（上），杜军译，载《人民法院报》2018年5月11日，第8版；See Chris Umfreville, *Pre-packaged Administrations and Company Voluntary Arrangements: The Case for a Holistic Approach to Reform*, I.C.C.L.R., 30（11），581-603（2019）.

〔3〕 参见徐阳光：《困境企业预重整的法律规制研究》，载《法商研究》2021年第3期。

表决的基础上，即便有的组别没有通过，法院亦可以强行批准。[1]可见，重组计划制度同样是债务人与债权人庭外谈判与庭内确认两个阶段的混合性程序。重组计划制度的规则与美国的预重整制度十分相似，在契约自由原则下各方进行谈判达成方案，同时由法院行使司法权对方案进行审查和批准，其本质亦为契约性的困境企业挽救措施。我们可以看出，在英国，无论是此前已实施多年的整理计划制度，还是重组计划制度，以契约自由与契约实质正义为内在体系的制度机理清晰可见。

在我国香港地区，与预重整类似的程序亦为整理计划程序。该程序中，债务人企业启动程序后，首先要就重组等事项征求债权人和/或公司成员的意见并进行协商，从而获得债权人/公司成员的支持。在此前提下，在取得原讼法庭召开债权人会议或相关成员会议的命令后，通过会议的表决程序，获得大部分与会人员同意。[2]方案的发起与相关人员表决同意的过程，就是契约谈判达成的过程。当然，对于未参与表决或不同意的债权人而言，通过法院的批准，事实上达到了约束效力。整理计划程序也可以与临时清盘一起使用。临时清盘官代表公司启动重组的方案，用整理计划程序做重组。[3]整理计划程序本身与本书讨论的预重整类型非常相似，而整理计划加临时清盘的方式，则类似于我国内地的司法重整制度。

在日本，倒产法可以区分为法的整理与私的整理两个领域。其中，法的整理经过改革后包括破产、公司更生、民事再生以及特别清算程序[4]；私的整理可以概括为清算型与再建型两类。不能取得债权人的全部同意

---

〔1〕 See https://www.pillsburylaw.com/images/content/1/3/135197/Restructuring-Plan.pdf, https://www.jdsupra.com/legalnews/corporate-insolvency-and-governance-act-48623/, 2021年10月2日访问。

〔2〕 债权人会议中，比例为同意的债权人户数超过参会并表决的债权人户数的半数，且所代表的债权额超过参会并表决的债权人所代表债权额的75%；在相关成员的会议中，出席会议且投票的成员中，至少75%表决权的成员同意。

〔3〕 参见《香港法例》第622章《公司条例》第668-677条；第32章《公司（清盘及杂项条文）条例》第227D条。

〔4〕 参见范纯：《日本倒产法制改革》，载《现代日本经济》2007年第6期。

的，则需进入法的整理；而在能够取得全部债权人同意的情况下，则可以直接进行庭外债务重组程序。庭外债务重组中的事业再生ADR程序，[1]即困境企业庭外再生程序，适用《法庭外纠纷解决程序法》(ADR法)、《产业竞争力强化法》以及相关法令与准则，延缓或减免债务，实现困境企业再建的目标。[2]因过度债务等原因而陷入困境的企业，可直接依据庭外程序与债权人(主要是金融债权人)进行协商，以调整债务，从而达成企业再建的合意。[3]

日本的庭外债务重组程序更多地关注与投资人先行达成协议，[4]这也是庭外债务重组契约性的体现。为进一步促进经济发展，挽救困境企业，日本近期修订了《产业竞争力强化法》，对于庭外通过事业再生ADR程序不能完全达成合意，但占债权总额60%以上的债权人表决通过的方案，可以直接导入简易的民事再生程序，在不存在损害重整债权人整体利益的情况下，则可获得法院的确认。[5]此次修改使这一困境企业挽救的程序更趋同于美国的预重整程序。

通过以上分析可以看到，无论是预重整发源地的美国，还是在具有多种困境企业挽救制度的英国、日本以及我国香港地区，预重整本质上都是在市场经济条件下债务人与债权人等利益相关者进行谈判并达成契约的

---

〔1〕 ADR系法庭外纠纷解决程序的简称，后文为方便表述，除特别区分外与庭外重组表述同义。

〔2〕 参见《以特别认证ADR程序为基础的企业再生程序规则》(企业再生事务家协会2008年9月1日施行，2014年5月20日修订)，王茜茹、邓琪、陈景善译，载王卫国、郑志斌主编：《法庭外债务重组》(第1辑)，法律出版社2017年版，第298页。

〔3〕 参见[日]清水祐介：《事业再生ADR的指引》，席修举、吴色君、陈景善译，载王卫国、郑志斌主编：《法庭外债务重组》(第1辑)，法律出版社2017年版，第283-297页。

〔4〕 Hideyuki Sakai et al., *Reflections on A Revolution in Japanese Business Restructuring Proceedings: An Insolvency Practitioner's Perspective of the Early* 21st *Century and Future of Japanese Insolvency Law*, 92 Am. Bankr. L. J. 387 (2018).

〔5〕 参见《产业竞争力强化法》第65条第3款、第4款，https://www.sn-hoki.co.jp/data/pickup_hourei/onct/SANGYOUKYOUSOURYOKU-SEI20210730-218.html，2021年11月7日访问。《民事再生法》第211条第1款、第174条第2款第4项，https://elaws.e-gov.go.jp/document?lawid=411AC0000000225，2021年11月7日访问。

过程。参与各方以困境企业为连结点，通过对利益重新安排形成新的契约达成解决方案。在大多数人同意及符合契约实质正义的前提下，强化了法院强制批准的权力。从谈判的角度而言，预重整方案是困境企业挽救的关键；而方案的形成，须以市场主体的内在需求为基础，以自愿谈判为先决条件，同时以司法强制力的批准为保障，体现了预重整制度中契约自由以及基于契约实质正义原则对契约自由进行规制的高度融合。

三、预重整的社会本位属性

（一）预重整社会本位的价值追求

法的本位，其核心的内容是指法维护与保障何种利益及利益的取向问题。[1]“法律本位的实质在于法律对其所调整的特定社会关系中主体利益的分配。”[2]从造法目的的角度来看，法的本位经历了国家—个人—社会三种利益的变迁，这三种利益依次展开，同时并存。[3]与之相对应，人类社会自产生法律以来，法律本位也经历了从义务本位到权利本位再到社会本位的发展历程。[4]社会本位关注社会整体利益，而社会整体利益与社会个体利益之间的关系，既紧密相关又确定不同；社会整体利益并非所有的个体利益的简单相加，而是在社会经济增长与平衡发展、实现充分就业、整体交易安全与秩序、弱者保护等方面的体现。[5]破产法律制度的发展也表明，破产法律制度逐步从以债权人为本位，到对债权人与债务人共同保护，逐步过渡到现在的社会本位。[6]

---

〔1〕 参见曹平、高桂林、侯佳儒：《中国经济法基础理论新探索》，中国法制出版社2005年版，第340页。

〔2〕 周晖国：《法律本位论析》，载《南京大学法律评论》2006年秋季号。

〔3〕 参见钱叶芳：《社会法学的法域、核心范畴及范畴体系》，载《法学》2019年第9期。

〔4〕 参见周晖国：《法律本位论析》，载《南京大学法律评论》2006年第2期。

〔5〕 参见史际春、李青山：《论经济法的理念》，载《华东政法学院学报》2003年第2期。

〔6〕 参见徐阳光：《困境企业预重整的法律规制研究》，载《法商研究》2021年第3期。

马克思主义认为，并非社会以法律为基础，而是法律以社会为基础。[1]破产从性质上讲，本身就是一个社会化的安排，在强调效率要求时，不仅要着眼于破产的企业本身，还要考虑社会经济效果。[2]经济的发展使企业之间的联系更为紧密，企业破产对于社会产生的连锁反应给经济带来沉重的打击。在此背景下，破产制度的价值理念也不断变迁。其中，重整制度的创设以及国家公权力对于私权利处分的适度干预，是社会本位的重要体现。关于重整法律体系为何存在的问题，破产法学理论存在两个学说，一是使债务人的财产价值最大化，从而使债权人清偿利益最大化的一个过程；[3]二是保护债务人的价值，从而最大限度地保护因债务人的商业失败而受影响的所有主体。[4]我国破产重整程序的设计显然采纳了第二种观点。重整制度不再着眼于债务人偿债能力的恢复，而是更深入到企业的内部，在生产、经营、管理等各方面进行修复，促使债务人尽快恢复生产经营能力，进而恢复其清偿债务的能力。这样的制度安排兼顾了各方利益，不仅对债权人与债务人双方有益，而且对劳动者进而对整个社会都是有益的。[5]可以说，重整法律制度把企业放在了中心地位，在保护企业的利益相关者利益的同时，更多考虑企业的经营状况在社会经济中的地位与影响。[6]甚至可以说，重整法律制度把对社会整体利益的保护放在首要位置，而对债权人利益的保护放在次要位置。[7]因此，重整制度体现了对企业之于社会整体经济生活影响的关注。[8]

---

〔1〕 参见［德］卡尔·马克思、弗里德里希·恩格斯：《马克思恩格斯全集》（第6卷），中共中央马克思恩格斯列宁斯大林著作编译局编译，人民出版社1961年版，第291–292页。

〔2〕 参见许德风：《破产法论——解释与功能比较的视角》，北京大学出版社2015年版，第31页。

〔3〕 See Thomas H.Jackson, *Bankruptcy, Non-bankruptcy Entitlements, and the Creditors Bargain*, Yale L. J., Vol.91 (1982).

〔4〕 See Donald R. Korobkin, *Rehabilitating Values: A Jurisprudence of Bankruptcy*, Columbia Law Review, Vol.91, 717–789 (1991).

〔5〕 参见汤维建：《破产程序与破产立法研究》，人民法院出版社2001年版，第62–63页。

〔6〕 参见王卫国：《论重整制度》，载《法学研究》1996年第1期。

〔7〕 参见李永军：《破产法：理论与规范研究》，中国政法大学出版社2013年版，第337页。

〔8〕 参见王卫国：《论重整制度》，载《法学研究》1996年第1期。

社会本位并非排斥私权利的行使，而是“打破了私法与公法之间的传统界限，实现了私权本位与社会本位的调和”[1]。预重整作为与破产重整相衔接，同时更注重于企业早期挽救的制度，其核心理念同样如此。因此，预重整的社会本位恰恰是通过使企业获得重生而使利益相关者的私权获得保障，分享企业的继续营运价值。因此，当我们考虑企业挽救制度的创设与运行时，应当首先着眼于企业本身对社会经济生活的影响，以及其继续运营给社会带来的价值，在此基础上使利益相关者权益获得最大化救济。通过建立企业营业再建的本位理念，着力于对社会整体利益的维护，从而所有利益相关者的权益能够得到公平和最大化的保护。总之，在现代经济社会中，在考虑一个破产法律制度时，不仅要关注债权人与债务人的利益，还应当重视社会与公共利益。[2]预重整制度是混合性的企业重生再建制度，与重整制度等困境企业挽救制度一脉相承，互为补充，形成体系。预重整的价值理念同样是以社会本位为追求，在此基础上实现利益相关者个体权益实现的最大化。由于企业陷入财务困境，所有与企业相关的主体在此时都成为“不幸”的主体。在此情况下，参与到预重整程序中的各个主体，基于整体权益实现以保障个体权益实现的目标，应当在社会本位价值目标指引下考虑个体权益的最大化实现，而非首先从个体出发，考虑个体权益的实现。

需要说明的是，个体权益实现最大化不等同于个体利益最大化。个体利益最大化缺乏对利益限度的制约，成为“允许为个人私利而损害他人利益的行为”[3]。而权益强调的是合乎规范的利益、合法的利益，区别于不合乎规范的利益。[4]个体权益实现最大化，则是指个人依据法律追求个人正当权利与利益的最大化，这时的个体权益最大化以不损害他人利益为前

[1] 王卫国:《论重整制度》，载《法学研究》1996年第1期。

[2] 参见徐阳光:《困境企业预重整的法律规制研究》，载《法商研究》2021年第3期。

[3] 赵文洪:《市场经济与社会本位价值观》，载《哲学研究》1996年第12期。

[4] 参见赵修义、朱贻庭:《权利、利益和权力》，载《毛泽东邓小平理论研究》2004年第5期。

提。[1]从根本上讲，法的理念正是要跳出法的规范体系本身，以外部的视角对法本身及与其他领域之间的关系进行认识与判断。[2]预重整制度社会本位的理念，指引我们从整体上看待企业的重生与社会经济发展、整体利益之间的关系。“破产重整的核心理念之一在于使重整中的利害关系人获得债务人企业的运营价值。”[3]预重整中，在社会本位价值观的指引下，所有利益相关者通过协商谈判，制订企业挽救的方案，促进企业重新回到生产经营的正轨，从而可以分享企业的营运价值，依一定的次序实现自身的权益，而不损害他人的权利。一方面，基于维护社会公共利益的考量，如对处于弱势地位的职工权益的保障，对国家税收债权的保障等，将债权清偿顺序按一定的规则进行排列；另一方面，在预重整谈判中，个体对于权益实现的追求，不应以损害他人利益为目标，而应以企业的成功挽救为目标。如单纯庭外重组中的“钳制”现象，则属于个体利益的最大化而非权益的最大化。因为对于“敲竹杠”的个体而言，通过“敲竹杠”的目的是获得自身利益的最大化，但在预重整中，在偿债资源不足的情况下，这样的方式必然损害其他利益相关者的利益。而个体权益最大化，则蕴含了对于权利与利益正当性与合理性的考虑，即在法律规定范围内，从维护社会整体利益的角度出发，实现权益的最大化。

企业挽救是预重整的首要目标，如果没有企业挽救，则利益相关者权益最大化根本无从谈起；反之，如果企业得到挽救，而利益相关者的权益没有得到最大化的保障，则这样的预重整是有失公平的，也是失败的。也许有人会产生疑问，难道庭内破产程序中，不是以利益相关者的权益最大化为目标？难道庭内司法重整程序、破产和解程序，不是以社会本位为价值理念？当然，庭内破产程序同样以利益相关者权益最大化为目标。如在

---

〔1〕 参见赵文洪:《市场经济与社会本位价值观》,载《哲学研究》1996年第12期。

〔2〕 参见李建伟:《后〈民法典〉时代商法基本原则的再厘定》,载《学术论坛》2021年第3期。

〔3〕 韩长印:《译者前言》,载[美]查尔斯·J.泰步:《美国破产法新论》,韩长印、何欢、王之洲译,中国政法大学出版社2017年版,第13页。

破产清算程序中对破产财产的处置，同样以财产价值最大化为目标，尽最大可能实现债权人清偿利益的最大化。[1]但不同的是，破产清算程序的目标并非盘活与挽救企业，而是通过一定的程序处理企业的财产及其他事务，对债权人进行清偿，最终的目标是企业退出市场。破产清算是无奈情况下的选择，债权人只能在现有财产状态下尽可能获得更多的清偿，而债权人与债务人之间并无就企业再建的合意，以及在为企业再建而努力的过程之中对权益最大化实现的考量。单纯的庭内司法重整程序同为企业挽救程序，由于破产重整程序已处于司法强制力保障之下，此时企业自救的成分弱于预重整，甚至有一些企业重整完全是在债务人已经失去控制甚至无法联系的情形下进行的。因此，一定程度上讲，不是或不完全是原有市场主体自发的自救行为，更多情况下是市场的他救行为。重整程序自然也同样以社会本位为价值理念，在此理念之下去实现个体权益最大化。也就是说，社会本位在重整制度中的体现在于对社会整体利益的追求，个人利益或群体利益的实现则需服从于社会整体利益。[2]但与预重整有所区别的是，庭内司法重整的各个程序均置于司法视域之下。相较而言，强制性的成分更高，从而社会本位能够得到较好的体现，个体权益的实现亦能够在较为规范的路径中进行。在预重整中，由于庭外重组是各利益相关者之间的自由谈判，债权人、债务人等单一的个体以及不同类型的债权人群体关于谈判的自由程度更为广泛，由此而可能产生的"钳制"现象更为突出。与此同时，还要看到的是，在预重整以及其他破产程序中的各类权利人的利益，本身已经经过合同或法律确认。因此，从个体或群体来讲，对于自身利益寻求最大化的保障并无不妥。但是当企业出现困境时，企业的财产

---

〔1〕 如根据2007年《企业破产法》的规定，除债权人会议另有决议外，破产财产的处置应以拍卖方式进行。当前破产实践中，一般以破产财产网络拍卖为主，使社会主体能够最大化地参与到竞拍中，从而实现破产财产价值最大化。

〔2〕 参见刘敏、池伟宏：《法院批准重整计划实务问题研究》，载《法律适用》2011年第10期。

已经不足以清偿全部债务，或存在清偿不能的可能，全体债权人已不可能获得全额清偿或存在不能全额清偿的风险，股东获得剩余财产分配的机会将更为渺茫。在此情况下，企业与所有利益相关者在一定规则下合力挽救企业，以获得社会整体利益的提升，进而实现自身权益的最大化，是预重整中应当确立并加以强调的价值观。预重整本质上是债务人运用社会资源进行自救，在庭外谈判的过程中，如果没有原则的牵引，极易导致个体在利益的博弈中出现价值观的偏离，从而使预重整制度的初衷无法实现。破产和解是在司法程序中债务人与债权人进行协商，以减免债务、延缓债务为主要内容，在取得一定比例债权人同意的前提下申请法院批准和解协议的制度。和解协议的内容仅限于债务减免与财务调整，而预重整及重整程序的重点则在于维护与再建企业的营运价值，目标与重点不局限于债务减免和财务调整。[1]因此，破产和解制度是企业在遭遇困境时与债权人双方进行协商谈判的制度，是一种消极的挽救程序，而不是整合社会资源对企业进行积极挽救的制度。从本质上讲，与预重整制度的性质不同。总而言之，预重整制度作为一项企业自救制度，其目标应是社会本位理念下企业及所有利益相关者权益的最大化实现。之所以强调所有利益相关者权益最大化，而不单纯是企业自身的权益最大化，是因为如果不强调这一点，则可能出现分配不公现象。比如，当企业利益最大化后，带来的收益可能使股东的权益最大化，而不是首先使债权人权益最大化，从而使制度存在的正当性基础发生动摇，也就无从谈起制度的正义性。

（二）预重整社会本位的实践回应

从其他国家和地区的实践来看，无论是美国的预重整制度，英国的整

---

〔1〕 参见王欣新：《破产审判会议纪要的法理与实务要点解读》，载微信公众号“阳光破产法课堂”2020年1月5日，https://mp.weixin.qq.com/s?__biz=MzU4Nzc3MzE5Mg==&mid=2247483839&idx=1&sn=aaae0d91e3507cb1da08f2697258ee10&scene=21#wechat_redirect。

理计划制度以及重组计划制度，日本改革的庭外再生ADR与庭内民事简易再生程序的结合等，无不体现出挽救企业的目标，而该目标中蕴含了对社会整体利益的关注，以及对社会整体利益之下各个主体利益的关注。〔1〕英国的预重整管理制度更是直接将企业的营业事务作为拯救的目标，而不是企业本身，而营业事务作为市场主体最具活力的部分，承载了市场经济发展的需求，亦依附了职工、融资方、供应商等各方的利益，体现了这一制度着眼于维护社会整体利益的目标导向。我国香港地区的法律委员会同样积极肯定了困境企业挽救重生制度的社会意义，认为对股东、普通债权人都是有利的，有财产担保的债权人也应当目光长远，看到困境企业挽救对社会的整体意义。〔2〕社会本位价值观还体现在司法批准制度对于个别债权人"钳制"效应的规制，从而使个别债权人无法通过要挟而获得个体的额外利益，而是基于公平原则实现其权益的最大化。

值得注意的是，预重整制度运行中，只有权益受到影响的债权人或其他利益相关者，才有必要参与到这场企业挽救活动中来。对于权益不受影响的债权人或股东，无须参与谈判亦无须征集意见。关于这一点，《最高人民法院关于适用〈中华人民共和国企业破产法〉若干问题的规定（三）》（以下简称《企业破产法司法解释三》）第11条也作了明确规定。〔3〕预重整庭外征集意见的程序虽然不是庭内重整程序，但从预重整的契约本质来讲，权益没有受到影响，自然不是预重整方案中的契约关系主体，无须参加预重整谈判的过程，且预重整庭外重组期间的谈判后果后续也将导入庭内司法重整程序。因此，权益没有受到调整或影响的债权人或股东等利益

---

〔1〕 尽管美国的重整制度偏重于私权本位，但仍然着重关注重整的社会意义与社会目标。通过利益相关者达成一致的计划，使企业能够重生、资产价值最大化，从而使债权人和股东能够实现分配最大化。参见王卫国：《论重整制度》，载《法学研究》1996年第1期。

〔2〕 The Law Reform Commission of Hong Kong, Sub-Committee on Insolvency, Consultation Paper on Corporate Rescue and Insolvent Trading, p.10. 转引自王卫国：《论重整制度》，载《法学研究》1996年第1期。

〔3〕 《企业破产法司法解释三》第11条第2款规定：根据企业破产法第八十二条规定，对重整计划草案进行分组表决时，权益因重整计划草案受到调整或者影响的债权人或者股东，有权参加表决；权益未受到调整或者影响的债权人或者股东，参照企业破产法第八十三条的规定，不参加重整计划草案的表决。

相关者，无须参与到预重整中，也无须对方案进行表决。

在预重整程序中，大家在一个共同的目标牵引下，遵循共同的原则，对困境企业实施挽救活动。在利益相关者内部，按照一定的次序决定权益实现及其比例。在这个目标下，所有人以一种协作的姿态与格局，共同合力完成对企业的拯救。正如对一个病人实施手术一般，需要麻醉医生、手术医生、手术护士、给予物资支持的服务人员等共同努力，才使病人渡过难关或起死回生。而这里涉及的所有人，都需要通力合作，才能使手术最终得以完成。倘若其中一个人不愿意配合，或不真正地配合，那么手术很有可能走向失败，病人的生命极有可能受损，而此时与这个病人有利益关系的所有人，都无法得到真正的权益保障。对于一个企业实施挽救亦如是，企业的债权人、股东、高管、普通职工、投资人等所有与其利益相关的主体，只有通力协作，才能成功挽救企业，从而最终获得对各自权益的最大化保障。当然，在这场挽救中，企业需要有自救的愿望与行为，以使自救得到利益相关者的协作，最终取得成功。

在处置财务困境的背景下，处于最糟糕境地的人应该受到保护。〔1〕在这场协作中，各利益相关者按照一定的次序实现其自身权益，从而形成特定的内在体系。这也正是社会本位价值观下个体权益最大化实现的应有之义与完美体现。所有的契约谈判与订立均需遵循一定的次序进行。如对于有财产担保债权人清偿利益的保障，将优先于普通债权人，因有财产担保债权人的债权，本可以针对担保物提出实现担保物权的请求，其债权相对于特定的担保物而言，有优先受偿的权利。有财产担保债权人选择不行使担保物权而与债务人进行谈判，本身是一种对企业挽救的协作，也是一种权利的平衡。一方面，从主观上讲，基于有财产担保债权人的协作与权利平衡，应当首先保障其权利；另一方面，从客观上看，如果不优先保障

〔1〕 See Donald R. Korobkin, *Contractarianism and the Normative Foundations of Bankruptcy Law*, Texas Law Review, Vol.71 (1993).

有财产担保债权人的权益，则必将导致预重整中因担保物被行使权利而使营业事务受到影响。对于职工债权而言，由于职工是企业持续经营的资源与财富，职工的劳动债权在债权性质上具有社会分配与社会保障性质，[1]因而其债权与普通债权分处不同的次序。因此，对于职工债权应当给予优先的保障。总之，在预重整程序中，各方按照一定的次序与规则展开谈判与方案的磋商。

英国近期改革的重组计划制度以及日本近期对其《产业竞争力强化法》的修改，起因都是经济受到疫情影响出现危机，目的是加大对企业解困的保障力度。上述困境企业挽救制度更倾向于保护与促进营业事务的再生，从而提高债权人等主体的清偿利益，而不是单纯从保护债权人清偿利益出发，亦体现了社会本位的价值取向。我国内地预重整实践中的社会本位价值理念，可以通过实务中的做法窥见一斑：在全国企业破产重整案件信息网发布的预重整投资人招募公告中，关于招募的目的，有的公告描述如下："为妥善化解金菱系4家企业的债务问题，实现企业价值最大化，维护全体债权人的合法权益，现公开招募战略投资人"，[2]而有的投资人招募公告则描述为，"为最大限度地保护有关各方的合法权益……公开招募意向投资人"。[3]从上述招募公告中的描述，可见预重整的根本价值导向是通过实现企业价值最大化，进而实现各方合法权益保护的最大化，应该说是社会本位价值观在预重整中的直接体现。

[1] 参见王欣新、杨涛：《破产企业职工债权保障制度研究——改革社会成本的包容与分担》，载《法治研究》2013年第1期。

[2] 重庆金菱汽车（集团）有限公司等四家公司管理人：《关于招募重庆金菱汽车（集团）有限公司等4家企业战略投资人的公告》，载全国企业破产重整案件信息网（court.gov.cn），2022年4月12日。

[3] 太仓嘉年华房地产开发有限公司管理人：《嘉年华公司预重整投资人招募公告》，载全国企业破产重整案件信息网（court.gov.cn），2020年12月1日。

第二章　我国内地预重整探索与司法实践

我国内地预重整制度虽然尚无立法规定，但在困境企业挽救实践中，预重整已得到为数不少的运用，并在一些案例中取得了良好的效果，市场对预重整的制度需求逐步增加。然而，实践中出现的各种不同做法与声音，使关于预重整制度定位与作用的讨论越来越多。对预重整认识不清的问题，反映出对预重整的本质属性需要进一步的廓清。〔1〕作为一项为挽救困境企业而生的制度，其运行不仅不可能脱离当下的市场经济条件，更需要考察其在运行中的不足之处与理念偏差，确立正确的价值体系与规范基础，以使这一制度能够更为系统地与我国市场经济体系相融合，进而显示出制度本身的魅力。本章将视线投诸预重整在我国内地实践的现状，以及该现状与理论及市场期待之间的背离，进而分析预重整制度运行中的根本问题所在。

一、我国内地预重整实践的起源与定位

市场经济中，市场主体从自身需求出发相互交易，他们仿佛被一只"看不见的手"指引，通过互相的谈判与博弈，最终达成合意。〔2〕起源美国的预重整制度，是市场主体在庭外自由谈判的基础上，申请司法强制力对

〔1〕《王欣新教授在第二届"破产法治·天府论坛——预重整制度专题研讨会"上的主旨演讲》，载微信公众号"一语道破"2020年10月12日，https://mp.weixin.qq.com/s/XqWYw1tdpipQLElvvQFp9w。

〔2〕参见［英］亚当·斯密：《国富论》，胡长明译，重庆出版社2015年版，第189-257页。

其谈判成果进行保护的制度。[1]因此，只有遵循市场经济的发展规律，即由市场遵循自身意愿发起并展开谈判，实现对资源的重新配置，进而满足市场自身的需求，才是预重整制度之于市场经济发展的意义所在。

（一）市场经济背景下我国内地预重整实践起源

自1993年11月起，我国开始逐步建立社会主义市场经济体制，由市场对资源起基础性作用。“市场”一词，其定义是指：（1）商品交易买卖场；（2）商品行销的地区；（3）比喻某种风气、言论所影响的范围。市场经济则是由市场进行调节的国民经济。[2]在亚当·斯密看来，通过市场这只“看不见的手”，就可以实现市场的自由调节与资源的自动配置。[3]然而，20世纪初的经济大萧条使亚当·斯密的自由经济理论被质疑，并促使了凯恩斯的政府干预理论的诞生。[4]凯恩斯的政府干预理论认为，市场的自发调节在短期内并不能始终使资源得到优化配置，政府这只“看得见的手”也应当发挥积极的作用，从而实现宏观经济的平稳和持续增长。[5]当市场出现失灵的情况下，以及市场自身解决不了的问题，如破坏性竞争、市场监管、公共服务等公共利益领域，则需要政府发挥干预作用来进行调控和弥补。[6]市场的定义与理论的发展，为我们梳理了市场及市场经济发展的脉络。市场基于社会分工及商品生产所产生，而其形成的根本原因是人们基于满足自身需要而产生商品交换的需求。通过人们满足自身需求的过程，使社会整体的资源价值得到最大化的发挥。市场在发展的过程中，仍然需要政府

---

〔1〕 参见胡利玲：《预重整的目的、法律地位与性质——基于对我国预重整地方实践的反思》，载《东方论坛》2021年第4期。

〔2〕 参见路丽梅、王群会、江培英主编：《新编汉语辞海》，光明日报出版社2012年版，第1202页。

〔3〕 See Lee Coppock & Dirk Mateer, *Principles of Macroeconomics*, W. W. Norton & Company, 2018, p. 72.

〔4〕 参见胡启忠：《西方现代契约正义理论产生的理论基础》，载《财经科学》2007年第1期。

〔5〕 参见郭佩颖：《凯恩斯主义宏观经济理论演进脉络探析》，载《吉林金融研究》2020年第4期。

〔6〕 参见王玉萍、左同宇：《善治视阈下的责任政府建设与社会主义市场经济治理进路》，载《理论导刊》2021年第4期。

这只“看得见的手”进行有形调控，以免市场失灵的发生。因此，市场的本质是因交换行为而产生，从而使不同的资源充分发挥其价值，实现价值最大化的过程。市场主体则基于其内在需求进行一系列经济活动。市场经济则是在价格、供需以及竞争等机制的共同作用下，资源实现高效配置的一种经济运行模式。〔1〕市场主体自由发挥其作用及价值，通过自律及法律进行规制，从而自由地实现自身的目标；同时，国家通过对金融、货币等的调控，实现对经济的宏观调控，从而避免市场的失灵。市场的形成，为经济主体在遵循一定规则的前提下，自由地实现其自身经济价值提供了场所和机会。2013年，中国共产党第十八届中央委员会第三次全体会议的决定中，将市场对资源配置的作用提升至“决定性”地位。2020年10月召开的中国共产党第十九届中央委员会第五次全体会议，进一步明确市场在资源配置中的决定性作用。由此，我国逐步确立并强化了市场在资源配置中的决定性作用。

在纷繁复杂的市场交易中，风险与机遇并存。当企业遭遇风险出现困境时，需要有效的挽救机制，使企业及其利益相关者尽可能地避免或减少损失，预重整制度应运而生。美国预重整制度是在实践中建立起来的一种困境企业挽救模式。〔2〕《美国破产法典》中并未正式规定预重整这一制度，关于预重整的规则主要体现在《美国破产法典》第1102（b）条、第1121（a）条、第1125（a）条、第1126（b）条，以及《联邦破产规则》第3018（b）条。涉及的内容包括重整程序前的债权人委员会可延伸至重整程序内，债务人可在申请重整时提交重整计划，信息披露的标准，重整启动前接受或拒绝重整计划的效力延伸，以及庭前征集的意见可延伸至庭内的标准等。具体而言，预重整的主要程序性规则包括：破产申请前可以成立债权人委员会或股东委员会，且在符合特定条件时可以延伸至破产程序中；债务人可

〔1〕　参见周文、包炜杰：《再论中国特色社会主义市场经济体制》，载《经济学家》2019年第3期。

〔2〕　参见王佐发：《预重整制度的法律经济分析》，载《政法论坛》2009年第2期。

以在提起重整申请时一并提交重整计划，即债务人在向法院提出破产申请之前，可以制定重整计划并征集利益相关者的投票。利益相关者在申请破产前对预重整计划的投票或意见，在符合下列任一条件时，即被视为接受（或拒绝）了重整计划：（1）征求意见符合任何非破产法律法规关于充分披露信息的规定；（2）如若没有此类法律法规，信息披露符合正常破产程序中关于信息披露的规定。相反，如果经法院审查发现计划没有送达给同一组别的债权人或出资人，或未给予合理的投票期限或者违反《美国破产法典》第1126（b）条的规定，则破产申请前的投票或意见则为无效。〔1〕在符合法定条件的前提下，在进入重整程序后，法院直接对重整计划进行审查与批准而使重整计划发生效力。〔2〕

Crystal公司预重整案是美国最早的大公司预重整案例。〔3〕该公司1986年10月1日申请重整，只用了不到3个月便重整成功，其债务得到削减，资本结构得到重组，从而恢复了生机与活力。在该公司申请重整前3个月，重整计划即提交给债权人进行分组表决。最初的表决中，除优先债权人Bankers Trust和Halliburton Company不同意外，其他各组表决通过的人数达到了过半数以上，代表的债权额超过2/3。经过协商后，Bankers Trust同意了重整计划，但Halliburton Company仍未同意。最终破产法院强行批准了预重整计划，Crystal公司重整成功。〔4〕

这一案件的成功，使预重整作为一项困境企业挽救制度进入人们的视野，并在美国得到了更大范围的运用。从近年来的趋势看，预重整在美国

---

〔1〕 See 11USCA §1102（b），§1121（a），§1125（a），§1126（b）；Federal Rules of Bankruptcy Procedure §3018（b）.

〔2〕 参见胡利玲：《困境企业拯救的法律机制研究——以制度改进为中心》，中国政法大学2007年博士学位论文，第88页。

〔3〕 参见王佐发：《预重整制度的法律经济分析》，载《政法论坛》2009年第2期。

〔4〕 See John J. McConnell & Henry Servaes, *The Economics of Prepackaged Bankruptcy*, Journal of Applied Corporate Finance, Vol. 4.2, 94（1991）.

相比传统破产重整处于急剧上升的趋势。[1]

我国内地市场经济体制运行中，对于有存续价值和经营前景但却遭遇困境的企业寻求什么样的路径进行挽救，才能既实现对企业的挽救，又最大化地保护利益相关者的权益，从而更好地维护市场经济健康有序发展，是学界和实务界关切的问题。如前所述，我国内地破产重整制度在实践中还存在诸多不足，而庭外重组又缺乏强制力的保障，预重整制度因此进入人们的视野。在我国内地，预重整的起源与探索最早从地方开始。2013年，浙江省高级人民法院首次在省级法院纪要层面，为庭外达成协议的庭内确认提供了依据。[2]此后，浙江省杭州市余杭区人民法院2015年审结的杭州怡丰成房地产开发有限公司（以下简称怡丰成房地产公司）预重整案成为我国内地较早期的预重整案例。[3]2016年，江苏省高级人民法院也对预重整的探索作出规定。[4]在此基础上，最高人民法院连续在2017年、2018年、2019年的相关司法文件中对预重整的探索予以规定与指引。其间，国家发改委等13家单位也联合发文指出要研究建立预重整制度。而地方层面，根据对公开资料的不完全统计，截至2022年9月30日，地方层面至少出台了54份专门或包含预重整的指引性文件或操作规程，其中温州、珠海两地以政府主导的方式出台指引性文件；绍兴以地方府院联动办公室名义出台操作规程；海南省第六届人民代表大会常务委员会出台了地方性法规；其他指引性文件则以法院主导的形式体现，见表2-1。

---

〔1〕 See David I. Swan & Thuc-Doan Phan, *Prepackaged Plans in 24 Hours*, American Bankruptcy Institute Journal (Sep. 2019).

〔2〕 参见《浙江省高级人民法院关于企业破产案件简易审若干问题的纪要》第7条至第10条规定。

〔3〕 参见浙江杭州市余杭区人民法院课题组:《房地产企业预重整的实务探索及建议》，载《人民司法（应用）》2016年第7期；吴勇:《浙江首例预重整案：2000万元急救金撬动负债18亿元房企》，载搜狐网，https://www.sohu.com/a/159171780_146174。

〔4〕 参见《江苏省高级人民法院关于充分发挥破产审判职能作用 服务保障供给侧结构性改革去产能的意见》第9条规定。

表2-1 我国内地预重整指引性文件统计（以发布时间为序）

序号	发布时间	发布单位	名称
1	2013.06	浙江省高级人民法院	《浙江省高级人民法院关于企业破产案件简易审若干问题的纪要》(浙高法〔2013〕153号)
2	2016.08	江苏省高级人民法院	《江苏省高级人民法院关于充分发挥破产审判职能作用 服务保障供给侧结构性改革去产能的意见》(苏高法〔2016〕174号)
3	2017.08	最高人民法院	《关于为改善营商环境提供司法保障的若干意见》(法发〔2017〕23号)
4	2018.03	最高人民法院	《全国法院破产审判工作会议纪要》(法〔2018〕53号)
5	2018.12	温州市人民政府办公室	《企业金融风险处置工作府院联席会议纪要》(温政办函〔2018〕41号)
6	2019.03	深圳市中级人民法院	《深圳市中级人民法院审理企业重整案件的工作指引(试行)》(深中法发〔2019〕3号)
7	2019.06	国家发改委等13家单位	《加快完善市场主体退出制度改革方案》(发改财金〔2019〕1104号)
8	2019.06	苏州市吴中区人民法院	《苏州市吴中区人民法院关于审理预重整案件的实施意见(试行)》(吴法〔2019〕43号)
9	2019.11	最高人民法院	《全国法院民商事审判工作会议纪要》(以下简称《九民会议纪要》)(法〔2019〕254号)
10	2019.11	珠海市人民政府办公室	《珠海市人民政府办公室关于明确预重整破产工作府院联席会议制度有关事宜的通知》
11	2019.12	北京市第一中级人民法院	《北京破产法庭破产重整案件办理规范(试行)》(京一中法发〔2019〕437号)
12	2019.12	郑州市中级人民法院	《郑州市中级人民法院审理预重整案件工作规程(试行)》(郑中法〔2019〕232号)
13	2020.01	南京市中级人民法院	《南京市中级人民法院关于规范重整程序适用 提升企业挽救效能的审判指引》(宁中法审委〔2020〕1号)

续表

序号	发布时间	发布单位	名称
14	2020.02	苏州市吴江区人民法院	《苏州市吴江区人民法院审理预重整案件的若干规定》(吴法〔2020〕15号)
15	2020.04	苏州工业园区人民法院	《苏州工业园区人民法院审理破产预重整案件的工作指引(试行)》(苏园法〔2020〕032号)
16	2020.05	广州市中级人民法院	《广州市中级人民法院关于破产重整案件审理指引(试行)》(穗中法〔2020〕89号)
17	2020.05	四川天府新区成都片区人民法院 四川自由贸易试验区人民法院	《四川天府新区成都片区人民法院 四川自由贸易试验区人民法院预重整案件审理指引(试行)》(天府法发〔2020〕51号)
18	2020.05	厦门市中级人民法院	《厦门市中级人民法院企业破产案件预重整工作指引》(厦中法发〔2020〕28号)
19	2020.07	宿迁市中级人民法院	《宿迁市中级人民法院关于审理预重整案件的规定(试行)》(宿中法电〔2020〕172号)
20	2020.07	北海市中级人民法院	《北海市法院破产重整案件审理操作指引(试行)》(北中法〔2020〕119号)
21	2020.08	成都市中级人民法院	《成都市中级人民法院破产案件预重整操作指引(试行)》
22	2020.09	眉山市中级人民法院	《眉山市中级人民法院破产案件预重整操作指引(试行)》(眉中法〔2020〕123号)
23	2020.09	银川市中级人民法院	《银川市中级人民法院关于审理破产预重整案件的工作指引(试行)》
24	2020.09	青岛市中级人民法院	《青岛市中级人民法院破产案件预重整操作指引(试行)》(青中法办〔2020〕46号)
25	2020.11	淄博市中级人民法院	《淄博市中级人民法院关于审理预重整案件的工作指引(试行)》(淄中法〔2020〕61号)
26	2020.12	攀枝花市中级人民法院	《攀枝花市中级人民法院关于破产案件预重整操作指引(试行)》
27	2020.12	陕西省高级人民法院	《陕西省高级人民法院破产案件审理规程(试行)》

续表

序号	发布时间	发布单位	名称
28	2020.12	南华县人民法院	《南华县人民法院审理破产预重整案件工作指引（试行）》（2020年12月10日南华县人民法院审判委员会会议通过）
29	2020.12	南阳市中级人民法院	《南阳市中级人民法院企业破产案件预重整工作指引》
30	2020.12	齐齐哈尔市中级人民法院	《齐齐哈尔市中级人民法院审理预重整案件的若干规定》
31	2020.12	自贡市中级人民法院	《自贡市中级人民法院关于审理预重整案件的工作指引（试行）》（自中法〔2020〕146号）
32	2020.12	潮州市中级人民法院	《潮州市中级人民法院破产案件预重整操作指引（试行）》（潮中法〔2020〕65号）
33	2021.01	重庆市第五中级人民法院	《重庆市第五中级人民法院预重整工作指引（试行）》
34	2021.01	遂宁市中级人民法院	《遂宁市中级人民法院破产案件预重整审理指引（试行）》
35	2021.04	佳木斯市中级人民法院	《佳木斯市中级人民法院破产案件预重整暂行规定》
36	2021.04	长治市中级人民法院	《长治市中级人民法院关于破产案件预重整操作指引》
37	2021.06	枣庄市中级人民法院	《枣庄市中级人民法院破产案件预重整操作规程（试行）》（枣中法办〔2021〕38号）
38	2021.06	诸暨市人民法院	《诸暨市人民法院关于审理预重整案件的操作指引（试行）》（诸法〔2021〕18号）
39	2021.06	海口市中级人民法院	《海口市中级人民法院破产案件预重整操作指引（试行）》
40	2021.07	杭州市中级人民法院	《杭州市中级人民法院审理企业预重整案件工作指南（试行）》（杭中法〔2021〕62号）
41	2021.07	晋中市中级人民法院	《山西省晋中市中级人民法院破产案件预重整工作指引（试行）》（晋中中法〔2021〕52-3号）
42	2021.07	忻州市中级人民法院	《山西省忻州市中级人民法院预重整指引（试行）》（忻中法〔2021〕81号）

续表

序号	发布时间	发布单位	名称
43	2021.07	威海市中级人民法院	《威海市中级人民法院关于审理预重整案件的操作指引（试行）》（威中法办〔2021〕21号）
44	2021.08	大连市中级人民法院	《大连市中级人民法院关于审理企业预重整案件的工作指引（试行）》
45	2021.08	资阳市中级人民法院	《资阳市中级人民法院关于审理企业预重整案件工作指引（试行）》（资中法〔2021〕100号）
46	2021.08	济南市中级人民法院	《济南破产法庭关于破产案件预重整的操作指引》（济中法破〔2021〕1号）
47	2021.10	河南省高级人民法院	《河南省高级人民法院审理企业重整案件的工作指引》（豫高法〔2021〕275号）
48	2021.11	河池市中级人民法院	《河池市中级人民法院破产重整案件审理操作指引（试行）》（河中法〔2021〕48号）
49	2021.12	海南省第六届人民代表大会常务委员会	《海南自由贸易港企业破产程序条例》
50	2022.03	婺源县人民法院	《婺源县人民法院关于审理预重整案件的操作指引（试行）》
51	2022.05	上海破产法庭（上海三中院）	《上海破产法庭预重整案件办理规程（试行）》
52	2022.05	绍兴市府院联动服务企业联席会议办公室	《府院联动推进企业预重整规程》（绍府院联办〔2022〕2号）
53	2022.06	株洲市中级人民法院	《株洲市中级人民法院破产案件预重整工作指引（试行）》
54	2022.06	江西省高级人民法院	《江西省高级人民法院关于审理企业破产预重整案件工作指引》
55	2022.07	洛阳市中级人民法院	《洛阳市中级人民法院关于审理预重整案件的规定）》（洛中法〔2022〕52号）
56	2022.08	镇江市中级人民法院	《镇江市中级人民法院关于规范预重整程序工作指引（试行）》
57	2022.09	周口市中级人民法院	《周口市中级人民法院预重整案件审理工作规程（试行）》

从表2-1可以看出，从时间上看，自《九民会议纪要》发布以来，各地法院关于预重整的司法规范性文件密集出台，表2-1指引性文件中80%以上均为《九民会议纪要》出台后发布，预重整的实践探索在我国内地达到了一个相对高峰的时期；从地域上看，以江苏、四川、山东、浙江、河南、广东出台的地方性指引文件占比更高，见图2-1和图2-2。

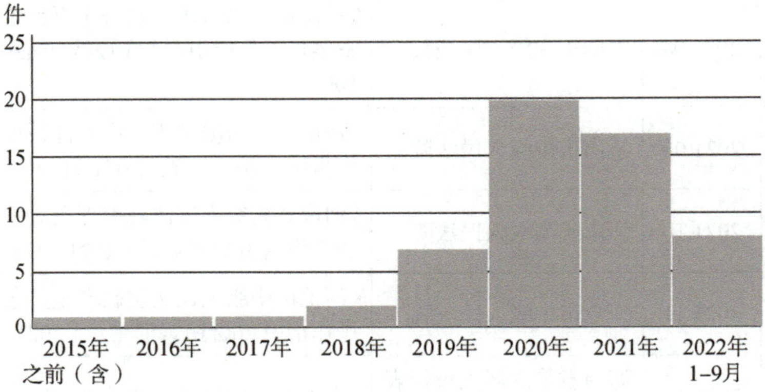

图2-1　预重整指引性文件发布时间趋势

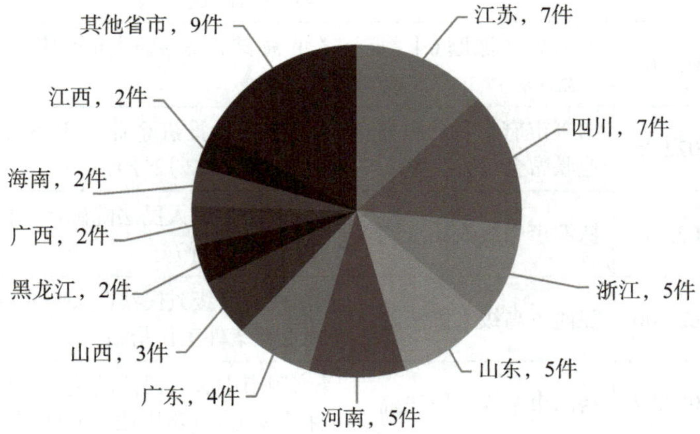

图2-2　地方指引性文件地域分布情况

案例方面，由于预重整在我国并没有明确的法律规定，各地关于预重整的做法各有不同。典型案例如深圳市中级人民法院审理的福昌电子预重整案，该案作为2017年度全国法院的典型案例[1]，被学者誉为预重整制度在中国的探索式样本案件。[2]该案中，福昌电子突然出现的债务危机与经营困境引起了500多名供应商和3700多名员工的维权。法院收到重整申请后，于2015年11月13日指定管理人并采取预重整方式审理该案。对该案中涉及的职工债权，由地方政府先行垫付并取得代位求偿权，法院最终确认债权人308户，债权金额4亿余元。预重整期间，法院指定的管理人提前进入债务企业展开调查及协调工作，并通过府院联动机制排除了重整的隐性障碍。此后，法院于2016年6月29日正式裁定受理重整，并于2017年3月21日完成重整核心工作。该公司重整中，战略投资人江苏省苏州市春兴精工股份有限公司（以下简称春兴精工）投入不超过人民币2.8亿元用于清偿费用和相关债务，获得福昌电子100%的股权。[3]春兴精工认为，政府和法院的联动“搭台不唱戏”最终使此次重整取得成功，政府与法院各司其职，政府协调企业的维稳及保障工作，法院提出预重整的探索性思路，重整中的谈判协商以及是否能够最终达成方案、成功重整则由市场决定。[4]

非典型案例则为近年来各地审理的多起有影响的重整案例，在庭前经过谈判等前期工作，达成一定的成果后进入重整程序，法院在前期协调中介入指导，事实上亦是适用预重整程序进行挽救的案例。[5]如中国二重重整案、重庆钢铁集团（以下简称重钢）重整案、泸天化（集团）有限责任公司等五家企业（以下简称泸天化系）重整案、东北特殊钢集团有限责任公

---

〔1〕 参见《2017年度人民法院十大民事行政案件之五：福昌电子破产重整案》，载中国法院网2018年7月7日，https://www.chinacourt.org/article/detail/2018/01/id/3148545.shtml。

〔2〕 参见李曙光：《预重整制度在中国的探索式样本——评福昌电子破产重整案》，载李曙光、刘延岭主编：《破产法评论》（第1卷），法律出版社2018年版，第505-510页。

〔3〕 参见李曙光：《预重整制度在中国的探索式样本——评福昌电子破产重整案》，载李曙光、刘延岭主编：《破产法评论》（第1卷），法律出版社2018年版，第505-510页。

〔4〕 参见许聪、王芳：《“生病”企业的“医院”——深圳中院服务供给侧结构性改革依法审理破产重整案探访》，载《人民法院报》2017年6月25日，第1版。

〔5〕 参见贺小荣、王富博、杜军：《破产管理人与重整制度的探索与完善——〈全国法院破产审判工作会议纪要〉的理解与适用》（上），载《人民司法（应用）》2018年第13期。

司及其关联企业（以下简称东北特钢）重整案、渤海钢铁集团有限公司等48家企业（以下简称渤钢系）重整案等。〔1〕上述案例的共同特征是债务规模均在百亿元以上，债务风险巨大。如中国二重纳入重整程序处置的债务规模145亿余元，其中120亿余元涉及金融债务；〔2〕泸天化系"集团整体负债约100亿元，涉及20家金融机构"；〔3〕重钢仅银行业债权就接近165亿元；〔4〕东北特钢重整案债务高达765亿余元，〔5〕是2016年年底以前负债规模最高的司法重整案件。〔6〕渤钢系的债务规模更是高达2000亿元级。〔7〕对于此类债务规模巨大的企业，通过在庭前先行协商谈判达成初步意向后进入重整程序，较好地提升了重整的效率，也极大地提升了重整的成功率。

总之，我国内地预重整自地方的探索性规定源起，实践中出现了适用预重整程序的典型案例，以及大量虽未明确适用预重整但亦先行协商后进入重整程序的案例。在此基础上，最高人民法院、国家发改委等作出探索预重整制度的指引、鼓励性规定，进而各地关于预重整的指引性规定纷纷出台，预重整的探索实践呈现蓬勃发展的趋势。

（二）预重整的制度定位与市场期待

在预重整得到大规模实践探索的同时，学界也进行了诸多的探讨。一

---

〔1〕 笔者根据最高人民法院全国企业破产重整案件信息网、上市公司指定披露媒体、"中国破产法论坛""破产法实务"等微信公众号、媒体公开报道等公开发布的信息统计。鉴于预重整目前并非法定程序，信息公示特别是非上市公司信息公示可能存在不全的情况。部分重整案件虽然在正式进入重整程序前未明确进行预重整程序，但成立金融债委会并进行谈判磋商，达成初步意向后进入重整程序，符合预重整的特征。

〔2〕 李曙光：《重整审判的市场化案例标本——评二重破产重整案》，载李曙光、刘延岭主编：《破产法评论》（第1卷），法律出版社2018年版，第511-517页。

〔3〕 参见罗鹏：《对泸天化债转股案例的分析》，载《金融经济》2019年第12期。

〔4〕 参见彭江：《发挥债委会作用为实体企业护航》，载《经济日报》2019年11月22日，第6版。

〔5〕 参见杨叔朋、郭云峰：《东北特钢重整案：创新破产审判的大连经验》，载《人民法院报》2017年12月21日，第3版。

〔6〕 参见金成峰：《东北特钢重整案：债转股在破产重整程序中的运用》，载微信公众号"天同诉讼圈——破产池语"2018年12月13日，https://mp.weixin.qq.com/s/F-6tawskVgJXUQm-HQuVPA。

〔7〕 参见柴刚、张晓迪：《渤海钢铁"病人"》，载《中国经营报》2019年4月20日，第4版。

方面对预重整的程序、优势、适用企业类型等进行了深入的讨论；另一方面对预重整实践现状与效果也进行了反思与检视。[1]从指引层面来看，关于预重整的指引性意见中，无论是最高人民法院层面，还是地方法院层面，或者地方政府层面，市场化、法治化都作为根本原则进行了强调。然而，何为市场化、法治化，预重整如何在我国内地社会主义市场经济条件下生根、成长直至成熟，市场、政府、法院在预重整中应如何定位等，实务中仍然存在模糊的认识。如在市场适用角度，大型企业[2]出现困境后，大多由政府牵头组成风险化解的临时性组织，或在政府牵头下成立银行业金融机构债权人委员会（以下简称金融债委会），对整个预重整中所涉的维稳、方案协商、各利益主体之间的协调等起到不可或缺的作用。无疑，大型困境企业挽救过程中，政府的关注力度与支持力度更为突出。在一些影响力不大的普通企业遭遇困境时，情况则有所不同，有的地方政府往往强调“市场化”而较少给予服务与支持，将困境企业挽救中的困难直接交由市场去解决。因此，一方面，当下预重整的制度定位与市场期待还存在差距；另一方面，各地对预重整纷纷出台了指引性的规定，在规范预重整运行方面无疑起到了较好的引导作用。但与此同时，各类指引中对于适用主体、启动以及程序等进行了限制性规定，市场主体无法做到自由地选择适用，与预重整的制度目标还存在差距。另外，目前关于预重整的实践多局限在进入庭内司法重整前的谈判重组，实践中尚缺乏在重整程序中直接对预重整方案[3]进行确认的典型案例。程序具体运行过程中，政府、法院往往自预重整庭外谈判重组开始便直接介入，使预重整与庭内司法重整出现了功能模糊甚至混同的现象。

---

〔1〕 参见《会议新闻：上海破产法研究会换届会暨预重整学术研讨会》，载微信公众号“中国破产法论坛”2021年5月18日，https://mp.weixin.qq.com/s/GZ_nlplKwaZKKXILeONYqw 。

〔2〕 本书关于大中小微型企业的划分，参照国家统计局《统计上大中小微型企业划分办法（2017）》。

〔3〕 预重整由庭外谈判重组程序转入庭内司法重整程序后，预重整方案则体现为重整计划草案或重整计划，本书在表述中不作特别区分。

预重整从最初的制度引入开始，就肩负着区别于庭内司法重整的制度期待。及时对困境企业进行有效挽救，是预重整制度的初衷。[1]从目前对国外预重整制度的研究来看，预重整制度的关键特征恰恰在于市场主体基于意思自治的原则进行庭外谈判，这一谈判成果在符合特定条件的情形下由法律赋予其强制效力。[2]随着预重整在我国内地的不断探索，制度偏离问题也受到了业界的高度关注。有学者对当下预重整实践中出现的一些做法与观点进行了批评，强调预重整的属性在于其市场化，而不是将重整程序前置或是重整程序时间拉长，[3]并进一步提出，预重整最为根本的原则与特征应当是促进市场主体在一定规则下及时通过谈判协商实现自我挽救。[4]还有学者对当下“中国式预重整”特点进行了归纳与反思，并提出了修正建议。[5]从学界上述讨论可以看出，无论是最初关于国外预重整制度的介绍与讨论，还是经过实践探索后关于预重整的检视与反思，都对预重整的制度定位进行了强调，即预重整是庭外谈判重组与庭内司法确认相结合的混合性程序，是一个以市场主体自救为主的困境企业挽救机制。换言之，预重整既不是完全由公权力介入的司法程序，也不是脱离公权力规制完全自由市场化的庭外程序。

---

〔1〕 参见李曙光:《我国破产重整制度的多维解构及其改进》，载《法学评论》2022年第3期。

〔2〕 如“这种制度主要是一种在自由谈判的基础上寻求法律保护的制度”“预重整其实不过是为了克服传统重整模式在程序上的死板而发展起来的替代变通模式，这些变通模式充分发挥当事人意思自治的能动性”。王佐发:《预重整制度的法律经济分析》，载《政法论坛》2009年第2期；“在预先重整程序中，重整启动前企业的行为不受法院支配，管理层保留着对企业较大的控制权，因此管理层可根据企业复兴的需要及时、灵活地采取或调整企业的营业行为。而在传统重整程序中，债务人财产的运营要受法院的监督……”胡利玲:《论困境企业拯救的预先重整机制》，载《科技与法律》2009年第3期。

〔3〕 《王欣新教授在第二届“破产法治·天府论坛——预重整制度专题研讨会”上的主旨演讲》，载微信公众号“一语道破”2020年10月12日，https://mp.weixin.qq.com/s/XqWYw1tdpipQLElvvQFp9w。

〔4〕 参见王欣新:《预重整的制度建设与实务辨析》，载《人民司法》2021年第7期。

〔5〕 参见胡利玲:《预重整制度的功能定位——基于对我国预重整实践的思考》，载微信公众号“QDFX破产法学会”2021年1月27日，https://mp.weixin.qq.com/s?__biz=MzkxNzE5OTkxMQ==&mid=2247484218&idx=1&sn=2fdd83b1c4079c256cf4758983f7c80a&chksm=c1450e72f63287643529b1600bd9f7b785d96071dea12f930fe3ab23d240e09cd1af1593dcdb&mpshare=1&scene=23&srcid=0127fPsVTN6d4WGSsGxLRaMM&sharer_sharetime=1621562580480&sharer_shareid=cba22cb51b7603a1a5c521a7f16f7567#rd。

自2007年《企业破产法》实施以来，我国内地预重整实践经历了一个蓬勃发展的阶段，及至近两年，呈现密集发展的态势。实践中，无论是在政府纪要指引下的预重整，还是在法院规定指引下的预重整，均反映出行政权或司法权对预重整"又爱又管"的态度，市场对预重整的客观需求与公权力对预重整过度介入的矛盾倾向逐渐显现。如有的政府指引性文件中明确指出预重整的市场化及当事人自治原则，但同时规定预重整程序需由政府决定启动，中介机构由政府指定并需向属地政府、债权人会议、人民法院同时报告工作等。[1]各地法院的实践做法中，呈现既明确庭外谈判重组中的自主性，又对预重整庭外程序主动介入、引导监督的特点。如有的法院在指引中明确庭外谈判以债务人向债权人等利益相关者征集意见为主，由管理人承担监督责任，但同时主动介入预重整期间债务人企业的经营，要求债务人企业预重整期间的经营借款需由合议庭批准，等等。[2]无论是政府的行政权还是法院的司法权，对预重整持极为谨慎的态度。从前述各地法院及政府关于预重整的相关指引看，预重整更像是庭内司法重整的"外挂程序"，只是将本应在庭内司法重整中进行的相关程序移到庭外，以便节约庭内司法重整的时间，提高重整的效率；或者作为强化重整受理条件审查的识别机制，在庭外谈判成熟后再确认是否符合重整受理条件，从而决定是否准许进入庭内司法重整程序。政府的行政权则更多侧重于考虑企业出现困境后对地方经济、民生保障等方面的影响，进而积极介入预重整的前期谈判，尽可能促进企业的挽救成功；对企业继续营运价值等问题的考虑则并不明显。行政权、司法权对预重整"不放心"的态度与提前介入的做法，虽然呈现出主动介入监管的态度，但显然与预重整这一制度的根本目标出现了背离。

---

〔1〕 参见温州市人民政府办公室《企业金融风险处置工作府院联席会议纪要》第2条第(1)项、第(3)项、第(6)项。

〔2〕 参见《深圳市中级人民法院审理企业重整案件的工作指引(试行)》第三章。

实践中的做法与行政权及司法权对预重整风险的考量不无关系。而这一现象的根本原因，则是对预重整制度的价值体系与规范基础不清而造成的焦虑感。事实上，即便是行政权与司法权提前介入，也难以消除预重整庭外程序中可能存在的风险，而规范基础及原则的确立则是通过制度完善来预防风险、体现优势的根本方法。近年来，作为重整、和解等困境企业挽救制度的补充，市场对于预重整这种新型困境企业挽救制度的了解越来越广泛和深入，对这一新型制度的期待也更为迫切。囿于重整程序的高昂成本以及出于对企业形象的考量，企业在遭遇困境后对直接申请庭内司法重整心存顾虑。预重整的出现仿佛迷雾中的一道光，点亮了企业自救的信心，也点燃了债权人的热情。困境企业通过与债权人等各方主体自行市场化协商，借助司法强制力的确认，达到自救成功的效果，进而化解各种风险，亦可以对地方经济发展、就业等产生积极的影响。而目前实践中的做法与预重整的基本属性不相契合，〔1〕已经偏离了预重整的制度初衷与本意。〔2〕

二、我国内地预重整实践与理论的碰撞

（一）我国内地预重整实践概况

目前可见的早期预重整案例，应为浙江省杭州市余杭区人民法院2015年审结的一例房地产企业预重整案例——怡某成房地产公司预重整案。〔3〕怡某成公司是一家房地产开发项目公司，因资金链出现严重问题，其开发的某房产项目自2015年以来一直处于停工状态。项目完工率仅为41%左

〔1〕 参见王欣新：《建立市场化、法治化的预重整制度》，载《政法论丛》2021年第6期。

〔2〕 参见胡利玲：《预重整的目的、法律地位与性质——基于对我国预重整地方实践的反思》，载《东方论坛》2021年第4期。

〔3〕 参见浙江省杭州市余杭区人民法院课题组：《房地产企业预重整的实务探索及建议》，载《人民司法（应用）》2016年第7期；吴勇：《浙江首例预重整案：2000万元急救金撬动负债18亿元房企》，载浙江在线网zjol.com.cn，2021年3月17日访问。

右，销售率也仅为51%左右，已知购房债权人达1200余户，其他债权人100余户，申报债权金额达18亿元，其主要资产则为土地和该项目房产。2015年6月，杭州市余杭区人民法院对其进行预重整。预重整期间，债务人及已知债权人开展了以下工作，一是确定复工续建的可行性；二是召开已知债权人会议建立联络协商机制并形成书面承诺文件；三是初步形成复工续建的融资方案，以最大债权人也是抵押债权人某银行为主导，通过政府融资平台融资2.1亿元，并确定为共益债务优先受偿；四是确定由原施工单位复工续建；五是对项目工程量进行了审计并就复工续建征求了购房债权人意见。由于在预重整期间，一方面债权人与债务人进行了充分的协商，债权人对债务人的实际情况有了充分的了解，进而有效推进了破产重整程序；另一方面政府及时介入，通过制定维稳预案，给予政策支持，搭建融资平台等措施，稳定了债权人及购房债权人情绪，为破产重整创造了有利的外部环境。进入重整程序后，第一次债权人会议顺利召开并表决通过了各项议案，怡某成公司最终获得重整成功。该案由大债权人主导庭外预重整，协调融资、续建、谈判等多项内容，对于房地产困境企业预重整起到了较好的先例作用。此后2017年福某电子预重整案被最高人民法院评为2017年度人民法院十大民事行政案件，并被学者誉为预重整制度在中国探索的样本。笔者在最高人民法院的全国企业破产重整案件信息网进行检索，输入关键词“预重整”、发布人身份“法院”、案件类型“破产审查案件”、内容类别“裁判文书”以及发布的开始与结束日期，得出数据见表2-2。

表2-2　预重整案件趋势统计

时间	2017年度	2018年度	2019年度	2020年度	2021年度	2022年1-9月
公告裁判文书数量/件	1	2	22	85	279	325

注：数据来源为全国企业破产重整案件信息网court.gov.cn，访问日期2022年10月3日，鉴于该信息平台自2016年开始在全国范围内逐步启用，统计期间从2017年开始。统计数据中不包括一些虽未经法院决定启动预重整，但在申请进入重整前已经进行庭外协商，形成初步意向法院申请重整的非典型预重整案件。

从表2-2可见，近年来，预重整在我国内地的适用呈逐年上升趋势。从实践做法来看，我国内地预重整形成了三种模式：法院主导模式、政府主导模式、相对市场化模式。其中，法院主导模式为当下做法中的主流模式，政府主导模式则主要体现在浙江及广东部分地区，而相对市场化模式则以无锡、重庆等地的做法为代表。

法院主导模式是目前较为普遍的预重整模式。早期较为著名的如前述深圳市中级人民法院审理的福某电子预重整案。在预重整期间，法院指定管理人，提前进入债务企业开展调查及协调工作，并由法院与政府通过府院联动机制排除了重整的隐性障碍，在此基础上进入正式的重整程序。

政府主导模式的代表主要是温州模式。该模式中，预重整的决定权由属地政府行使，同时由人民法院进行监督和指导。[1]如温州吉某达鞋业有限公司（以下简称吉某达公司）预重整案。该案中，由温州市人民政府决定对吉某达公司启动预重整程序，并确定预重整管理人。在政府主导下，吉某达公司进行预重整的相关工作，包括对资产进行调查，引入投资人，召开金融债权人会议等，在此基础上制订了重整计划草案，并与投资人、债权人进行协商谈判。从具体程序上看，该案首先由温州市政府召开专题帮扶会议，将吉某达公司列入重点帮扶企业。2016年12月12日，温州市鹿城区人民政府向温州市人民政府出具〔2016〕8号《关于对吉尔达鞋业实行“预重整”方案帮扶的请示》报告，2017年2月4日，温州市政府下发〔2017〕91号抄告单，决定对吉某达公司进行预重整，并确定浙江嘉瑞成律师事务所担任预重整管理人。2017年5月11日，温州市中级人民法院根据吉某达公司的申请，立（2017）浙03引调1号案件。2017年12月19日，温州市中级人民法院受理吉某达公司的重整申请。2018年2月8日，温州市中级人民法院裁定批准重整计划，终止重整程序。

---

〔1〕 参见温州市人民政府办公室《企业金融风险处置工作府院联席会议纪要》（温政办函〔2018〕41号）第2条第（3）项。

相对市场化模式，目前较为典型的是无锡引导人模式及重庆辅助机构模式。无锡市中级人民法院（以下简称无锡中院）审理的中某红文化集团股份有限公司（以下简称中某文化）预重整一案，采用了引导人模式，由相关中介机构为预重整引导人，对程序性事项进行引导。该案预重整后进入重整程序仅用一个月即完成重整工作，极大地提升了企业挽救的效率。该案中，无锡中院于2020年5月25日同意中某文化进行预重整，并同意该公司聘请的江苏方德律师事务所为引导人，案号为（2020）苏02破申10号，预重整期间确定为6个月。在预重整期间，资产负债情况调查以及协商谈判等均由引导人主导，并在债务人继续经营的情况下，监督债务人的经营。在预重整期间，中某文化引导人通知了债权申报、组织了投资人招募，并制订了重整预案，组织债权人及出资人组进行了表决。在此基础上，无锡中院于2020年11月24日裁定中某文化重整并指定管理人。此后，同年12月25日召开了第一次债权人会议进行分组表决。方案表决通过后，法院于同日裁定批准重整计划并终止重整程序。〔1〕中某文化进入重整程序后仅用1个月的时间便完成重整，预重整的效率优势得到了充分的体现。无锡中院在中某文化向法院提出预重整申请后，立"破申"案号，同时同意中某文化聘请的中介机构为引导人，引导预重整相关工作，未采取指定管理人或临时管理人的做法。在预重整期间，引导人履行类似于管理人的职责，并参照重整程序进行了债权申报、重整投资人招募、提出重整预案，以及分别召开债权人会议及出资人组会议进行表决。在此基础上，法院裁定进入重整程序。从程序衔接上来看，虽然在进入庭内司法重整前已经完成了大部分的预重整程序，但进入庭内司法重整程序后，依然按照《企业破产法》的规定进行了债权申报、组织表决等程序，并未直接对预重整阶段的方案及表决结果进行审查确认。总体上看，预重整庭外重组阶段仍若即若离地在

---

〔1〕 参见深圳证券交易所公告http://www.szse.cn/，2021年5月21日访问。

法院的主导下进行。

重庆市第五中级人民法院在其《预重整工作指引(试行)》中，将预重整分为司法“不介入”与“弱介入”两种模式，分别对应破产申请前的预重整与破产申请审查期间的预重整。同时，该指引未采用通行的指定管理人或临时管理人的做法，而是采用了“预重整辅助机构”这一名称，且采取备案登记制，较为充分地体现了市场化的主导思想。破产申请审查阶段的“弱介入”预重整模式中，预重整辅助机构需定期向法院汇报工作以及提交终结报告等，体现了相对市场化的特征。[1]具体而言，对于破产申请前的预重整，法院并不介入，系“不介入”模式。困境企业可以与其债权人等利益相关者在庭外自行协商重组，在符合条件时向法院提出重整申请。法院在受理重整申请后对庭外自行重组进行审查，通过对批准条件进行规定，规制当事人在自行庭外重组中遵守相关规定。在破产申请审查阶段的预重整，则为“弱介入”模式，当事人可在提出重整申请的同时提出预重整申请，因而是在破产申请审查阶段即“破申”案件中进行。在“弱介入”模式下，法院仅进行备案登记，出具备案通知书，对预重整庭外重组阶段并不主动干预。预重整辅助机构则由债务人与主要债权人自行协商确定，协商不成的情况下，人民法院根据债务人或者主要债权人的请求选任预重整辅助机构。如重庆市武隆区仙女山旅游投资有限公司预重整案，该公司在向重庆市第五中级人民法院申请重整的同时提出预重整申请，并请求法院批准其聘任重庆丽达律师事务所担任预重整辅助机构。重庆市第五中级人民法院于2023年4月6日作出(2023)渝05破申193号通知书，对该公司预重整及其聘任重庆丽达律师事务所担任预重整辅助机构进行备案登记。[2]

除上述三种模式外，我国内地司法实践中还大量存在前期通过庭外谈

〔1〕 参见《重庆市第五中级人民法院预重整工作指引(试行)》第10条、第19-21条。

〔2〕 参见重庆市第五中级人民法院:《预重整备案公开》，载全国企业破产重整案件信息网2023年4月11日，https://pccz.court.gov.cn/pcajxxw/yczgg/ggxq?yczgg=BBE924DB498E108845B8F30E9987E9B1.

判后进入重整程序的案例，该类案例虽未直接适用预重整程序，但事实上通过前期谈判达成协议框架后进入重整程序，与预重整的特征相符。这类案件多发生于大型困境企业挽救过程中，债务危机出现后，不仅企业自身发展遇到危机，企业所在地方还面临金融风险与经济稳定等多重压力。这类企业在预重整阶段往往先行成立金融债委会或者直接由政府主导参与到企业挽救的过程中来，经过谈判形成框架性方案后进入重整程序并快速重整成功。这类预重整企业往往是关系当地经济稳定与民生保障的大型企业，谈判虽在债务人与债权人特别是金融债权人之间展开，但法院及政府均不同程度地进行了引导或介入。实践中，也有个别地方通过府院联动文件的方式明确由政府与法院共同决定对企业实施预重整，但从具体程序上看，主要由政府占主导地位。〔1〕

（二）我国内地预重整实践与理论之背离

1.其他国家和地区预重整的通行做法

《美国破产法典》中虽然并无正式的“预重整”概念，〔2〕但该破产法典中关于申请破产时债务人可提交重整计划、庭前信息披露及意见征集、预重整庭外重组中的意思表示在破产程序中的承认等规则，构成了预重整制度的核心内容。〔3〕通过这些规则的运行并借助该破产法典第11章的庭内重整制度，形成了独具特色的预重整制度，发挥了高效率低成本挽救困境企

〔1〕 如绍兴市府院联动服务企业联席会议办公室《府院联动推进企业预重整规程》(绍府院联办〔2022〕2号)第6条规定：对在当地有重大影响的债务人预重整，可以由属地县级政府主导并确定相应职能部门按府院联动机制牵头协调，由具有管辖权的法院确定相应职能部门予以协助配合，共同给予法律和政策方面的引导、指导和监督，实行同步立案、同步结案、信息共享、问题共商、措施共举、分工协作、职能衔接的工作策略。

〔2〕 参见王佐发：《预重整制度的法律经济分析》，载《政法论坛》2009年第2期。

〔3〕 See 11USCA § 1102(b), § 1121(a), §1125(a), § 1126(b); Federal Rules of Bankruptcy Procedure §3018(b); 杜军、全先银：《公司预重整制度的实践意义》，载《人民法院报》2017年9月13日，第7版。

业的突出优势,[1]同时也成为其他国家借鉴学习的样本。[2]

英国此前对困境企业的救治程序有四类:合同法下的解决方案、公司自愿整理、整理计划以及管理程序。[3]管理程序是由管理人对公司进行接管的程序,在其特别程序预重整管理程序(pre-packaged administration)中,在进入正式的管理程序之前,企业与购买者达成出售企业的部分或全部财产或营业事务的协议,在管理人指定时立即生效或指定后很快即生效。[4]也就是说,在英国预重整管理程序中,企业一旦陷入困境,就可聘请破产执业者(insolvency practitioner)组织与债权人等利益相关者进行协商,在此基础上形成预重整方案。预重整方案中,一般将企业资产转让,职工同步转移,即进行营业事务的转移,转让的对象是企业管理层或者企业之外的第三人。[5]该程序中,由于可以在达成方案后立即启动管理程序,而在债权人会议召开之前即可处置企业的资产与营业事务,其特征与美国法上的出售式重整有相似之处。英国1986年破产法引入的公司自愿整理程序(company voluntary arrangements, CVA)[6]是指在任命破产监督人的

---

〔1〕 如根据Baker教授对美国1986-1993年运用预重整模式进行重整的49家公司进行的实证研究,自法院收到重整申请至重整计划被法院批准的平均周期为2.5个月,为重整所花费的财务成本为申请破产前企业资产的2.8%。转引自曹爱武、尤子谦:《试论预重整制度及其在我国之发展与完善》,载微信公众号“破产重整那些事”2019年2月19日,https://mp.weixin.qq.com/s?_biz=MzUzODY3NTI1OA==&mid=2247484680&idx=1&sn=65f13510f3e50acc56d6c348da19ec26&chksm=fad5545dcda2dd4bf2a06c31dab46c610fa029881bad09de6720bd10e9b1e25dd2ce2fcea53c&mpshare=1&scene=23&srcid=0717Yse7gd79hnLfc4VTHOEM&sharer_shareinfo=72d406221bfe917b6ad1cfa52810c64c&sharer_shareinfo_first=72d406221bfe917b6ad1cfa52810c64c#rd。

〔2〕 如我国预重整实践探索多借鉴美国预重整制度的做法;英国近期也改革了其困境企业挽救制度,借鉴美国的预重整制度而形成了重组计划制度。

〔3〕 参见[英]Jennifer Payne :《英国债务重整的未来》,杜军译,载徐阳光、张婷主编:《破产法茶座》(第3卷),法律出版社2019年版,第61-82页。

〔4〕 See Chris Umfreville, *Pre-packaged Administrations and Company Voluntary Arrangements: The Case for a Holistic Approach to Reform*, I.C.C.L.R., 30(11), 581-603(2019).

〔5〕 See P. Walton, *Pre-packaged Administations—trick or Treat?*, 19 Insolvence Intelligence 113 (2006).

〔6〕 参见[英]费奥娜·托米:《英国公司和个人破产法》,汤维建、刘静译,北京大学出版社2010年版,第64页。

前提下，债务人与债权人就债权清偿或公司相关事务安排达成协议，该协议获得通过需由超过75%以上的普通债权人同意。在自愿整理程序中，符合规定的公司（一般为小公司）可享有延期偿付的保护期。自愿整理计划获得通过后则可启动破产程序确认计划。[1]英国的这两类程序，从效果上看，都起到了预重整所要达到的提前挽救困境企业的效果，相同点是都使企业的营业得到了继续。不同的是，在自愿整理程序下，营业事务仍由原企业管理层负责经营；而在预重整管理程序下，原营业事务则出售给第三方，由第三方继续经营。同时，在程序上，两个机制也有诸多不同之处，如在自愿整理程序中，需经过普通债权人75%以上的同意；而对于担保债权人及其他优先债权人而言，除非得到他们的事先同意，否则计划对他们不产生效力。而在预重整管理程序中，债权人则无权对营业事务的处理发表意见。[2]自愿整理程序与我国2007年《企业破产法》上的破产和解制度的功能与作用相类似。英国的另一程序为整理计划程序。在整理计划程序中，由债务人提出整理计划，在初步与债权人进行谈判后，申请法院给予同意召开债权人会议的命令。在获得法院同意后，则可召集债权人会议对整理计划进行分组表决，在各组均通过整理计划的基础上，再次向法院申请对整理计划进行确认，从而赋予整理计划以普遍的效力。[3]这一制度与美国法上的预重整制度则颇为类似，不同的是，只有当各组均通过整理计划时，方可申请法院的确认。2020年，在受到疫情影响，经济受到重创的情况下，英国在改良整理计划制度的基础上形成重组计划制度。在重组计划制度中，即便整理计划未能获得全部组别的通过，仍可请求法院审查确

---

〔1〕 See Jennifer Payne, *Schemes of Arrangement, Theory, Structure and Operation*, Combridge University Press, 2021, p.259-274.

〔2〕 参见杜军：《中、英企业破产拯救制度的比较研究》，载《法律适用》2017年第21期；See Chris Umfreville, *Pre-packaged Administrations and Company Voluntary Arrangements: The Case for a Holistic Approach to Reform*, I.C.C.L.R., 30(11), 581-603(2019).

〔3〕 See Simon Beale & Paul Keddie, *Insolvency and Restructuring Manual*, Bloomsbury Professional Ltd., 2018, p.195-202.

认。这一制度与美国法上的预重整制度基本完全一致,使庭外的自由谈判重组与庭内的司法强制确认高度结合,从而为困境企业挽救提供了更大的可能。[1]合同法下的解决方案则是由债务人与债权人通过协商达成一致协议的方式对企业进行挽救,与我国的庭外重组制度相类似。[2]

在我国香港地区,破产制度分为个人破产和公司清盘两类。公司清盘中,又区分强制清盘和自愿清盘。一方面,在清盘的场合下,债权人与债务人之间可以进行妥协并达成相应的安排,从而达到困境企业挽救的目的,该安排在符合一定条件时,可以得到法院的确认,从而与美国的预重整制度具有相似性。[3]另一方面,即便没有进入清盘程序,亦可在庭外债务重组中通过一定的协议或安排,请求法庭予以认可。[4]因此,无论是香港法例第32章《公司(清盘及杂项条文)条例》,还是第622章《公司条例》,都规定了公司对债务进行自愿整理后提交法院批准的程序,即整理计划程序,这样的规定与安排均以困境企业挽救为目标。[5]香港地区的整理计划程序规则与英国的整理计划程序类似,与美国的预重整制度具有相似的特征。[6]

邻国日本,早期缺少与预重整制度类似的制度。困境企业的庭外挽救程序以事业再生ADR程序为主,该程序以《法庭外纠纷解决程序法》与《产业竞争力强化法》为基础,其优点是灵活高效,且对企业营业事务的影响较小,但缺点是再生计划方案需经全体债权人的同意。[7]近两年来,日

---

〔1〕 See Jennifer Payne, *Schemes of Arrangement, Theory, Structure and Operation*, Combridge University Press, 2021, p.301-328.

〔2〕 参见[英]Jennifer Payne :《英国债务重整的未来》,杜军译,载徐阳光、张婷主编:《破产法茶座》(第3卷),法律出版社2019年版,第61-82页。

〔3〕 参见《香港法例》第32章《公司(清盘及杂项条文)条例》第169条、第227D条。

〔4〕 参见《香港法例》第622章《公司条例》第二分部第668-677条。

〔5〕 参见《香港法例》第32章《公司(清盘及杂项条文)条例》第169条、第227D条,第622章《公司条例》第二分部第668-677条。

〔6〕 后文中为方便起见,在关于困境企业拯救方法的整体性描述中,将上述具备预重整特征的制度统一称"预重整",在涉及具体制度时以原名称区分。

〔7〕 参见[日]清水祐介:《事业再生ADR的指引》,席修举、吴色君、陈景善译,载王卫国、郑志斌主编:《法庭外债务重组》(第1辑),法律出版社2017年版,第283-297页。

本改良了事业再生ADR程序，将其导入庭内程序中。庭外重组的事业再生ADR程序中的方案不能获得各组别100%通过时，只要获得60%以上债权额的表决通过，即可转入到庭内的简易整理程序，由法院直接对庭外重组方案进行审查批准，从而获得司法强制的效力。[1]这一制度亦与预重整制度有异曲同工之处。

联合国国际贸易法委员会《破产法立法指南》（以下简称联合国贸法会立法指南）中规定了简易重整程序，困境企业利益受损的债权人可以自愿进行谈判重组，而后启动程序确认重组方案的效力。[2]该指南建议在符合特定条件时，债务人可提出启动简易程序的申请，同时，申请时需提供已经谈判达成的计划和披露说明。该指南中提出的简易重整程序与美国的预重整程序基本类似，债务人出现资不抵债或丧失偿债能力的风险时，在向权利受到影响的债权人披露信息的基础上与其进行谈判并商定计划，由司法程序对计划进行确认。[3]按照指南中关于简易重整程序的规定，预重整程序的本质特征在于在庭外重组中达成协议，并快速进入庭内司法重整程序对协议进行确认，从而赋予庭外重组协议以庭内重整计划的效力，对全体债权人产生约束力。[4]

综合以上分析可以看出，无论是美国的预重整制度，英国的整理计划及重组计划制度，日本庭外重组制度与庭内简易整理制度的结合，还是我国香港地区的整理计划制度，以及联合国贸法会立法指南中的简易重整程序，其共同点在于：企业与其利益受损的相关者先行谈判，并在形成方案后向法院申请快速确认。从发展趋势看，各国困境企业挽救制度逐渐出现趋同的趋势，其主要阶段分为两个阶段：一是庭前的自行协商、谈判阶段，

---

〔1〕参见日本《产业竞争力强化法》第65条第3款、第4款，《民事再生法》第211条第1款、第174条第2款第4项。

〔2〕参见联合国国际贸易法委员会编著：《破产法立法指南》（中文版），2006年版，第212页。

〔3〕参见联合国国际贸易法委员会编著：《破产法立法指南》（中文版），2006年版，第212－220页。

〔4〕参见张艳丽、陈俊清：《预重整：法庭外重组与法庭内重整的衔接》，载《河北法学》2021年第2期。

二是法庭内的司法确认阶段，是契约自由谈判与司法强制力规制的高度融合。

2.我国内地预重整的功能错位

目前，我国内地法律尚未规定预重整制度。预重整作为结合当事人自治与司法强制力规制的混合性制度，既有庭外谈判重组的自治性，又有公权力的强制性，同时具备了庭外谈判重组与庭内重整两个程序的优点，较好地体现了困境企业挽救的公平与效率。[1]预重整制度最初进入我国学界及实务界的视野，就在于其结合了两个程序的优势，能够在困境企业挽救效率与利益相关者整体权益维护之间达到平衡。早期实践中，曾有观点将预重整分为单纯的法庭外预重整，破产清算中破产宣告前的预重整，以及庭内重整程序开始前的预重整三种模式。[2]但随着研究的不断深入，通常认为进入破产程序后再转入重整程序的模式并不能称为预重整，预重整应当限定为庭外的契约性谈判重组与庭内司法重整程序确认的结合。

根据一般的法治理念，对于国家的适当管理而言，行政权和司法权都是必不可少的要素，但各自的侧重点不同，行使时不能混淆。[3]然而，随着预重整在中国内地司法实践中的不断探索与开展，出现了两个典型的倾向。一是政府行政权在预重整中的不当定位。行政权不当介入市场自主谈判过程，或在社会管理与保障领域出现了缺位。二是法院的司法权在预重整程序中的提前介入，将预重整作为庭内司法重整的前置或“外挂程序”，作为重整价值与可行性的识别机制或解决庭内司法重整法定期间不足的问题。上述倾向使目前预重整实践与理论及制度初衷出现背离。

---

〔1〕 参见王佐发：《公司重整制度的契约分析》，中国政法大学出版社2013年版，第344页。

〔2〕 参见金春、任一民、池伟宏：《预重整的制度框架分析与实践模式探索》（上），载王卫国、郑志斌主编：《法庭外债务重组》（第1辑），法律出版社2017年版，第113—115页。文中介绍深圳市中级人民法院的预重整按照预重整的顺序分为上述三种模式，均称为预重整。

〔3〕 参见［美］R.M.昂格尔：《现代社会中的法律》，吴玉章、周汉华译，译林出版社2001年版，第171页。

（1）行政权在预重整实践中的不当定位

困境企业挽救犹如一项系统性工程，不仅需要市场主体自身努力，企业挽救过程中的政策支持配套问题同样需要政府行政权的介入与支持。这种介入是基于政府行政权的根本属性与预重整程序相向而行，而不是行政权的随意行使。从本质上来讲，行政权是一种管理权。〔1〕对于预重整中出现的诸如职工分流、税收政策、企业信用修复等涉及社会管理的问题，政府参与共同解决是政府履行其在困境企业挽救、社会风险处置中管理职能的体现。目前预重整实践中，行政权往往容易出现两个方向的不当定位。一方面是过度介入的越位行为。如预重整由政府决定启动并指定管理人，由政府通知法院对预重整进行立案并对庭外谈判重组进行法律指导与监督的做法。〔2〕由行政权决定预重整的启动，限制了市场主体自行选择适用预重整对企业进行挽救的权利；而由政府决定法院对预重整期间的法律指导与监督，不仅与司法权固有的被动与中立属性不符，也显然超越了行政权的权力边界。如在山农股份有限公司（以下简称山农公司）预重整案中，山农公司2018年11月向政府所属相关处置办公室提出预重整申请，后由政府决定启动预重整程序并确定预重整管理人。在政府决定启动后，法院对预重整进行法律指导与监督。〔3〕由政府决定预重整程序启动的方式，显然超越了市场经济体制下政府行政权对于社会管理的职能范围，行政权出现了越界。另一方面，与行政权的越位形成鲜明对比的则是行政权的缺位行为。这种情形在中小企业的预重整中表现得较为明显。由于这类企业对地方经济的影响不足以引起政府的关注，一些地方政府往往以预重整属于司法程序，应当遵循“市场化”“法治化”为由，“消极怠政，将

---

〔1〕 参见孙笑侠：《司法权的本质是判断权——司法权与行政权的十大区别》，载《法学》1998年第8期。

〔2〕 参见温州市人民政府办公室《企业金融风险处置工作府院联席会议纪要》（温政办函〔2018〕41号）第2条第（3）项、第（5）项。

〔3〕 参见江丁库主编：《破产预重整法律实务》，人民法院出版社2019年版，第237-241页。

破产再生(退出)衍生出的社会问题推诿给法院承担”,〔1〕行政权出现“缺位”。对于预重整中企业面临的如企业信用修复等普遍性问题,政府缺乏主动服务、提供配套规范支持等措施。〔2〕

(2)司法权在预重整实践中的提前介入

司法权在预重整实践中的提前介入同样使预重整的实践做法与预重整制度定位出现偏离。司法权本质上是一种判断权。〔3〕因此,司法权具有被动性、中立性的特征。即便困境企业挽救作为一项系统性工程,法院的角色定位亦不应脱离司法权的本质属性。而预重整的实务操作中,各地法院出台的指引性规定及实践做法,不同程度地体现了司法“提前介入”的做法,主要体现在五个方面:一是对预重整的适用主体进行限制。大部分指引中对适用预重整的主体采取了限制性的规定。如从企业的职工人数、债权人户数、上下游企业的影响范围,对生产经营的负面影响程度、对地区经济与金融环境稳定的影响力等方面进行限制,〔4〕并非所有市场主体都可基于其内在需求选择适用预重整程序。二是对预重整启动权的限制。对于预重整能否自行启动的问题,除个别地方可以由市场主体在庭外自

---

〔1〕 陆晓燕:《“府院联动”的建构与边界——围绕后疫情时代市场化破产中的政府定位展开》,载《法律适用》2020年第17期。

〔2〕 参见王新军、赵竹青、刘昭伯、王一楠:《破产重整企业金融信用修复问题探析》,载《征信》2022年第6期。

〔3〕 参见孙笑侠:《司法权的本质是判断权——司法权与行政权的十大区别》,载《法学》1998年第8期。

〔4〕 如《深圳市中级人民法院审理企业重整案件的工作指引(试行)》第28条第1款规定预重整的适用主体为:(1)需要安置的职工超过五百人的;(2)债权人两百人以上的;(3)涉及超过一百家上下游产业链企业的;(4)直接受理重整申请可能对债务人生产经营产生负面影响或者产生重大社会不稳定因素的。《杭州市中级人民法院企业预重整案件工作指南》第2条规定适用预重整的主体范围为:(1)债权人人数众多,债权债务关系复杂,或职工安置数量较大,影响社会稳定的大型企业;(2)产业规模较大,对地区经济发展或金融环境稳定有重大影响的大型企业;(3)符合国家产业政策、行业前景良好的重点企业;(4)上市公司以及对上市公司影响较大的关联企业;(5)直接受理重整申请可能对债务人生产经营产生负面影响或者产生重大社会不稳定因素的企业;(6)人民法院认为可以适用预重整的其他企业。

行重组后申请法院确认外,〔1〕绝大部分地区采取法院决定启动的做法。〔2〕三是对预重整庭外谈判重组期间进行限制。大部分地方参照了庭内司法重整程序对预重整庭外谈判重组的期限作出了规定。如规定为3个月或6个月,经申请可延长,等等。〔3〕四是对管理人指定进行限制。大部分地区的指引中规定法院决定启动预重整的同时指定管理人。〔4〕五是赋予自动中止等强制效力。如有的指引规定了预重整庭外谈判重组期间中止执行,〔5〕有的指引规定了中止执行与保全措施。〔6〕实践做法中法院司法权的提前介入,使市场主体无权自由决定适用预重整程序以及预重整的期间、谈判过程等,也使预重整在功能上与庭内司法重整产生了混同,从而使预重整的制度优势并未完全体现,甚至使预重整仅作为破产前程序而存在。〔7〕

从前述分析来看,当前中国内地的预重整实践,已经出现了实践与理论明显偏离的现象。一方面,市场、理论研究倡导与呼吁以"市场化"的方式完善与运行预重整制度,尊重市场主体的自主权,以庭外自由重组为核心;另一方面,预重整在实践中出现了市场主体的私权利与行政权、司法权界限不清的情形,从而出现了公权力对于市场主体庭外自由谈判的不当

〔1〕 如《重庆市第五中级人民法院预重整工作指引(试行)》第3条第1款、第2款规定:具有挽救可能,有能力与主要债权人开展自主谈判的企业法人,可以进行预重整。申请重整前,通过自主谈判已经达成重组协议并表决通过的,债务人可以在申请重整的同时,请求人民法院裁定批准根据该重组协议形成的重整计划草案。

〔2〕 如《深圳市中级人民法院审理企业重整案件的工作指引(试行)》第27条第1款规定:受理重整申请前,对于具有重整原因的债务人,为识别其重整价值及重整可行性,提高重整成功率,经债务人同意,合议庭可以决定对债务人进行预重整。

〔3〕 参见《深圳市中级人民法院审理企业重整案件的工作指引(试行)》第29条、《广州市中级人民法院关于破产重整案件审理指引(试行)》第26条、《成都市中级人民法院破产案件预重整操作指引(试行)》第6条、《南京市中级人民法院关于规范重整程序适用提升企业挽救效能的审判指引》第27条。

〔4〕 如《深圳市中级人民法院审理企业重整案件的工作指引(试行)》第30条第1款;《北京破产法庭破产重整案件办理规范(试行)》第32条。

〔5〕《深圳市中级人民法院审理企业重整案件的工作指引(试行)》第33条第2款。

〔6〕《成都市中级人民法院破产案件预重整操作指引(试行)》第5条。

〔7〕 参见王玲芳:《混合企业救援实践下的预重整制度构建》,载《法治研究》2022年第4期。

介入。学界对此亦提出批评，并指出了当前实践中的不妥做法与观点。〔1〕有观点进一步认为，目前我国内地实践中将预重整作为重整价值与可行性的识别机制，以及促进重整成功的定位虽然反映了司法实践的现实需求，但功能异化使预重整制度的目的已完全偏离了制度初衷与本意，预重整应回归其应有的功能。〔2〕

三、我国内地预重整实践中市场、行政、司法定位之辨

（一）市场的鼓与呼

近年来，预重整在美国困境企业挽救中相比传统重整得到了更为广泛的适用。〔3〕而自预重整理论与做法引入我国内地以来，实践中适用预重整案件逐年上升的趋势也说明了这一制度在我国内地得到越来越广泛的认可。市场经济中，市场是资源配置的决定性因素，困境企业挽救机制同样需保持对市场的充分尊重。然而，从预重整的选择适用与程序运行两个维度上剖析市场的呼声，可以发现关于预重整制度的理解出现了不同的方向。关于预重整的适用主体，实践中绝大部分是由法院决定或由政

---

〔1〕 如破产法学者王欣新教授指出实务中一些错误做法：如将预重整理解并设置成对重整申请应否受理在法律规定期间外预先审查的制度；将预重整深化为在法律规定外变相延长重整期间的规避工具；在制度设计上将预重整完全纳入司法权力的控制之下，使其失去作为当事人市场化自治协商的庭外重组的基本特征，变成法院或（临时）管理人主导下不受破产法约束的、名义是庭外实质是庭内的司法重整程序；将无规则的任意性庭外重组理解为预重整，要求法院将其重组协议作为预重整的重整计划草案在重整程序中批准，并具有对债权人的约束效力；按照重整程序去设计预重整程序，预重整要由法院裁定受理，由法院指定管理人，甚至具备重整程序启动的各种强制性法律效力，如中止对债务人财产的执行、解除保全措施、中止诉讼、中止担保债权人行使权利、停止计算债权利息等，使预重整与重整程序完全混同，唯一的区别只是在重整的名称前加了一个“预”字；等等。参见王欣新：《预重整的制度建设与实务辨析》，载《人民司法》2021年第7期。

〔2〕 参见胡利玲：《预重整的目的、法律地位与性质——基于对我国预重整地方实践的反思》，载《东方论坛》2021年第4期。

〔3〕 See David I. Swan & Thuc-Doan Phan, *Prepackaged Plans in 24 Hours*, American Bankruptcy Institute Journal (Sep. 2019).

府决定后方可适用；而在指引层面，基本上也划定了适用的主体范围。这样的模式设定，对于欲借助预重整实现重生的困境企业而言，适用预重整变得“高不可攀”。是否仅有划定范围内的企业才可以适用预重整程序，以及划定的范围是否符合市场的客观需求，引发诸多诟病。即便符合适用条件的困境企业，由于企业预重整涉及的关系复杂、矛盾突出，而市场、法院与政府的定位不明，法院或政府对于预重整启动的严格审查，使困境企业并不一定能够实现适用预重整进行早期挽救的愿望。对于一项困境企业挽救制度而言，如果无法满足市场的内在需求，则其制度功能必然无法得到有效发挥。对于市场主体而言，当其出现危机时，其需求是借助市场化的预重整来帮助企业渡过难关，实现企业重生及利益相关者的共赢。福昌电子预重整一案，投资人春兴精工负责人在采访中表示，正是政府及法院联动，只“搭台”不“唱戏”，由市场主体主导谈判的模式，使企业预重整成功；而对该案管理人的访谈中，管理人表示：“商人的思维不同于法律人，很多我们觉得不可能谈妥的事情，他们互相就能谈成。”[1]从对他们的访谈中可以看出市场主体对预重整中自主进行庭外谈判的定位与期待。

（二）行政的放与管

市场经济发展中，政府的角色从管理者转向服务者，而这其中，谦抑性体现得尤为重要。[2]因此，政府的放与管，是服务者角色定位的程度问题。无论是放还是管，都应当体现为市场经济服务的宗旨，以服务市场经济健康有序发展为导向。在预重整中，行政权同样应持谦抑的立场。实践中出现的行政权缺位与越位现象，其本质是市场主体的自治属性与行

---

〔1〕 参见许聪、王芳：《“生病”企业的“医院”——深圳中院服务供给侧结构性改革依法审理破产重整案探访》，载《人民法院报》2017年6月25日，第1版。

〔2〕 参见张弘：《论行政权的谦抑性及行政法的相应对待》，载《政法论丛》2017年第3期。

政权的服务属性出现了错位。虽然地方政府开始思考在破产程序中应有的定位，特别是在营造优质营商环境的大背景下，不少地方政府单独或与法院共同就政府在破产程序中的职能进行了探索，通过通知、会议纪要、指引等形式，或形成宏观层面上的府院协调机制，或形成微观层面对具体问题进行指引的子机制。[1]但该种机制一般仅由政府相关部门与法院协同建立，尚无固定部门承担日常程序中的相关行政事务。具体事项协调时，一般仍需启动该机制进行个案的再次协调，破产程序乃至预重整程序中的行政服务功能并未实现常态化、制度化，作用体现得并不明显。

（三）司法的进与退

预重整制度中，司法权亦不应突破其本质属性，即判断权。目前实践中的倾向更多表现为法院司法权的“进”。法院主动作为，体现了司法的能动性。在特定的时期，司法主动作为对引导市场经济发展、参与社会经济治理具有积极的作用。如在法律制度尚未完善的情况下，法院积极探索实践，为制度的创设与进一步成熟提供实践经验。预重整的发展过程也正是各地法院勇于创新、边行边试的过程。在实践中，法院摸索了一套预重整的做法，并通过指引等方式予以巩固和深化。从目前做法来看，绝大部分法院对预重整采主动干预的态度，无论是对于预重整的启动、庭外谈判过程的主导等，都体现了司法全面主导的导向。但是“进”以何为度？预重整的核心是市场主体自愿进行的市场化庭外谈判与重组，[2]预重整庭外谈判重组过程中，法院是否需提前介入进行指导与监督？如启动是否需经法院批准，是否需由法院指定管理人参与？实践中，有观点在深入分析了预重整的实践现状和发展图景后，指出预重整中司法权力扩张到重整程序

---

〔1〕 如北京、上海、江苏、南京、郑州等地均形成了相关的府院联动机制。

〔2〕 参见王欣新：《预重整的制度建设与实务辨析》，载《人民司法》2021年第7期。

之前，似乎构成对司法权的滥用。[1]还有观点指出，当前各地的预重整实践做法缺乏法律依据。[2]不难看出，预重整中法院司法权的“进”与“退”是当下备受关注的一个问题。

相较而言，美国预重整中，法院职能在于债务人申请进入重整程序时的审查及此后的批准程序。[3]而英国的预重整管理程序，前期仅有破产执业者介入，将企业的营业事务与第三方进行谈判后达成出售的协议，谈判本身无须获得法院的批准。[4]整理计划程序及重组计划程序则强调前期债务人与利害关系人的自行协商，法院仅在程序上对是否能够召开债权人会议进行批准审查。我国香港地区的整理计划程序在庭外重组时，方案达成后虽然需要取得法院的命令才可以召集债权人会议，但法院仅审查是否给予召开债权人会议的命令，而不提前介入谈判的过程，将庭内审查的司法程序前移。[5]在日本，庭外重组程序需要债权人百分之百的同意。[6]其近期修订的《产业竞争力强化法》，对于庭外重组不能完全达成合意，而占债权总额60%以上的债权人表决通过方案时，可以直接导入简易的民事再生程序，如不存在损害重整债权人整体利益的情况，则可获得法院的确认。该程序体现了市场化运行的司法强制力保障，但仅是将庭外重组的结果导

---

〔1〕 参见《上海破产法研究会换届会暨预重整学术研讨会》，载微信公众号“中国破产法论坛”2021年5月18日，https://mp.weixin.qq.com/s?__biz=MzAxNTI0NDU5NQ==&mid=2650153012&idx=5&sn=323428f9ded3e22a8123c6256c7be39a&chksm=83858c68b4f2057e90aba64fb27d6d24c9ba5ee586a74d98c4044d20d62a85a0dcab3c47a8ec&mpshare=1&scene=23&srcid=0518wX1NNKGnGUMp1rwuUVCk&sharer_sharetime=1621407384500&sharer_shareid=cba22cb51b7603a1a5c521a7f16f7567#rd。

〔2〕 参见李曙光：《论我国〈企业破产法〉修法的理念、原则与修改重点》，载《中国法律评论》2021年第6期。

〔3〕 See Elizabeth Tashjian, Ronald C. Lease & John J.McConnell, *An Empirical Analysis of Prepackaged Bankruptcies*, Journal of Financial Economics 40, 135-162 (1996).

〔4〕 See Chris Umfreville, *Pre-packaged Administrations and Company Voluntary Arrangements: The Case for a Holistic Approach to Reform*, I.C.C.L.R., 30(11), 581-603 (2019).

〔5〕 参见《香港法例》第622章《公司条例》第668-677条及第32章《公司（清盘及杂项条文）条例》第227D条。

〔6〕 参见［日］高木新二郎：《事业再生程序中多数决的适用》，吴色君，席修举、陈景善译，载王卫国、郑志斌主编：《法庭外债务重组》（第1辑），法律出版社2017年版，第255页。

入庭内进行确认，庭外重组期间，法院并不提前介入。联合国贸法会立法指南关于简易重整程序的规定，则是使程序启动之前各方在自愿重组中达成的计划发生效力，“很少或根本不要求法院介入”。由此可见，上述国家与地区的做法以及联合国贸法会立法指南的规定，强调市场主体之间基于其内在需求进行的自主化谈判，法院的司法权并不提前延伸至庭外重组期间。

总的来说，预重整制度是市场经济条件下的困境企业挽救制度，制度的构建与运行均应当遵循市场经济的规律。我国内地当下的预重整实践与市场期待出现了背离，行政权与司法权在预重整中存在不当定位的倾向，实践中出现了预重整功能异化、角色模糊等现象，预重整制度尚未发挥预期的制度优势与作用。

第三章　预重整制度规范基础的提出

法律制度得以有效运行并实现其价值的前提，是建立符合其制度特征与规律的规范基础，而规范基础的建立，则需要梳理制度的内在逻辑与理论体系。美国著名社会学法学家庞德指出，对社会上存在着的互相冲突的利益，法律通过建立规则与程序，对确定限度内的利益予以保障。[1]从本质上讲，利益冲突反映的是不同价值之间的冲突，因而解决利益冲突就是要在不同的价值之间进行权衡与取舍。[2]预重整中所涉主体众多，且各主体之间利益冲突复杂交织。预重整制度作为一项困境企业挽救制度，就是要通过建立一定的规则，解决制度中所涉主体之间的利益冲突问题。本书中预重整的规范基础以制度的价值体系与理论框架，以及在此基础上形成的具体制度规范为其根本内涵。

从制度的特征看，预重整是结合了庭外谈判重组与庭内司法重整的混合性程序。与单纯的庭内司法重整不同，预重整以企业自救为核心，强调企业遭遇困境后的早期自我挽救。企业在发生困境时，与债权人等利益相关者通过谈判协商，形成预重整方案并经由司法程序确认而赋予法律效力。这一制度的目标在于对企业实施及时有效的挽救，从而使困境企业实现重生，企业利益相关者权益获得最大化的救济，社会整体利益得到保护

〔1〕 参见［美］罗斯科·庞德：《通过法律的社会控制法律的任务》，沈宗灵、董世忠译，杨昌裕、楼邦彦校，商务印书馆出版社1984年版，第34–35页。

〔2〕 参见齐爱民：《差序正义理论和差序分析法：一种崭新契约正义理论和法学研究方法——读胡启忠教授的〈契约正义论〉》，载《社会科学研究》2008年第2期。

与促进。现代社会中，法律制度以社会利益为本位[1]，预重整制度作为困境企业挽救制度，亦体现了以社会利益为中心的价值目标。从某种意义上讲，破产法律制度是对财务困境中所涉及的道德、社会、经济问题，特别是对那些受财务困境影响的人的回应。[2]预重整制度的核心与关键是解决困境的预重整方案，该方案由企业与主要债权人等利益相关者进行谈判后形成，最终通过利益相关者的表决，请求司法审查确认。[3]预重整制度的运行就像是一个复杂的系统，这个系统由庭外谈判重组与庭内司法确认两个阶段组成，而其核心是庭外的谈判重组。正如联合国贸法会立法指南中所描述的那样，预重整（立法指南中称之为简易重整程序）是为了使企业在庭外与权益受到影响的债权人等利益相关者达成的协议能够发生效力而启动的程序。[4]这个系统既不同于破产清算程序——强调强制进行清理并退出市场的刚性；也不同于庭内司法重整——各参与主体的谈判全程在庭内司法程序下进行。预重整中的谈判体现更大程度上的契约自由，亦无须对权益没有受到影响的利益相关者公开，从而使对企业经营价值的影响保持在最小的范围内。因此，预重整有其独特的制度优势。与此同时，要厘清预重整制度的基本价值体系，还须了解预重整制度究竟是为了实现何种目的而产生与运行。目的是法的创造者，[5]必须透过目的来对法律进行分析，才能真正厘清法律的精要所在。[6]预重整的目的“在于克服庭外重组和传统重整的弊端，巩固庭外重组协议的效力，并减少重整的成本和提高

---

〔1〕 参见汤维建：《破产程序与破产立法研究》，人民法院出版社2001年版，第382页。

〔2〕 See Donald R. Korobkin, *Rehabilitating Values: A Jurisprudence of Bankruptcy*, Columbia Law Review, Vol.91, 717-789 (1991).

〔3〕 有学者认为，作为预重整发源地的美国，存在以三种以重整为导向但先在庭外进行的重组方式，即“预先打包重整”“部分预先打包重整”“预协商重整”，而目前我国现有研究文献大多将“预重整”概念等同于“预先打包重整”，严格来讲，预重整是一个基于各种具体的预先重组模式的上位概念。参见徐阳光：《困境企业预重整的法律规制研究》，载《法商研究》2021年第3期。本书以目前通行的预重整概念即完整的庭外谈判重组与庭内司法重整相结合的预重整模式作为研究对象。

〔4〕 参见联合国国际贸易法委员会：《破产法立法指南》（中文版），2006年版，第212页。

〔5〕 参见何勤华：《耶林法哲学理论述评》，载《法学》1995年第8期。

〔6〕 参见梁慧星：《从近代民法到现代民法——二十世纪民法回顾》，载《中外法学》1997年第2期。

重整效率”[1]。从本质上讲，预重整是在资源匮乏的情况下，以企业为中心的所有利益相关者通过自行协商谈判，调整与企业相关的原有利益关系，从而促使企业获得重生，进而各方权益得到最大化的保障，最大限度地维护经济的发展，维护社会整体利益。

预重整的契约本质与社会本位属性决定了预重整的制度特征与运行规律，本章将在进一步论述预重整中的公司治理结构与困境企业早期挽救的背景下，通过对预重整的制度构造进行分析，提出预重整制度的规范基础。

一、预重整中的公司治理与困境企业早期挽救

公司治理（corporate governance）是美国法学界常用的词汇，亦称为公司管理或公司控制，是指公司所有权与经营权分离后，经营者掌握公司经营权，法律制衡经营者滥用权利的制度设计。[2]对于常态下的公司治理而言，剩余控制权与经营权往往处于分离的状态。[3]从立法角度而言，更为关注的是为所有权与经营权的有效分离提供保障，在出资人与管理层及其他利益相关者（stakeholders）之间进行权力配置与职责分配，并对公司利益制衡建立和规范内部与外部的机制。[4]从经济学的角度分析，则需考虑设计对经营者的监督制度，促进公司利润的最大化。[5]公司治理通过建立一套利益制衡机制，规范公司内部各层级的权力配置，从而使企业经济有效运行，实现可持续发展。在具体形式上，公司治理通过形成委托代理关系而形成以企业财产为中心的经济关系，通过对代理人的激励与制衡，达

---

〔1〕 胡利玲：《预重整的目的、法律地位与性质——基于对我国预重整地方实践的反思》，载《东方论坛》2021年第4期。

〔2〕 参见刘连煜：《公司治理与公司社会责任》，中国政法大学出版社2001年版，第11-12页。

〔3〕 参见［美］罗伯特·C.克拉克：《公司法则》，胡平等译，工商出版社1999年版，第14页。

〔4〕 参见赵万一：《公司治理法律问题研究》，法律出版社2004年版，第3页。

〔5〕 参见赵万一：《公司治理法律问题研究》，法律出版社2004年版，第3页。

到最大化实现委托人权益的目的。[1]公司的重整与公司治理之间有着非常明显的内在联系。[2]在分析预重整制度的规范基础时，需要解决的一个问题是，预重整中的公司治理结构应当如何安排，才符合预重整的制度特征并实现预重整的制度目标？

（一）预重整中公司治理的理论基础

从经济学的层面出发，在公司常态下的经营管理中，公司的治理结构实际上是一个有关经济利益的安排，股东享有“剩余索取权”，因而股东同时享有公司的“剩余控制权”。[3]重整程序中，剩余索取权人不再是公司股东，而是由各个不同次序的优先权请求权人所有。[4]在具体的操作层面，公司治理可以直观理解为管理和控制企业的所有体系，包括董事会和企业负责人之间权力的分离；董事和股东的关系，他们对于董事会构成的影响；负责人和董事的责任，对股东应承担的权利和义务；对企业负责人管理的监督，包括董事会的监督以及审计师的监督；做出战略决定的方法；等等。[5]正常经营的公司治理内容在于，从经济角度在企业执行者和董事（此处指长期代表股东利益或本身即为股东的董事）之间组织最有效的关系。[6]公司治理的安排，决定了公司在不同状态下由谁享有控制权以及如何进行控制，风险与收益如何进行分配等机制安排。[7]

具体而言，剩余索取权与固定收益权相对应。由于企业的剩余在企业

---

〔1〕 参见赵万一：《公司治理法律问题研究》，法律出版社2004年版，第3-5页。

〔2〕 See B. G. Carruthers & T. C. Halliday, *Rescuing Business: The Making of Corporate Bankruptcy Law in England and the United States*, Clarendon Press, 1998, p.252.

〔3〕 参见赵万一：《公司治理法律问题研究》，法律出版社2004年版，第4页。

〔4〕 参见王佐发：《公司重整制度的契约分析》，中国政法大学出版社2013年版，第72页。

〔5〕 参见［法］贝特朗·理查、多米尼克·米艾莱：《公司治理》，张汉麟等译，经济管理出版社2006年版，第1页。

〔6〕 参见［法］贝特朗·理查、多米尼克·米艾莱：《公司治理》，张汉麟等译，经济管理出版社2006年版，第155页。

〔7〕 参见孟令彤：《比较公司治理研究》，沈阳出版社2011年版，第2页。

所有的固定合同索取被支付之前并不确定，并且在固定合同索取被支付之前，剩余索取者无法获得任何剩余，企业的剩余索取者也是企业的风险承担者；剩余控制权则是由于企业契约对未来所有的事项无法事先通过契约完全确定下来，在企业经营中出现的契约“漏洞”须有人决定如何填补而产生。[1]在常态下的公司治理中，股东不享有固定合同的收入回报，只有在扣除所有的合同支付后，才可能对剩余部分享有权利，因而股东是公司的剩余索取权人。换言之，如果公司财产扣除所有的合同支付后没有剩余，则股东什么也无法得到。股东投入财产到公司后，并不享有固定的收益，而只享有剩余的索取权利，并承担相应的风险。因此，公司的剩余控制权也由股东享有。当然，根据张维迎教授的理论，在一定的情况下，公司的债权人或经营管理层也享有剩余索取权。比如公司资不抵债时，则公司的债权人享有剩余索取权；当股东设定一个满意利润并能够达到的情况下，剩余部分的利润由公司的经营管理层享有时，则由公司管理层享有剩余索取权，一切由公司的资产与负债之间的关系以及公司的管理模式决定。[2]

我们在此讨论的目标是，在公司剩余索取权与剩余控制权的理论背景下，常态下公司治理与困境下公司治理的异同，由此展开在预重整制度运行中公司应采何种治理结构，从而能够实现企业的挽救与对各方权益的维护。对于常态下的公司而言，公司的剩余控制权由股东享有，而公司的经营权则由公司董事会掌握。基于企业是一个契约连结点的特征，[3]公司的首要性质在于其契约性，公司各层级之间的关系都是以一种契约——委

〔1〕 参见张维迎：《所有制、治理结构及委托—代理关系——兼评崔之元和周其仁的一些观点》，载《经济研究》1996年第9期。

〔2〕 参见张维迎：《所有制、治理结构及委托—代理关系——兼评崔之元和周其仁的一些观点》，载《经济研究》1996年第9期。

〔3〕 参见［美］迈克尔·詹森、威廉梅·克林：《企业理论：管理行为、代理成本与所有权结构》，载陈郁编：《所有权、控制权与激励——代理经济学文选》，上海三联书店、上海人民出版社2006年版，第8页。

托—代理的形式来呈现的。股东作为剩余索取权人及剩余控制权人是委托的起点，作为委托人将财产交给董事会代理，并委托监事会进行监督。董事会作为代理者，又将公司财产委托给经营层代理，层层委托至公司的员工。上下层的关系表现为契约或者股份，最高层级拥有最终的决定权。[1]在企业进入财务困境之后，存在两种情况：一种是资不抵债，即不仅存在资产流动性不足的问题，同时其全部资产已不足以清偿全部债务。在此情况下，股东对公司已无剩余索取权，自然亦无控制权。另一种情况是仅是资产流动性不足，在这样的情况下，虽然形式上股东仍然对公司享有剩余索取权，但实际上由于资产流动性不足，已不能清偿到期债务，而资产变现存在极大的不确定性，债权人实际上已无法按合同享有固定的收益，该风险同样将由债权人承担，故而剩余索取权亦应由权益受到影响的债权人享有。因此，无论是在哪一种情况下，预重整企业的剩余索取权与控制权均应由权益受到影响的债权人享有。这也是预重整中需与权益受到影响的债权人进行谈判，方案需由债权人进行表决的理论基础所在。

从上述两个维度来看预重整中的公司控制权，可以很容易地发现，此时的公司控制问题应当有不同于常态下公司控制的结构。然而，仍需要讨论的是，在债权人享有剩余控制权的情况下，是由原经营管理层（该经营管理层也可能包括参与经营的股东，以下统一简称为债务人）继续管理公司还是由债权人直接管理公司或另寻第三方（如破产程序中的管理人）管理公司？

笔者认为，在预重整庭外重组程序中，仍由债务人管理公司更有利于实现企业挽救的目标以及对所有利益相关者的权益保护。理论基础在于：一方面，企业在出现财务困境进行预重整的过程中，原股东虽已无剩余索取权，但如若通过预重整实现企业脱困，在保障了债权人权益的实现之后，

---

〔1〕 参见赵万一：《公司治理法律问题研究》，法律出版社2004年版，第4页。

股东仍有可能实现回归，享有剩余索取权，这也与预重整着力于企业早期挽救的社会本位价值观相符。正如前述在股东享有满意利润时经营管理层享有剩余索取权的逻辑相同，自然原经营管理层亦可回归原状态从而实现其自身利益的维护甚至剩余索取权的享有。从这个意义上讲，由债务人经营管理公司，最有利于债权人利益的保护。另一方面，由于债权人并不具有管理公司的经验以及实际的操作便利，而债务人熟悉企业的经营管理，由债务人继续经营管理企业，有助于维系企业的营运价值，以实现企业价值的最大化，从而有助于债权人权益的最大化实现，于全体债权人有利。有如在常态下股份有限公司的治理架构中，大部分中小投资者有资产但无专业能力故而出资但不管理公司；有能力但无资产的人如公司管理层管理公司。此时，从权利保护的角度，可以视为债权人委托债务人继续管理公司，但关于公司剩余索取权与剩余控制权则由债权人按权益优先次序享有。

从困境企业挽救的角度来看，预重整制度设立的初衷正是在于对困境企业进行早期挽救，[1]从而使与企业相关的利益相关者权益能够实现最佳保障。因此，从社会整体利益出发，需采用积极的措施挽救企业、避免工人失业、保持企业持续经营，从而使社会资源能够得到最大化的利用。债务人管理模式能够更为有效地促进企业价值的最大化，进而维护社会整体利益。在美国的重整程序中，企业一般仍由债务人经营与管理。[2]与预重整中公司治理不同的是，对于已经进入司法重整程序的公司而言，一切程序均在司法程序的监督之下，从而司法权在公司治理中亦介入监督。因此，在公司剩余索取权与控制权转移给公司债权人的同时，存在司法权介入公司治理的问题。[3]而预重整中的公司在庭外重组阶段则不存在司法介入公司治理的问题，基于公司财产客观上已存在不足以清偿到期债务或者

---

〔1〕 参见李曙光：《我国破产重整制度的多维解构及其改进》，载《法学评论》2022年第3期。

〔2〕 参见张思明：《美国破产重整DIP融资制度研究》，载《商业研究》2016年第6期。

〔3〕 参见郑志斌、张婷：《公司重整：角色与规则》，北京大学出版社2013年版，第192−195页。

存在不能清偿的可能，同时也基于对公司管理层道德风险的防范，需要由债权人建立一定的机制予以监督，或者另行建立专门的监督机制，对公司的治理进行监管。因此，有必要在原债务人管理的同时，建立一套制衡机制，既保证企业的正常经营不受影响，保护企业信誉，促进公司经营，又保证债权人的利益不受侵害，这是对所有利益相关者均有益的安排。当然，与重整程序相同的是，即使在债务人管理的模式下，仍存在新的投资人基于投资寻求公司控制权的重新配置问题，而新投资人的控制权配置则由预重整方案谈判解决，属于预重整方案的谈判制定以及方案的执行问题，不属于预重整期间公司治理的问题。

在谈到预重整中的公司治理时，还需要解决的一个问题是，在法律层面，预重整中公司财产的法律性质是什么。在破产法上，关于破产财产的性质，有"主体说""客体说""信托说"三种主流的说法。主体说认为破产财产本身属于具有一定目的性且具有相对独立性的权利主体，这也是破产管理人作为破产财产代表人的理论基础。客体说认为破产财产是权利的客体，其所有者是破产企业，虽然相对独立使其与破产企业完全所有的自由财产有严格的区别，但仍然为权利的客体而非主体，这也是破产管理人"代理人说"或"公务员说"的理论基础。〔1〕信托说则认为破产企业将财产委托给受托人即管理人经营与管理，而管理人为受益人即债权人的利益而工作，但管理人对破产财产经营管理权的享有并非基于私权，而是基于法院公权力的任命，因此是一种非典型的信托关系。〔2〕上述三种学说从不同的角度对破产财产的性质进行了解释，我国2007年《企业破产法》关于破产财产的规定以客体说为基础。〔3〕在客体说的基础上，有观点进一步认为，

〔1〕 参见汤维建：《破产程序与破产立法研究》，人民法院出版社2001年版，第256-261页。

〔2〕 参见傅穹、王欣：《破产债务人财产制度的法律解释》，载《社会科学研究》2013年第5期。

〔3〕 根据2007年《企业破产法》第30条、第107条第2款的规定，将破产申请受理时属于债务人的全部财产以及破产申请受理后至破产程序终结前债务人取得的财产，定性为为债务人财产，破产宣告后称为破产财产。

破产财产是破产企业所有但破产法得基于债权人的债权清偿而进行限制，因此，是一种被特别限制的财产。这样的定性反映了破产财产在破产程序中的功能，同时也可以作为破产程序中对破产财产控制权配置以及最终财产实际归属的理论基础。[1]笔者认为，预重整庭外谈判重组阶段，所有企业利益相关者以企业财产为中心展开谈判，而企业的财产在清偿债权人后的剩余部分归企业所有，进一步说，归股东所有。因此，与破产程序中破产财产的性质相类似，从法律上讲，预重整中的公司财产同样是受到限制的债务人企业财产。因此，此时的公司治理由企业原经营管理层负责、债权人及其代表人负责监督的机制，能够更好地使债务人财产实现价值的最大化，从而实现利益相关者的权益最大化。

（二）预重整中公司治理结构的市场选择

预重整是对困境企业进行早期挽救的程序，其程序价值与目标是实现困境企业的重生。对于一个预重整中的企业而言，恢复营运能力继续经营是其核心目标，因此债务人管理财产与营业事务是对全体利益相关者最为有利的选择。同时，为了防止权利滥用，实现权利的制衡，需要有一套监督机制以公平维护各方的利益，上述公司治理架构的理论基础如何在预重整制度运行中得到体现？换言之，预重整运行机制中，公司治理如何在现代契约理论的牵引下达致平衡？

在美国，预重整由企业首先在庭外启动自行谈判，因而仍由债务人控制，与完全的庭内司法重整中经管债务人（Detor-in-Posession，DIP）模式相同。DIP模式是困境企业重整时的一种治理模式，在这种治理模式下，债务人对企业进行经营管理，同时控制企业的重整。[2]这种模式认为债务人承担的是一种信义义务，其并非为自身利益在管理，而是作为受托人为

---

〔1〕 参见韦忠语：《破产财产经营论》，载《法商研究》2016年第2期。

〔2〕 参见张思明：《美国破产重整DIP融资制度研究》，载《商业研究》2016年第6期。

他人利益在管理公司。[1]因此，此时债务人的角色发生了转变，债务人的权利由企业的董事与高管行使，其职能与管理人的权利义务几乎完全一致。[2]美国的预重整中，公司仍由债务人控制，而不是管理人控制或债权人控制模式，有利于债务人在企业出现财务困境或出现财务困境可能时，积极对企业挽救作出安排，从而能够最大化保护与困境企业相关的主体的利益。预重整中有关重整程序前成立的债权人委员会可延伸至重整程序内以及信息披露的相关规定等内容，使债务人控制与债权人监督形成制约。信息披露制度则更为直接地要求对债权人保持相应信息的充分公开，从而债权人得以对预重整中的公司行使监督权。在英国，重组计划程序与整理计划程序均由债务人经营管理公司并提出重组计划，提交债权人会议分组表决，在达到一定比例的条件下提交法院进行批准。[3]我国香港地区的整理计划程序中，除在清盘程序中合并使用外，亦采取债务人管理企业模式，由债务人提出整理计划提交债权人会议分组表决，表决通过后提交法院批准。[4]日本最新修订的《产业竞争力强化法》中，同样首先由债务人启动谈判，如果能够全部通过方案，则无须进入司法程序，而如果不能全部通过，在达到60%以上债权总额通过时，可进入简易民事再生程序通过审查获得确认。在前期的谈判中，则系在债务人管理下的更为自由的庭外重组模式。

综观上述国家和地区预重整中的公司治理问题，在预重整状态下，采取债务人管理模式为常态。从以上分析可以看出，这一模式没有改变预重整中企业的契约性质，以及在此背景下由企业启动谈判实施挽救的预重整

---

〔1〕 参见高丝敏：《我国破产重整中债务人自行管理制度的完善——以信义义务为视角》，载《中国政法大学学报》2017年第3期。

〔2〕 参见贺丹：《破产重整控制权的法律配置》，中国检察出版社2010年版，第72－74页。

〔3〕 See Jennifer Payne, *Schemes of Arrangement, Theory, Structure and Operation*, Combridge University Press, 2021, p.301–328.

〔4〕 参见《香港法例》第622章《公司条例》第668－677条、第32章《公司（清盘及杂项条文）条例》第227D条。

制度契约本质，只不过整个过程需置于有效的制度规范及其后的司法审查之下。由于债务人与债权人之间的信息并不对称，债务人掌握企业真实经营状况的第一手信息，[1]在出现困境或有出现困境可能时仍掌控企业的状态下，其更有动力展开与债权人及其他利益相关者的谈判，为及时挽救企业作出努力。相反，如果此时债务人失去对企业的控制权，则不利于及时启动自我挽救程序，难以在第一时间基于其作为市场主体的内在需求，及时展开对企业自救的契约谈判，从而丧失及时挽救的机会。预重整作为一项庭外自行谈判重组与庭内司法确认相结合的企业挽救程序，其终级目标是实现企业的重生。企业持续经营以保留营业事务是企业能否实现最终重生的关键，由债务人管理企业，将有助于企业的继续经营，从而增强庭外重组中债权人的信心，并对企业融资等产生积极影响。因此，预重整中由债务人管理企业，债权人及社会机构进行监督，立法与司法通过制度安排及严格审查进行规制将是一个有利的选择。这样的选择既能够保护企业自救的积极性，又能够平衡与保护债权人等各方的利益，从而实现各方权益的最大化。当然，预重整中公司治理对监督机制的考虑必须有效而明确，否则可能会使债权人缺乏对债务人的信心，[2]从而阻碍预重整的运行。因此，在债权人享有剩余控制权的逻辑前提下，债务人自行管理财产与营业事务，必须同步考虑债权人监督机制的合理设置。

我国2007年《企业破产法》中，重整中的企业原则上由管理人管理，只有在债务人符合一定条件并经人民法院批准时，方可在管理人的监督下由债务人自行管理。[3]对此，有观点认为，这种管理模式没有充分考虑债务人在企业出现危机时及时启动并推进程序的积极性发挥问题。[4]应该

〔1〕 参见贺丹：《破产重整控制权的法律配置》，中国政法大学2006年博士学位论文，第108页。

〔2〕 参见联合国国际贸易法委员会：《破产法立法指南》（中文版），2006年版，第146-147页。

〔3〕 参见《企业破产法》第25条、第73条。

〔4〕 参见许胜锋：《重整中债务人自行管理制度价值及风险的实用性研究》，载《中国政法大学学报》2017年第3期。

说，债务人自行管理能够充分体现重整对于企业营运价值保护的重视，并能够有效促进债务人及时启动重整程序及对程序的配合与推进。我国内地可以考虑借鉴美国等国家和地区经过探索与检验的先进经验，进一步完善债务人自行管理制度。[1]重整制度中债务人自行管理制度的完善，将与预重整庭外重组中的公司治理形成深入的衔接。

（三）预重整中的公司经营控制权与困境企业早期挽救文化

欲考察企业挽救文化必然先考察企业挽救历史。“破产”一词最早由“broken bench”派生而来，形象地表示了摆摊设点的商人们如果不能清偿到期债务，则债权人可以将其铺点砸烂，在“摊位被毁”的习俗中慢慢衍化出“破产”的概念。[2]相对于破产清算而言，企业的挽救制度则出现较晚。人类历史上早期关于债务不能清偿的处理，采取严苛的私力救济，直至采取对人执行的制度。[3]而企业的挽救文化，最早出现在债务人与债权人的和解中，此后逐步发展到使企业获得重生的重整/重组制度。对困境企业进行挽救，正是为了避免企业的破产，恰恰是一种破产的预防。[4]在古希腊、古罗马时代，破产不仅导致债务人失去所有财产，还有可能使其政治生命与社会生命终结，甚至失去自然生命。[5]可见，破产有罪观由来已久。在我国，长期以来受“破产可耻”文化的影响，“谈破色变”仍然是市场经济发展中困境企业的主观心态。在一般人的观念中，破产不仅意味着“死亡”，还意味着相关人员的权利丧失，比如破产期间对企业控制权的丧失，破产后董事、监事、高管等人的失权等。长期以来，市场主体积极寻求破

---

〔1〕 参见王欣新、许胜锋：《落实全国法院民商事审判工作会议精神完善重整中的债务人自行管理制度》，载《人民法院报》2019年7月18日，第7版。

〔2〕 参见汤维建：《破产程序与破产立法研究》，人民法院出版社2001年版，第30页。

〔3〕 参见汤维建：《破产程序与破产立法研究》，人民法院出版社2001年版，第4-5页。

〔4〕 参见徐阳光、武诗敏：《企业拯救文化与破产法律制度的发展——基于英国破产制度最新变革的分析》，载《山西大学学报（哲学社会科学版）》2021年第1期。

〔5〕 参见汤维建：《破产程序与破产立法研究》，人民法院出版社2001年版，第35页。

产保护的动机微弱，债权人则更希望通过个别民事诉讼和执行程序获得更高的清偿；而基于经济发展与稳定的担忧，在企业出现债务危机时，地方政府也总是优先选择各种“帮扶措施”维持企业的经营。〔1〕基于上述原因，即使我国2007年《企业破产法》确立了司法重整制度，一般也只有当企业到了“病入膏肓”的境地，债务人或债权人等主体才会急于到法院申请重整，早期挽救的理念并未深入人心。因此，有观点提出，立法应放宽债务人自行管理的条件，以促使债务人积极申请重整，避免错失良机。〔2〕从文化学的视角来讨论法律，法律本身也是文化的一种。〔3〕预重整这一制度的初衷与本意恰恰是企业在困境早期及时与主要债权人等利益相关者进行谈判，通过引入投资、债务调整等方法化解危机，起到破产预防的作用。预重整制度一方面弥补了困境企业早期挽救机制不足的问题，另一方面也促进了困境企业早期挽救文化的发展。

预重整作为更为灵活并早于庭内司法重整程序的困境企业挽救制度，可以在企业仍有营运价值时及时启动程序，避免在丧失营运价值后，部分利益相关者为其自身利益将其意志强加于其他方特别是优先次序在前的债权人。如在清算中无法获得任何清偿的普通债权人以及无法获得任何股东权益的股东，基于其自身利益的考量，极力主张重整而不顾企业的继续营运价值是实践中常见的现象。虽然重整最终是为了企业的重生，但债权人本应在清算程序中获得的清偿额是重整固有的机会成本。〔4〕这样做的后果一是导致原本已无继续营运价值的企业不能及时退出市场；二是拖延时间，导致重整不成造成企业财产损失的后果由企业职工、担保债权人等

〔1〕 参见邹海林：《供给侧结构性改革与破产重整制度的适用》，载《法律适用》2017年第3期。

〔2〕 参见王欣新、李江鸿：《论破产重整中的债务人自行管理制度》，载《政治与法律》2009年第11期。

〔3〕 参见何勤华：《法的移植与法的本土化》，载何勤华、屈文生、崔吉子主编：《法律翻译与法律移植》，法律出版社2015年版，第95页。

〔4〕 参见李帅：《论强制破产重整计划中对持反对意见债权人的保护》，载《人民司法》2013年第7期。

次序在先的债权人承担。正如波斯纳如言，重整也有可能在一些案件中，由于经理、小债权人、股东等可能将成本加于其他债权人，从而使清算不适当地延期。[1]因此，预重整中的公司经营控制权与困境企业的早期挽救息息相关。

日本最新修改的《产业竞争力强化法》中，对于在庭外再生程序中无法获得100%同意的方案，如能达到60%以上债权额的同意，则可导入庭内简易再生程序，从而使企业获得早期挽救。如近期马瑞利公司的早期挽救成功的案例，能够生动的说明这一点。马瑞利公司是一家大型汽车零部件制造商。由于扩大业务规模以及受新冠肺炎疫情的影响，该公司的经营状况恶化。截至2020年12月底，负债总额已达到11,856亿日元。由于在庭外ADR中未获成功，但再生计划已获得95%债权额的同意，2022年7月7日，该公司申请转入庭内简易再生程序。2022年7月19日召开的债权人会议中，再生计划获得95%债权额的表决通过，同年8月9日法院即批准其再生计划。该公司再生计划以增效与金融债务豁免为主要内容，对商业交易应收款等并没有影响，仅影响金融债务，企业仍由债务人控制与实际经营。计划的生效也为公司的发展与业务增长提供了财务的稳定支持。[2]

该案中，企业仅对金融债务进行了调整，而正常的经营并未受影响，在转入庭内简易再生程序后，仅用一个月左右的时间就完成了再生程序，成功实现了对企业的早期挽救。

困境企业对于预重整这一早期挽救机制的选择，与预重整中的公司治理结构密切相关。企业在仍享有经营控制权的背景下开展与债权人等利益相关者的谈判重组，能够促使其及时启动程序而不致丧失救治良机；反

---

〔1〕 参见[美]理查德·A.波斯纳:《法律的经济分析》，蒋兆康译，林毅夫校，中国大百科全书出版社1997年版，第528–529页。

〔2〕 参见《马瑞利公司简易再生开始决定》，https://s.response.jp/article/2022/08/10/360617.html，https://www.newsweekjapan.jp/headlines/business/2022/07/396345_1.php，https://www.bloomberg.co.jp/news/articles/2022-07-19/RF8PJXDWRGG001，2022年10月24日访问。

之，如在预重整中排除债务人对公司的经营控制，则必然导致债务人只有在别无他途时才会选择进入企业挽救程序，丧失企业救治的最佳机会，造成企业及其利益相关者的权益受损，进而导致社会整体利益受损。因此可以说，预重整中的公司治理采取债务人经营控制、债权人等利益相关者进行监督的机制设置，不仅符合经济学原理，也符合困境企业早期挽救的文化与目标，进而有利于社会整体利益的维护与增进。

二、预重整的制度构造

预重整制度作为一项混合性制度，将庭外谈判重组与庭内司法强制力规制相结合，以庭内程序中的强制力元素解决庭外程序中的固有缺陷。[1]对预重整的制度构造包括程序构造和规范构造进行分析，有助于从根本上认识预重整的特征及本质，从而进一步确定预重整制度的理论架构及其运行的规范基础。

（一）预重整的程序构造

通过对预重整的分析可以看出，典型的预重整由两个程序结合而成，即庭外谈判重组程序与庭内司法确认程序。从预重整发源地美国的实践来看，预重整兼有庭外重组的特点和《英国破产法典》第11章的特点。[2]我们可以通过两则案例来了解美国预重整制度的程序结构。

案例1：G*公司是一家国际航运公司，因过度杠杆，该公司负债总额超过14亿美元且面临严重的支付困难。2014年年初，该公司开始与金融债权人进行谈判，并于4月3日与金融债权人为预重整计划签订了重组支持协议

---

〔1〕 参见胡利玲：《预重整的目的、法律地位与性质——基于对我国预重整地方实践的反思》，载《东方论坛》2021年第4期。

〔2〕 See Elizabeth Tashjian, Ronald C. Lease & John J.McConnell, *An Empirical Analysis of Prepackaged Bankruptcies*, Journal of Financial Economics 40, 135-162 (1996).

(RSA)。该计划中将12亿美元的债务进行债转股，转为重整后公司的普通股，同时进行1亿美元的股权发行，对无担保债权人权益则不予调整。在股东权益方面，虽然普通股已无价值，但董事会通过谈判为普通股股东分配了重组后的G*公司6%的7年期认股权证。2014年4月16日，G*公司为其预重整计划征集投票。4月21日，G*公司及其部分子公司向法院提出根据《美国破产法典》第11章破产重整的申请。4月23日，法院召开首次听证会对G*公司申请确认重组支持协议进行听证，虽然遭到部分股东的反对，但法院驳回了股东的反对意见并于4月24日确认了该协议。第一次听证后，联邦托管人指定成立了股东委员会。股东委员会最终拒绝确认重组支持协议，并认为可以对公司资产进行更好的估值。法院经过最终的审理，驳回了股东委员会的异议，于2014年7月2日确认了G*公司提交的预重整计划，该计划于2014年7月9日生效。经过预重整，G*公司仅用79天就重获新生，不仅减轻了债务，也使贸易债权人最大限度地免受影响。[1]

案例2：美国B*公司预重整案是迄今为止最快的一个预重整案例，预重整方案仅用16个小时就获得了法院的批准。2021年2月23日，B*公司及其关联债务人共18家公司（以下简称B*等18家公司）在美国德克萨斯州南区破产法院提交了预重整案件的申请。B*等18家公司在提交申请后16小时内获得了法院根据《美国破产法典》第11章对重整计划的确认。在申请日之前，B*等18家公司与其主要股东和主要贷款债权人群体签署了一份重组支持协议，并在申请重整前约一个月向预重整计划中权利受损的利益相关者征集投票，投票征集工作持续了10天。在征集过程中，B*等18家公司在法院听证会前29天向所有利益相关者送达了联合通知，同时在两家发行量大的报纸上刊登了联合通知，并在其公开网站上公布了联合通知、交易文件和拟提出的首日诉状。B*等18家公司的代理机构在申请日期前向

---

〔1〕 See Zide, Stephen D., P Bradley O'Neill & Stephen M Blank, *Prepackaged Bankruptcy: Is It Right for Your Company?*, American Bankruptcy Institute Journal, Vol.34, Issue.10, Oct., 2015, p.30-31, 69-70.

所有利益相关者送达了张贴文件的通知。在投票结束后，两组优先级别的贷款债权人及股东组别对该计划均投了赞成票。之所以能达成这样的共识，是因为B*等18家公司在申请前做了大量的努力，就符合RSA条款的契约性重组计划进行谈判。B*等18家公司的预重整方案没有影响贸易债权人和雇员的利益，从而最大限度地减少了对营业事务的干扰。该案中，尽管利益相关者对预重整计划给予了强有力的支持，但托管人对B*等18家公司在向法院申请前的通知程序存在正当性担忧，因此对确认预重整方案提出了反对意见。托管人认为，尽管债务人遵守了《联邦破产规则》第2002（b）条，但债务人征集意见的确认期间过快，无法为利益相关者提供充分的时间来评估和回应预重整方案。法院认为，B*等18家公司的通知程序足以满足正当程序的要求；但是，法院同时对某些有可能误解通知程序的当事人表示关切，因而在确认B*等18家公司的预重整方案时下达了正当程序保全令，延长利益相关者选择不接受计划中所包含的免责条款以及对正当程序或执行合同、未到期租约提出异议的最后期限（B*等18家公司最终并没未收到任何正当程序的反对意见）。法院下达的正当程序保全令回应了联邦托管人提出的反对意见，同时又在极短的时间内确认了方案。B*等18家公司获得了快速重整成功。[1]

不难看出，美国预重整程序由庭外谈判与庭内确认两个程序组合而成。其程序的关键部分系在庭外的自由谈判，通过谈判达成协议作为方案的基础，并在此基础上征集意见，在此前提下申请法院对方案进行快速的确认。在美国，除了典型的预重整，困境企业挽救制度还包括进入重整程序之前向部分（而非全部）债权人组征求了对重整方案同意意见的“部分预先打包重整”；虽未征集到受方案影响的利益相关者意见，但债务人和全部或者部分主要债权人或股东已经达成重组支持计划的“预协商重

〔1〕 Joshua Sussberg et al., *Speeding Through Chapter 11 an Overview of Expedited Prepackaged Bankruptcies and Why Critics Are Flat Wrong*, Am. Bankr. Inst. J., Sep., 2021, p.20.

整”。[1]但程序结构在性质上基本相同，不同的是在庭外谈判重组阶段获得的成果。

在英国，最新的《公司破产与治理法案2020》（Corporate Insolvency and Governance Act 2020）中的重组计划制度，与美国预重整制度基本类似。在这一程序中，债务人可以提出方案，在庭外进行表决，每一组别75%表决额的债权人同意后，可以提交法院进行批准。当然，法院也可以在没有全部通过的情况下进行批准，只要反对的债权人的利益不会比重组计划的保障更糟糕，且至少一个利益受影响的组别必须通过重组计划。英国重组计划制度第一个报告的案例是维某航空公司重组案。[2]

维某航空公司因新冠肺炎疫情而被推向了崩溃的边缘。该公司为避免进入管理程序而申请了重组计划程序。法院召集听证会，批准了该公司召开债权人会议的申请。债权人会议审议表决了维某航空公司提出的有偿重组计划，该计划最终得到法院的批准。法院在批准重组计划时考量的因素包括：（1）法定条款是否得到遵守；（2）每一组别是否有公平的代表，是否有多数人强迫少数人同意对其不利的方案；（3）该计划是否系债权人可以接受的公平的计划；（4）计划中是否存在任何的隐瞒或缺陷。[3]

从这一案例可以看出，维某航空公司在申请法院批准其重组计划之前，首先在法院准许后召开债权人会议对其重组计划进行表决，在计划表决后由法院对计划进行批准。可见，该案程序可分为庭前方案谈判与意见征集，以及庭内司法确认两个程序。

日本2021年6月开始实施的《产业竞争力强化法》中，对事业再生

---

〔1〕 参见徐阳光：《困境企业预重整的法律规制研究》，载《法商研究》2021年第3期。

〔2〕 See Jennifer Payne, *Schemes of Arrangement, Theory, Structure and Operation*, Combridge University Press, 2021, p.314.

〔3〕 See Peter Bailey, *Restructuring Plans under the Companies Act 2006 Pt 26A: The Story so Far*, City University of Hong Kong Database, https://launch-westlawasia-com.ezproxy.cityu.edu.hk/document/I0878DD004C1B11EDBF0AD27084713A21?srguid=i0ad832f2000001843da3ab27d61a3009&fromSearch=true&offset=2#:~:text=Company%20Law%20Newsletter, Peter%20Bailey, 2022年11月3日访问。

ADR程序进行了修正，促进事业再生ADR程序与简易再生程序的相互协作。根据该法的规定，对于在庭外经过事业再生ADR程序，就再生方案的表决，即使未获得所有人同意，但只要通过的比例超过债权额的60%，即可进入简易的再生程序进行确认，从而使事业再生ADR期间形成的方案具备效力。这一程序改变了单纯的事业再生ADR纯粹庭外重组的特征，将司法强制力引入庭外谈判重组中，使之在符合一定条件时即可具备法律效力。从程序构造上讲，这一程序将庭外重组程序接入庭内简易再生程序，从而使庭外重组程序与庭内再生程序相互协作、相互配合。这一混合性的程序与《美国破产法典》第11章的预重整程序极为相似，同样分为两个阶段，即庭外重组阶段与庭内再生阶段。我国香港地区的整理计划程序与英国的整理计划程序相似，都是在各组全部通过后申请法院进行审查批准，法院批准方案的效力可以及于各组别中未表决同意的债权人及其他利益相关者。[1]

从上述比较分析可以看出，无论是在预重整发源地的美国，还是借鉴了美国做法的英国、日本以及我国香港地区，预重整制度都是一个混合性程序，由庭外的自由谈判与庭内的司法确认相结合。这一混合性程序一方面使利益相关者自由谈判的权利得到充分保护；另一方面以司法强制力对谈判成果予以确认，对少数人的“钳制”行为进行规制。在这样的程序结构下，契约自由谈判与契约规制相结合，最大化地提高困境企业挽救的效率。

（二）预重整的规范构造

预重整的契约本质决定了这一制度是在现代契约理论框架下运行，在企业遭遇困境时通过庭外自行谈判进行重组，并通过司法强制力赋予效力进行自我挽救的制度。与庭内的司法重整程序不同，预重整的关键工作在

---

〔1〕 参见《香港法例》第622章《公司条例》第668-677条。

庭外完成，甚至可以说，与单纯的庭内司法重整相比，预重整的优势恰恰在于庭外的自行谈判重组。庭外的谈判重组以私法自治为特征，在谈判重组过程中，市场主体依据契约自由原则进行协商、博弈进而达成协议。鉴于预重整本身是对企业的挽救程序，且涉及利益主体众多，契约谈判中须对利益相关者整体利益以及社会公共利益作出提前考虑与安排。在此基础上，对于不同意的债权人等利益相关者而言，通过法院对方案的审查，对其权益进行保障，使契约实质正义的价值目标得到体现。通过契约自由谈判与司法强制力规制，保障预重整方案对利益相关者权益的实现形成最优的选择。从这个角度而言，即使少数人不同意方案，但由于除此之外已无更优的权益实现方案，仍可视为他们的默示同意，从而亦为契约自由的另一种体现。〔1〕

预重整在考虑市场主体自由谈判与司法强制力保障的同时，仍然需要考虑的是，作为挽救困境企业、促进市场经济发展的制度，政府行政权在制度运行中是否需发挥作用？以及政府行政权如需发挥作用，是否符合本书所提出的现代契约理论的内涵？

政府的行政权是根据宪法与法律规定组织与管理社会公共事务的权力。行政权配置的目的在于对社会公共利益与公共秩序的维护。〔2〕权力源自权利的让渡，〔3〕即来自人们互相之间通过订立契约而形成的权利。通过订立契约，人们转让自己的权利，而另一方享有了一定的权力。这样做的

---

〔1〕 德国学者认为法院对重整计划的强裁是对当事人同意缺失所做的“拟制同意”，并视之为解决重整中价值创造与价值分配的紧张关系的良方。如果一个重整计划使反对者处于比没有计划更好的境地，并且他可以从该计划中获得足够的合理的经济利益，那么理性的参与者不可能拒绝，除非是出于阻止的恶意或者无法认知计划对己对人的益处。此时，由法院代替不同意的当事人做出了拟制的同意，以防止投票权被滥用。转引自高丝敏：《重整计划强裁规则的误读与重释》，载《中外法学》2018年第1期。笔者认为，该种情况可视为对方案的默示同意，即其真实意思表示实为同意该方案，只是出于“钳制”的目的作出虚伪的意思表示。因对计划的认知问题而不同意的可以通过充分的沟通等解决，从而排除在此种情况之外。

〔2〕 参见赵永行：《论行政权与司法权的关系》，载《现代法学》1997年第5期。

〔3〕 参见尚杰：《〈社会契约论〉导读》，四川教育出版社2002年版，第55页。

动力在于人们所追求的共同的利益，这个共同的利益即正义，当利益与正义相一致即为公正。[1]在社会主义国家，由人民代表大会依据宪法与法律选举出行政机关与司法机关，并赋予其行政权与司法权。[2]政府的行政权力来源人民对行使国家权力的机关即国家权力机关的权力赋予。政府的行政权所代表的就是人民本身。政府维护社会公共利益与公共秩序的目的，与维护契约实质正义在本质上具有一致性。换言之，政府对市场主体契约行为中契约实质正义的维护，恰恰是实现其维护社会公共利益和公共秩序目的之方法与措施。因此可以说，在市场经济发展过程中，政府基于其维护社会公共利益与公共秩序的目的，为市场主体提供服务与管理，是其行使行政权的体现。在预重整制度运行中，则具体体现为预重整涉及的如职工欠薪保障、税收政策支持、信用修复等方面提供配套政策服务，同时对预重整中涉及社会公共利益或公共秩序的问题（如企业的生产经营方向是否符合环保要求，金融机构预重整对金融稳定、社会民生的影响等）进行管理。上述服务性及管理性的职能，是为市场主体营造自由谈判的条件，同时避免市场主体滥用契约自由的体现。因此，政府行政权在预重整运行中的作用，体现为对市场主体谈判中契约自由的规制，对契约实质正义的维护，对社会整体利益的保护。

通过梳理预重整制度的规范构造不难发现，预重整制度的目的在于给困境企业提供这样一个自救的机会，即企业在出现困境时，与债权人特别是主要债权人等利益相关者在私法自治、契约自由的原则下，通过谈判形成预重整方案，经过征求意见或表决后，通过司法强制力保障而实现及时的自我挽救，通过合力挽救困境企业进而实现对社会整体利益的维护。预重整制度运行的理论基础是现代契约理论，以市场主体私法自治原则下的契约自由原则为核心，公权力则基于契约实质正义原则对契约自由进行规

---

〔1〕参见尚杰：《〈社会契约论〉导读》，四川教育出版社2002年版，第69页。

〔2〕参见赵永行：《论行政权与司法权的关系》，载《现代法学》1997年第5期。

制予以保障。与此同时，值得思考的是，厘清预重整制度的规范构造，一方面有助于规范预重整制度的运行，使之不至于偏离方向；另一方面，作为以企业自救为核心的制度，通过对以契约自由与契约实质正义为原则的现代契约理论的坚守，引导企业重生文化的鼓励与宣扬，从而促进破产预防文化的发展。对于作为市场主体的企业而言，只有放下顾虑，及时启动自救程序，才有可能在危机来临时及时干预，更好地完成对企业的挽救，从而促进社会主义市场经济的发展。

预重整作为与破产或再生机制一体的制度，本质上是市场主体行使权利、设定义务的私法关系，但预重整又不同于完全自主的庭外重组制度，是庭外重组与庭内重整相结合的混合性制度。制度的混合性特征要求庭外谈判重组中必须遵循庭内重整的程序与实体要求，否则将不会得到司法的最终确认。此时私法主体的谈判与合同法上的自由谈判并不完全等同，预重整庭外谈判中市场主体并没有关于契约内容的绝对自由，而是在遵循一定规则、考虑社会整体利益的基础上，在一定限度内的自由。因此可以说，预重整是社会本位价值理念下私法自治与公权规制相结合，契约自由与契约实质正义相结合的制度。

综合前述分析，可以得出如下结论：预重整制度作为本质上系契约性重组的制度，各项程序的进行均需首先依契约自由原则进行，由市场主体依其内在需求决定，这样的市场化机理贯穿在预重整程序的始终，体现在是否启动预重整、以何种方式进行预重整以及进入预重整程序后的方案谈判协商与达成等各个环节，其核心是以市场主体的内在需求为自发的动力，由内而外“爆发”，而不是运用行政、法律手段从外部“打破”。进言之，预重整作为市场经济条件下的困境企业挽救制度，需依市场主体的自主意愿遵循市场化的规则进行。与此同时，在社会主义市场经济发展中，地方经济的发展，民生、就业的维护，是制度创设与运行中必须考虑的重要因素。预重整中，在实现企业挽救的同时，须考虑所有因企业经营遭遇困境而受到损害的利益相关者权益得到最大化的保护。行政、司法等公权力一方面应当对市场主体的自主契约谈判远远的“守望”而无须过度介入；另一方面，需对谈判的过程及结果给予规制，履行公权力对公平、秩序、效率等价值目标的维护职能，实现契约的实质正义，使这一制度能够实现其价值，进而实现对社会整体利益及市场主体个体权益的最大化保护。预重整制度的目标是使有挽救价值的企业能够得到及时有效的挽救，权利人的权益得到最大限度的保障，更为深层的目标则是维护和促进社会经济整体上的健康有序发展。这一制度之所以在当前我国内地困境企业挽救中得到积极的探索与实践，源自当下我国社会主义市场经济发展的内在需求。因此，当有其自身应当秉持的内在精神与价值体系。这一内在精神与价值体系就是社会本位的价值理念；制度的理论框架，是对契约自由之尊崇与契约实质正义之坚守的现代契约理论。相反，假设一种预重整制度，可以抛弃社会本位的价值理念而仅以追逐一方私利最大化为目标，摒弃契约自由与契约实质正义的理论内核而运行，则绝无可能是社会主义市场经济体制下的预重整制度。由此，在考虑预重整制度的规范基础时，应当把企业置于中心地位，将社会本位的价值理念贯穿在制度运行的始终。

三、预重整制度规范基础的提出

作为市场经济体制下运行的困境企业早期挽救制度，实现其价值必先使其能够有效地市场化运行，而有效的市场化运行建立在制度的规范基础之上。只有在合乎制度价值体系与规范基础的前提下，预重整制度的各个程序才能有效的衔接与运行，从而真正实现制度目标。前文分析了预重整的制度目标及其运行的理论基础，预重整制度的规范基础应当在其制度目标及理论基础下展开。现代社会中，由于社会经济基础的变化，完全绝对的契约自由已不存在，取而代之的是蕴含契约实质正义的契约自由，正如吉尔莫所言之“契约的死亡”，及内田贵描述之“契约的再生”。〔1〕那么，在预重整制度的理论基础与运行体系中，契约自由与契约实质正义二者之间究竟是何种关系，二者在预重整制度规范基础中应处于何种地位？笔者认为，预重整制度的规范基础，正是社会本位价值观下的私法自治之契约自由原则及公权规制之契约实质正义原则。

（一）私法自治之契约自由原则

私法自治也可称为意思自治，指民事主体可以自由地依其意志进行民事活动。〔2〕“意思自治原则是一种法哲学理论，根据此种理论，人的意志、意图（volonté humaine）就是他们本人的制定法，他们的意图、意志为自己建立了债：行为人之所以要受法律行为尤其是契约的约束，是因为他们主观上愿意受这些法律行为尤其是契约的约束。如果说契约是法律生活的源泉（le principe）的话，则个人的意图、意志、意思是契约的源泉。”〔3〕预重整庭外谈判重组中，市场主体的权利本质上是私法上的权利，是一种私权利。私法上对私权利的处分基于私法自治的原则进行，在契约领域则体现为契约自由原则。

我国《民法典》虽然没有使用“私法自治”这一术语，但对私法自治原则予以了明确，即民事主体可以遵循自愿原则，按自己的意思去设立、变更或终止民事法律关系。〔4〕在私法自治原则中，契约自由是其核心内容，〔5〕私法自治体现市场主体自身的意思、意图与意志，如果不能实现私

---

〔1〕 参见张恒飞：《论契约自由与契约正义的较量——读〈契约的死亡〉和〈契约的再生〉有感》，载《学理论》2014年第2期。

〔2〕 参见王轶：《民法价值判断问题的实体性论证规则——以中国民法学的学术实践为背景》，载《中国社会科学》2004年第6期。

〔3〕 Jean Carbonnier, Droit civil, Les biensles obligations, puf, 2004, p.1945.转引自张民安：《法国民法中意思自治原则的新发展》，载《法治研究》2021年第4期。

〔4〕 《民法典》第5条规定：民事主体从事民事活动，应当遵循自愿原则，按照自己的意思设立、变更、终止民事法律关系。

〔5〕 参见谢鸿飞：《民法典合同编内在体系的变迁》，载《山西大学学报（哲学社会科学版）》2020年第6期。

法自治，则无法实现契约自由。也就是说，在预重整制度运行中，市场主体基于其内在的需求、自主的愿望和意志进行协商谈判，去决定是否设立、变更或终止相关的民事法律关系。具体体现为，是否启动预重整、何时启动预重整及契约谈判的内容、方式等，都应当由当事人自行决定。预重整庭外谈判重组阶段，市场主体以达成契约为目的进行谈判，处分权利。程序运行过程中，应当最大限度尊重市场主体的内在需求及自身意志与意思的表达。当然，由于企业遭遇困境后所涉及的主体众多，同一权利性质的主体可能以一个群体的形式存在，如债权人群体、职工群体，以及股东群体、其他利益相关者群体等。从私法自治的角度，所有人在谈判中达成完全一致的概率显然是极小的。此时，需要取一个最大公约数，这个公约数能够实现所有利益相关者权益保障的最大化，从而促进契约的达成。这一最大公约数的取得，最为有效的机制是形成相应的代表组织，如债权人委员会或股东委员会等。正如公司治理的结构一样，债权人群体将其谈判的权利委托给债权人委员会行使，同时在谈判的内容上又保持着沟通与独立的同意权。股东委员会亦如此。关于代表的问题，在后面的论述中将专门讨论。在此，首先以程序的启动为例对私法自治之契约自由原则进行讨论。

预重整制度运行中，通过对预重整市场化启动的分析，可以更为具体地感受到私法自治之契约自由原则在预重整中的重要性。预重整程序从启动开始，到契约的谈判及方案的拟定，均应遵循市场主体的内在需求决定。首先，预重整发起之启动主体是基于市场主体的内在需求决定而非行政命令决定。换言之，预重整启动由企业的自主意志决定，在困境企业无意启动预重整时，无法以预重整的方式进行挽救，原因在于如困境企业无意通过预重整来进行挽救，则无法达成挽救企业的契约，自然也就无法形成预重整方案。也许有观点会认为，即便困境企业不同意预重整，债权人亦可自行进行预重整，达成方案后提交法院裁定批准。笔者认为，这一观点不能成立。原因在于，如果债务人企业不同意预重整，则无法就企业经营方案、债权清偿等问题进行谈判，仅有债权人与投资人等进行的谈判或者一厢情愿的方案，显然违背了预重整本身的契约属性。如果债务人企业无意自救，则应通过强制性司法程序，如司法程序内的重整、破产清算进行，而无适用预重整的必要。因此，对于困境企业而言，只有当其决定以预重整的方式进行企业挽救时，才会提起一个启动的程序。这一程序可以由债务人自行决定启动，也可以由债权人发起，债务人同意。例如，美国预重整制度的规则之一，是允许债务人提交申请的同时提交重整方案。〔1〕在申请重整前，债务人可以先行启动与债权人等利益相关者的谈判，在此基础上拟订重整计划并征求债权人及其他权益受损的利益相关者意见或进行表决，在协商完成或部分完成后，提交重整申请的同时可以同步提交重整计划。〔2〕或者没有提请表决，仅达成了与部分债权人或主要债权人达成的重组支持协议。〔3〕由此可以看出，法院并不干预债务人在提交申请之前与债权人等各方协商的过程。这一规则在美国经历了不同阶段的发展。1978年之前，破产法要求任何关于破产重组的投票都必须在法院的支持下进行。1978年破产法之后，在进入破产程序之前，即可进行意见的征集与投票，在向法院提出重整申请时，可一并向法院提交。困境企业启动预重整只需直接启动与债权人等各方的协商，且可自行征求意见或进行投票表决，在取得意见后向法院提出申请即可，其协商及征求意见的过程并不需要得到法院的同意。当然，债务人也可以先申请进入重整程序，再提交计划，但这是基于债务人的选择并非强制，〔4〕这一做法体现了预重整制度的根本特征。

---

〔1〕 See 11USCA § 1121(a).

〔2〕 参见张婷、胡利玲编著:《预重整制度理论与实践》，法律出版社2020年版，第40页。

〔3〕 参见徐阳光:《困境企业预重整的法律规制研究》，载《法商研究》2021年第3期。

〔4〕 See Elizabeth Tashjian, Ronald C. Lease & John J.McConnell, *An Empirical Analysis of Prepackaged Bankruptcies*, Journal of Financial Economics 40, 135-162(1996).

从预重整计划的谈判来讲，债务人拟订的预重整计划是一个个要约的组合，而与债权人等利益相关者的谈判，正是要约与承诺的过程，通过反复的谈判，在债务人及各利益相关者之间形成契约。无论如何，从启动程序的角度而言，正是关于企业解困的内在需求，促使债务人提出解困的方案，并启动与债权人等利益相关者之间进行谈判直至订立契约的程序，而不是基于强制命令或特定的许可。预重整由市场主体自行决定启动的方式，是市场发挥资源配置决定作用的具体体现，也是预重整制度中私法自治、契约自由原则的具体体现。

在英国债务重组程序中，整理计划程序的适用有着悠久的历史。作为一个债务重组的工具，公司提出整理计划，由不同组别的债权人分组进行表决后提交法院批准。但是除非每一组别都通过了重整计划，否则法院不得强制批准计划。因此，整理计划程序更为强调契约自由，即各个主体在意思自治原则下开展企业的挽救，在各组别均通过整理计划时，由法院进行批准。在整理计划程序中，由债务人先行启动与债权人等的协商，在取得协商的初步成果后，申请法院给予命令，以便召开会议对整理计划进行表决。表决通过后，由法院审查批准整理计划。该程序中，债务人与债权人及其他利益相关者遵循意思自治的原则，在协商的基础上达成协议，并以此为基础形成整理计划，是企业挽救的核心所在。虽然其间需要取得法院同意召开会议进行表决的命令以及对整理计划进行审查批准，但并不影响债务人与债权人等之间的谈判，亦不影响其运行过程中市场主体的私法自治。2020年改革的重组计划制度增强了对不同组别的填塞效应，即在不同组别分别表决的基础上，即便有组别没有表决通过，法院亦可以强行批准。〔1〕在重组计划程序中，同样是由债务人提出重组计划，经过申请取得法院可以召开债权人会议的同意后，组织进行表决，在每一组别表决中债

〔1〕　参见徐阳光、武诗敏：《企业拯救文化与破产法律制度的发展——基于英国破产制度最新变革的分析》，载《山西大学学报（哲学社会科学版）》2021年第1期。

权金额都超过75%后，则法院可以裁定批准重组计划。但同时，即使在一个或多个组别反对的情况下，只要符合有一个组别通过，且重组计划保障了未通过组别的利益，法院仍可强制批准。〔1〕这一改革强化了司法对重组计划的强制保障。以上无论是哪一种方式，其程序的启动都是由市场主体自主决定而无须另行取得法院或政府的同意。重组计划在整理计划的基础上更进一步，将当事人之间的自愿谈判与法院的强制批准更加紧密地结合在一起。但无论如何，在提出司法确认申请之前，先须由各方自行进行谈判，体现私法自治、契约自由原则在程序中的适用。

在我国香港地区，整理计划程序中，债务人准备启动预重整时，需先行与债权人进行磋商，在与一定比例的债权人达成一致时，由债务人或债权人或公司成员向法院申请命令，以获得准许召开债权人和/或公司成员会议对其方案进行表决的批准。因此，从实质意义上的启动而言，从债务人企业启动与债权人的谈判时，即开始了预重整的程序。这其中，是否启动程序以及采取何种方式与利益相关者进行谈判，由债务人企业根据企业自身状况和市场需要而决定，而非基于行政的命令。从法院取得命令，则是为了召开会议对前期谈判形成的方案进行表决，以最终获得司法确认，启动谈判本身并不需要得到批准。

在日本，困境企业的庭外债务重组需债权人百分之百的同意。因此，契约自由的原则体现得更为明显与充分。〔2〕近期改革的事业再生ADR程序与简易再生程序的结合，将庭外事业再生的自主性与法院对再生计划方案批准相结合，在预重整启动阶段亦体现了私法自治的理念。

目前我国内地预重整探索中，对于预重整的启动主体，与美国、英国

〔1〕 参见徐阳光、武诗敏：《企业拯救文化与破产法律制度的发展——基于英国破产制度最新变革的分析》，载《山西大学学报（哲学社会科学版）》2021年第1期。

〔2〕 参见［日］高木新二郎：《事业事务程序中多数决的适用》，吴色君、席修举、陈景善译，载王卫国、郑志斌主编：《法庭外债务重组》（第1辑），法律出版社2017年版，第255-261页。

及我国香港地区基本上保持了一致性，体现了对于预重整启动之自愿属性的尊重以及预重整市场化启动的理念。从各地规定看，一般预重整的申请权交由债务人行使，债权人提出预重整的申请的，亦需由债务人的同意，体现了实践中对预重整启动权属于私法权利属性的认识。如北京指引中规定，预重整申请审查期间，债务人书面承诺接受预重整程序中临时管理人的调查和监督、履行预重整相关义务的，人民法院可以决定对债务人进行预重整。〔1〕广州指引中规定，债务人可以提出预重整申请；债权人申请预重整，债务人未明确表示反对的，人民法院也可以适用预重整程序。〔2〕具体案例如隆某控股有限公司（以下简称隆某控股）以其不能清偿到期债务且明显缺乏清偿能力，但具有重整价值和重整可行性为由，向重庆市第五中级人民法院申请破产重整，并申请进行预重整。重庆第五中级人民法院经审查确定该公司符合预重整条件，予以备案登记，并于2021年9月30日向隆某控股出具预重整备案通知书。〔3〕但绝大部分地方指引性规定中，同时将法院的许可或政府的同意作为启动预重整的必要条件。因此，并未能充分体现私法自治的原则。如深圳指引规定，受理重整申请前，对于具有重整原因的债务人，为识别其重整价值及重整可行性，提高重整成功率，经债务人同意，合议庭可以决定对债务人进行预重整。〔4〕温州地区相关规定则明确预重整由属地政府决定启动。〔5〕预重整的根本属性要求市场主体基于其自身的内在需求启动程序。我国内地实践中司法或行政对预重整启动的批准程序体现了公权力强介入、提前介入的特征，如果法院或政府

〔1〕 参见《北京破产法庭破产重整案件办理规范（试行）》（京一中法发〔2019〕437号）第29条。

〔2〕 参见《广州市中级人民法院关于破产重整案件审理指引（试行）》第21条。

〔3〕 参见《上海丰华（集团）股份有限公司关于控股股东重整的进展公告》，载上海证券交易所网2022年7月23日，http://www.sse.com.cn/disclosure/listedinfo/announcement/c/new/2022-07-23/600615_20220723_1_h0BxDZuc.pdf。

〔4〕 参见《深圳市中级人民法院审理企业重整案件的工作指引（试行）》（深中法发〔2019〕3号）第27条。

〔5〕 参见《温州市人民政府办公室企业金融风险处置工作府院联席会议纪要》（温政办函〔2018〕41号）第2条第（3）项。

不予出具同意预重整的决定，则即便企业与债权人进行了协商谈判达成契约，也无法直接在重整程序中予以确认，而至多可以作为重整前的一项基础性工作。众所周知，重整中各项契约的达成，与时效性密切相关，鉴于重整程序的冗长，这一类重整前期工作如果没有预重整的程序保障，其工作成果很可能无法在重整中予以直接体现，从而无法实现及时挽救困境企业的效果。例如，重庆市大足区上某房地产开发有限公司预重整转重整案中，重庆破产法庭在破产申请审查过程中，经债务人申请，法庭决定对本案采取预重整方式进行处理并对预重整及债务人聘任的辅助机构进行备案登记。该案经预重整，转入重整后，仅用37天，人民法院便批准重整计划并终止重整程序。〔1〕浙江三某汽车零部件有限公司（以下简称三某公司）预重整案中，企业因受对外担保债务所累导致经营困难，2016年，三某公司向瑞安市处置办提出帮扶申请。瑞安市处置办经甄选将其列为帮扶企业。之后，瑞安市处置办与瑞安市人民法院以全力快速推动企业再生为目的，建立“府院联动式”预重整机制，探索适用“政府预重整+司法和解或重整”的企业帮扶模式。2017年6月5日，瑞安法院裁定认可三某公司和解协议及附件。三某公司和解成功。〔2〕

应当说，目前我国内地关于预重整启动的实践做法，反映出制度探索中还存在理论框架与规范基础不明的问题。在此背景下，债务人考虑到预重整不被批准的风险，则不敢轻易展开与债权人等的谈判，从而在一定程度上造成市场主体的内在需求被抑制。

综上所述，预重整庭外谈判重组程序是市场主体对其私法权利进行处分的过程。预重整制度的规范基础之一便是私法自治下的契约自由原则。

---

〔1〕 参见《37天快速审结预重整实现破产重整新速度——重庆市大足区上坤房地产开发有限公司预重整转重整案》，载微信公众号“重庆破产法庭”2021年6月16日。

〔2〕 参见《浙江高院发布十大破产典型案例》，载全国企业破产重整案件信息网2021年5月20日，https://pccz.court.gov.cn/pcajxxw/pcdxal/dxalxq?id=6BB184D34A497DE067E9510610BF155C。

在预重整庭外谈判重组中，从程序的启动到利益相关者是否接受谈判、谈判的内容以及谈判的方式等，均应由市场主体依据其自身的意思与意志，依照契约自由原则作出决定。

（二）公权规制之契约实质正义原则

“规范的市场经济应该是‘看不见的手’与‘看得见的手’共同起作用的经济。”[1]“看不见的手”对市场内在的需求进行自发的调节，使市场主体从自身需要和利益追求出发从事经济活动，从而为社会经济带来发展；而“看得见的手”则通过防范市场失灵调节市场的有序发展。预重整庭外谈判重组的成果需导入庭内司法程序中进行确认，预重整制度与司法重整制度有着天然的联系。在破产程序中，破产原则必须履行重要的“社会角色”，即必须界定一个合理的理由，在此基础上，受财务困境影响的人可以“使彼此都能接受”的法律安排来支配他们的关系。这些规范性原则，必须是受财务困境影响的人能够自由而理性地选择的。[2]预重整程序中通过谈判获得的成果，需由司法程序予以确认，方可达成其制度目的。因此，从对预重整制度进行规范的角度而言，必须建立一套合适的彼此都能接受的原则，来规范各方在预重整中的行为。而这个安排，就是在一定原则指引下的公权力规制的规则。私法自治并不是绝对的，民法上对自由的确认与保障，也并非没有任何限制。[3]预重整必须坚持程序公正、信息透明、意志自由，同时必须坚持契约实质公平、维护社会公共利益等原则，从而既保障真正意义上的契约自由，又使契约实质正义得到维护。对于参与预重整的主体而言，基于预重整的制度功能，遵循契约自由原则进行谈判与意

---

〔1〕 赵文洪：《市场经济与社会本位价值观》，载《哲学研究》1996年第12期。

〔2〕 See Donald R. Korobkin, *Contractarianism and the Normative Foundations of Bankruptcy Law*, Texas Law Review, Vol.71(1993).

〔3〕 参见王轶：《民法价值判断问题的实体性论证规则——以中国民法学的学术实践为背景》，载《中国社会科学》2004年第6期。

见征集，接受公权力基于契约实质正义要求对契约自由的规制，按照一定的程序使征集意见的效力在庭内程序中得到延伸，通过司法对方案进行审查与确认等，是参与程序的各方适用预重整制度需接受的规则。而对于不同意的人而言，在其权益得到最大化保障的前提下，可以视为其默示同意。正如波斯纳在其契约论模型中认为的那样，尽管实践中不可能获得所有受到影响的人的实际同意，而那些不同意的人，取而代之的是假设他们的默示同意。[1]因此，预重整的公权力干预是预重整不可分割的重要原则，倘若没有这一原则，则预重整不再是预重整，而是一个自由的庭外重组或庭外谈判。对这一原则的坚持，还体现在各方在预重整的整个程序中都需要时刻理解并明确这一原则所带来的规范要求，即预重整的整个程序运行都要受到契约实质正义原则的规制，从而在契约自由的背景下，预重整中所有利益相关者的权益都能够得到尊重与最佳保护，避免债务人恶意逃债，少数权利人以契约自由为名“敲竹杠”或以其他方式损害他人利益、损害社会公共利益等行为的发生。

预重整制度中司法权对庭外谈判所达成协议的干预具体表现为依据一定规则进行审查与批准，是对预重整庭外谈判重组成果的司法强制力保障，也是对庭外谈判重组规则的指引，其理论基础为契约实质正义原则在预重整制度中的具体体现，是对契约形式自由的修正。在契约自由的基础上，通过国家公权力干预，使市场实现真正的自由发展。另外需要注意的是，基于契约实质正义而对契约自由进行规制的公权力不仅包括司法权还包括行政权。行政权作为维护社会公共利益与公共秩序的公权力，在预重整庭外重组中对契约自由的规制，一方面体现为政府对预重整中的困境企业所涉类型化问题的政策性保障，如对于困境企业因流动性不足而造成职工欠薪的欠薪保障机制的建立，预重整企业符合一定条件时信用修复机制

---

〔1〕 See Donald R. Korobkin, *Contractarianism and the Normative Foundations of Bankruptcy Law*, Texas Law Review, Vol.71（1993）.

的建立，企业预重整中所涉税收政策的调整等；另一方面体现为对预重整中涉及社会公共利益行为的行政监管。

总之，预重整作为一项由庭外谈判重组与庭内司法重整相结合，自愿谈判与司法强制力确认相结合的混合性制度，是以现代契约理论为基础的市场化困境企业挽救机制，是契约自由与契约实质正义的完美融合。预重整制度一方面体现了市场这只“无形之手”在困境企业挽救中对契约自由原则的遵守，另一方面也体现了国家公权力这只“有形之手”在困境企业挽救中对契约实质正义原则的守护。

本章在对预重整的制度构造进行分析的基础上，结合困境企业早期挽救与预重整中公司治理结构对预重整运行的影响，提出预重整制度的规范基础，即私法自治——契约自由原则；公权规制——契约实质正义原则。预重整通过对困境企业实施有效挽救，从而实现利益相关者的权益的最大化保护，进而实现对社会整体利益的维护，具有社会本位的属性。具体而言，规范基础体现为预重整程序中当事人私法自治之契约自由原则，以及公权力基于契约实质正义原则对契约自由的规制。预重整制度的社会本位属性与契约本质决定了公权力应当介入制度的运行；但公权力的介入不应违背预重整的契约本质特征，公权力对预重整的规制仅限于守护契约实质正义而对契约自由进行限制。在这样的模式下，才能发挥预重整的制度优势，及时挽救企业于困境之中，实现企业的再生与社会整体利益的维护。后续本书将从私法自治之契约自由原则与公权规制之契约实质正义原则两个维度，论述预重整制度的规范基础与具体规范原则。

第四章　预重整制度规范基础之私法自治
——契约自由原则

我国当前破产重整制度中的一些问题，“实际上是缺乏对当事人自治，尤其是在破产申请之前及时发现问题，及时谈判解决问题的法律宽容”〔1〕。预重整制度的初衷恰恰在于鼓励债务人在出现危机时尽早展开与债权人等利益相关者的自治性谈判，以求及时解除困境，从制度设计的角度，为困境企业尽早、自主启动挽救程序提供了保障。〔2〕预重整中，以企业为中心的利益相关者通过谈判对自身权利进行调整与重新安排，其中核心的法律关系如债权债务关系、投资关系及出资人权益调整等，本质上都是私法调整的法律关系。自治是私法的基石，是私法赖以生存之根本。〔3〕在私法领域，无论是获得权利还是承担义务，一切行为完全取决于当事人自己的意思，不受公权力和他人的干预，只有在当事人之间产生纠纷无法解决时，国家才以法院的身份出面解决，并且法院在解决纠纷时也仍然以当事人之间的约定为基准，不得对约定随意变更。〔4〕预重整中，市场主体有遵循自己的意志在法律范围内处分权利、设定义务的自由。在预重整庭外谈判重组阶段，利益相关者依据私法自治的精神，对自己的权利进行处分，通过在谈判中的博弈，在遵循一定规则的前提下，使自身的权益得

---

〔1〕王佐发：《公司重整制度的契约分析》，中国政法大学出版社2013年版，第345页。

〔2〕参见王欣新：《预重整的制度建设与实务辨析》，载《人民司法》2021年第7期。

〔3〕参见朱庆育：《意思表示与法律行为》，载《比较法研究》2004年第1期。

〔4〕参见梁慧星：《从近代民法到现代民法——二十世纪民法回顾》，载《中外法学》1997年第2期。

到最大化的保障。在此过程中，契约自由原则作为贯穿始终的主线应当得到充分的贯彻与体现。[1]具体而言，市场主体有权基于自主的意思，决定是否启动预重整，是否订立关于债权债务安排、出资人权益调整等契约以及具体订约内容、形式等。总之，市场主体基于其自身的内在需求，围绕企业挽救与债权人等利益相关者权益的最大化实现，进行一系列的谈判，为最终形成预重整方案奠定基础。进言之，庭外谈判重组过程由市场主体基于其主观意思与需求自行决定，而非由行政权或司法权强制决定。本章的主线是对预重整中的契约自由原则进行分析，以理清并进一步解析契约自由原则作为预重整制度规范基础的应然状态及具体原则。从预重整中的多重契约关系着手，分析预重整庭外重组的具体结构。同时，就预重整中债权人群体及股东群体的代表人以及辅助机构的性质进行论述与分析。在此基础上，提出预重整庭外重组中的具体规范原则，即预重整的启动自由、期限自治，预重整中由债务人管理财产与营业事务，预重整不产生司法重整的中止执行、停止计息、解除保全等法律效力，以及预重整庭内外程序中的意思表示推定一致，预重整庭外重组程序可逆等原则。

一、预重整中的多重契约关系

企业出现困境后，原本相互之间并没有关联的企业利益相关者的权益被置于同一时空，面对有限的债务人企业财产不可避免地出现冲突。预重整的制度优势在于，当企业出现或即将出现困境时，债务人及时启动与各利益相关者之间的商谈程序。在此过程中，权利受到影响的参与各方就债权清偿、融资、出资人权益调整等分别进行沟通、协商、谈判，在融合谈判

---

〔1〕 参见李永军:《合同法》(第2版)，中国人民大学出版社2008年版，第24页。

成果、平衡各方利益后形成预重整方案，并在此基础上征集意见或进行表决。预重整中的多重契约关系及其谈判、方案制定与表决/意见征集，均体现了预重整程序对契约自由原则的内在要求。

预重整所涉的市场主体中，最为重要的是债权债务关系的双方，即债权人与债务人。债权人作为预重整法律关系中最为重要的权利主体，从权利性质分，可分为在法律上有优先地位的债权人如有财产担保的债权人，法律给予优先保障的债权人如职工债权人、税款债权人，以及没有财产担保的普通债权人；从债权类型分，可分为金融债权人、贸易型债权人及其他债权人如职工债权人、税款债权人；从债权规模分，则可分为大额债权人和小额债权人。出资人则包括了企业的控股股东以及中小股东，投资人包括了股权投资人、债权投资人以及其他财产类投资人。职工则包括公司高管与普通职工。可以说，预重整中与企业有关且权益受到影响的所有利益相关者，都是预重整程序中的主体。但预重整作为困境企业早期挽救制度，如果所有利益相关者的利益在此程序中都将受到调整，则并不符合预重整最根本的制度目标，即对困境企业实施早期挽救。一般而言，在预重整中，最为重要的市场主体是债务人与主要债权人，特别是金融债权人。同时，预重整中一般还将引入新的投资人以解决资产流动性不足问题，并由此可能带来出资人权益的调整与变化。而贸易债权人与职工作为企业继续经营的必要要素，在预重整期间以尽可能不影响其权益为目标，因此一般不是预重整的主要参与主体。本书仅以债务人与债权人特别是金融债权人，投资人、出资人为主体结构进行契约关系的分析。

（一）预重整中的多重契约关系及其谈判

1.预重整多重契约关系之形成

预重整中，首先需要解决的就是企业因财务困境而产生的到期债务清偿不能的困难。因此，债务人与债权人之间通过谈判，对双方之间的债权债务关系进行调整是预重整中重要的一环。与此同时，企业自身资产流动性的不足，使从外部引入投资成为必需，一般而言，还需在此基础上调整原有股权结构。企业内部契约结构也将在预重整过程中根据引入投资情况、债权人的债权清偿情况等而发生变化。因此，预重整程序中，债权人、债务人、出资人、投资人等多方主体构成多重契约关系。在预重整制度运行中，程序启动与运行正是围绕这样的多重契约关系，在契约自由这一原则下缓缓展开。

笔者以深圳证券交易所公告的中某文化预重整方案作为样本，讨论预重整中的多重契约关系。

中某文化是一家以金属制造业和文化传媒业为主营业务的深圳证券交易所上市公司。2018年5月，因6亿元的公司债到期难以兑付发生债务危机、资金链断裂，并导致中某文化生产运营全面停滞。2020年5月25日，中某文化向无锡中院申请预重整，无锡中院于同日立案并同意中某文化启动预重整。中某文化聘请了律师事务所担任预重整引导人，并根据主要金融机构债权人的推荐，聘请了审计、评估机构。引导人根据评估报告及经营情况制订重整预案，征求债权人和股东意见，并结合征求的意见，在进入重整程序后以重整预案为基础制定重整计划草案。重整预案包括出资人权益调整方案、债权分类及清偿方案、经营方案。其中，出资人权益调整方案的主要内容为资本公积金转增以及转增股票不向原股东分配，用以出让给投资方以及清偿债务；债权清偿方案则主要包括偿债资源，以及对不同性质债权人的偿债方式，其中对普通债权人的债权金额除本金之外的利息、罚息、违约金及其他费用进行全额调减，对本金部分作50%的清偿，其余不再作清偿。在债权清偿方案中，对普通债权的清偿部分，按照20%现金清偿和30%以股抵债的方式进行清偿。经营方案则考虑了重整投资方的背景优势，巩固原业务优势，发展新的业务增长点，并以重组为契机组建高管团队、对公司治理结构进行调整等。[1]

根据这一案例，我们可以分析预重整中如下几个契约关系。

（1）债务人（股东）与投资人之间的股权投资契约关系

中某文化的重整预案中，将资本公积转增股票，但不向原股东进行分配，而是部分用于清偿债权，部分用于出让给重整投资方。可见，预重整中债务人（股东）与投资人之间就投资金额、对价等需建立契约关系，从而引入投资资金，以解决企业财务流动性不足的危机。

（2）债务人与债权人之间的债权清偿契约关系

这一契约关系体现于债权调整、减免及清偿方案中。债务人提出债权清偿的具体方案，而债权人对这一方案发表意见，以及债务人根据谈判或征求意见的情况对方案进一步修改完善。这一过程是债务人与债权人之间进行协商谈判直至最终达成债权清偿契约的过程。中某文化的债权调整方案中，对普通债权人的债权金额除本金之外的利息、罚息、违约金及其他费用进行全额调减，对本金部分作50%的清偿，其余不再作清偿。在债权清偿方案中，对普通债权的清偿部分，按照20%现金清偿和30%以股抵债的方式进行清偿。这一调整与清偿方案改变了普通债权人与债务人原债权债务关系中的权利义务关系。这样的改变从个体角度而言，是对权利义务的重新调整；从市场角度而言，是对资源的重新配置。在此过程中，利益相关者遵从契约自由原则，由当事人从自身需求出发进行商谈与博弈。

（3）债务人经营方案中涉及的公司治理契约关系

在债务人的经营方案中，对于公司未来经营的安排，不仅涉及债务人与投资人之间就公司未来的经营方向、内容等的安排，还涉及公司对管理层、员工的安排等。经营方案实际上是公司对于未来经营等事项的一系列重构，对原公司契约进行梳理并形成新的契约关系。中某文化重整预案

---

〔1〕 参见《ST中南：重整预案（草案）》，载深圳证券交易所-公告正文（szse.cn），2020年9月17日。

中，强调发挥重整投资方的背景优势，在巩固原有产品优势的基础上培育新的增长点，同时对文化板块进行调整等，基于投资方的情况对原有的经营结构进行了调整，确立了新的经营方向。方案的达成反映了债务人与投资人之间，就企业获得重生之后的经营结构及经营方向进行协商谈判直至达成一致的过程。

结合深圳证券交易所公告的关于中某文化签订投资协议的公告内容，[1]投资人与债务人签订了投资协议，并就预重整中的债权清偿通过协商达成一致。正如中某文化预重整引导人所言："通过搭建债务人、债权人、潜在投资方等各方面的沟通平台，明确上市公司遗留问题解决的处置路径，共同寻求一条危机化解路径。"[2]通过对该案例的分析可以看出，预重整中的契约关系，围绕企业财产形成了投资契约、债权清偿契约、公司治理契约等多重契约关系。企业及其利益相关者在契约自由原则之下进行商业谈判与利益博弈。在此基础上形成的预重整方案，事实上是一个契约关系的集合，而其中最为重要的是投资契约以及债权清偿契约（在预重整中一般体现为投资协议及债权调整及清偿方案，出资人权益调整方案等）。各方之间的关系可见图4-1。

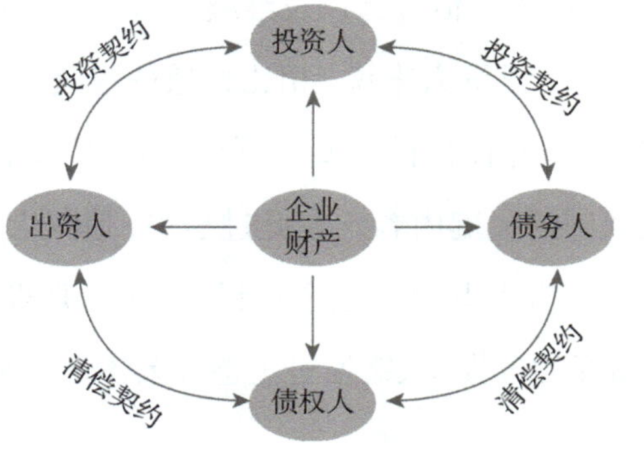

图4-1 预重整中的多重契约关系

---

〔1〕 参见《*ST中南关于签订协议书的公告》，载深圳证券交易所-公告正文（szse.cn），2020年11月7日。

〔2〕 丁国锋：《江苏首例上市公司预重整案圆满收官》，载《法治日报》2021年7月7日，第6版。

2.预重整多重契约关系之谈判

“当事人的有效谈判是重整制度的灵魂，也是产生制度价值的不二法门。”[1]预重整中的契约谈判是预重整方案形成的基础，也是预重整能否取得成功的关键。谈判是市场主体遵循契约自由原则进行沟通、协商的过程，这一过程在“看不见的手”的指引下，对各自的利益进行衡量与处分。本书试以预重整中的投资人招募与协议签订为例，讨论预重整中契约的谈判与达成。

企业遭遇困境后，为保证企业的继续运营，维护企业的营运价值，引入及时充足的投资极为关键。“一个已濒临破产的企业，若无新资金的注入，则难达再生之目的。”[2]预重整中的投资人招募是一个商业行为，对投资人而言是一项商业投资，对预重整中的企业而言则是一项商业募资。资金的投入与募集，建立在债务人企业与投资人双方的商业判断之上。因此，预重整中的投资人招募，本质上是市场主体基于对商业利益的内在追求，通过谈判而达成契约的过程。

预重整中，一般而言，投资人通过投入资金，取得债务人企业的股权，从而实现对债务人企业的投资。债务人企业则通过原出资人让渡股权于投资人而获取资金，作为偿债资源以及继续经营的财务资源。由于预重整企业已陷入困境，对于投资人来说，相比普通的投资，投资的安全性将是其首要考虑的重点，因此往往投资要求更高，资金安全性保障与获得投资收益都是投资人谈判的关键内容。在此过程中，债权人、出资人等利益相关者必然要作出一定的让步。[3]这个过程，事实上是投资人与债权人、出资人等进行利益博弈的过程，最终通过重整方案体现出来。[4]如对于投资

〔1〕 高丝敏:《重整计划强裁规则的误读与重释》，载《中外法学》2018年第1期。
〔2〕 李永军:《破产法：理论与规范研究》，中国政法大学出版社2013年版，第366页。
〔3〕 参见郑志斌、张婷:《公司重整：角色与规则》，北京大学出版社2013年版，第474页。
〔4〕 参见郑志斌、张婷:《公司重整：角色与规则》，北京大学出版社2013年版，第474页。

人而言，体现在其对信息披露、优先受偿权以及重整成功后的退出等核心问题的关注，投资协议需对各方的权利义务作出安排，[1]而投资协议的内容将融入在预重整方案中。对于预重整中的企业而言，预重整方案需要经过债权人、权益受到调整的出资人等多方同意。因此，在融资过程中，只有所有涉及的主体能够充分表达意见，在相互博弈中方能实现利益的平衡。投资人可以通过投资获取收益；出资人通过让渡出资权益引入投资，从而尽可能保全自身权益；债权人则通过同意对自己债权的调整、减免以及清偿方式等，尽可能降低自己的损失；债务人通过投资人投资、债权人的债权减免等使其对外债务能够清偿，经营得以继续。市场主体通过对自身诉求的一一表达及相互博弈，从自身的内在利益驱动出发，对权利作出让渡与处分，实现融资这一制度对于盘活企业资本流动性的重要功能，并实现企业最终重生，从而维护以企业为中心的各方权益最大化实现的目标。

笔者以全国企业破产重整案件信息网平台发布的预重整投资人招募公告作为样本进行分析，可见公告内容一般包括对预重整公司基本情况的介绍、拟招募的投资人条件及程序等内容。具体分析两则案例如下：

太仓嘉某房地产开发有限公司预重整案。该案投资人招募公告第一部分为“嘉某公司概况”，第二部分为“投资人的招募”。第二部分“投资人的招募”中具体包括了招募原则及交易路径、意向投资人的报名条件与流程及投资人确定等内容。投资人招募公告本身就是契约中的要约邀请，公告中对预重整企业的情况介绍、对投资人投资的基本要求以及投资的程序等内容，均属于“引诱”市场主体中的意向投资人对预重整企业进行投资的性质。而在实际操作中，意向投资人接受邀请并对预重整企业进行尽职调查后，作出是否与债务人企业签约投资的决定。当然，投资人招募

---

〔1〕 参见丁燕：《论合同法维度下重整投资人权益的保护》，载《法律适用》2018年第7期。

中存在竞争时，还有竞争招募的问题，但不影响双方之间契约的本质。如在太仓嘉某房地产开发有限公司预重整投资人招募公告中，明确了招募的流程以及确定的程序，确定为投资人的，将签订预重整/重整投资协议，并制作预重整方案提交债权人会议表决。公告同时载明招募公告不构成要约，可以撤回，而预重整意向投资人提交报名材料的，则视为要约。〔1〕在契约达成过程中，双方从意思自治的角度商谈投融资的条件，最终达成投资协议。

江苏省某设计院有限公司（以下简称江苏冶金院）预重整案。江苏冶金院预重整案中，经公开招募，意向投资人汉宸（武汉）投资有限责任公司向江苏冶金院预重整期间管理人提交了重整投资文件并支付投资保证金。管理人根据投资人招募评审规则确定其为意向投资人，并代表债务人与其签订了投资协议。投资协议中约定，汉宸（武汉）投资有限责任公司承诺支付不低于2亿元资金用于支付破产费用、共益债务，以及按重整计划的规定清偿债务，并注入相关经营性资产，取得相关标的项目的权益，协议同时就违约责任以及争议解决进行了约定。〔2〕从上述过程可以看出，投资人与债务人之间从要约邀请到要约、承诺，最终达成协议。

在美国，重整中的融资一般由经管债务人（debtor-in-possession，DIP）发起，在重整程序启动之后，由重整中的债务人提出申请，经法院批准后，向外部获得融通资金。〔3〕DIP融资对于投资方给予了优先权的保障，从而使DIP融资在实务中得到很好的运用。DIP融资也对缩短重组时间有着直接的影响，特别是在原债权人融资的情形下，对于破产时间缩短的影响更为明显。对于小型公司而言，更容易获得原贷款人提供的融资贷

---

〔1〕 参见《嘉年华公司预重整投资人招募公告》，载全国企业破产重整案件信息网（court.gov.cn），2020年12月1日。

〔2〕 参见《*ST节能关于全资子公司预重整管理人确定重整意向投资人暨签署重整投资协议书的公告》，载深圳证券交易所–公告正文（szse.cn），2020年12月26日。

〔3〕 参见张思明：《美国破产重整DIP融资制度研究》，载《商业研究》2016年第6期。

款。[1]同时，由于《美国破产法典》第364条对于DIP融资的激励，使DIP融资的贷款具有更高的优先级与安全性，[2]从而激励贷款人向债务人提供融资。在日本的传统商业体系中，市场主体缺乏投资不良资产的意愿，因此日本的法庭外债务重组中，愿意成为投资人的企业比较少见。市场开放后，情况得到改善。在庭外重组中，侧重于提前与投资人作出安排，确保投资人的权利。[3]

预重整中的投资关系，对于投资人而言，通过投资获得公司股权甚至控制权，期待将来获得投资收益，其付出的成本主要表现为支付给预重整企业的对价，包括资金对价或其他优质资产的对价。上述收益与成本对于投资人而言，其目标是成本的最小化与收益的最大化。而对于债务人的出资人、债权人而言，其目标是投资人支付更高的对价，而获得的股权最小化，从而实现债权人清偿利益最大化，出资人利益损失最小化。从债权人角度而言，债权人并不需要关心出资人的利益，事实上可能更加希望出资人能够让渡更多的股权以获得更多的投资，从而使债权人的偿债资源最大化。企业的出资人则一方面需要关心计划是否能够获得债权人的支持，一方面要寻求一个平衡，以最小的代价换取投资人的投资，以能够满足债权人的偿债目标以及公司后续经营的资本，并尽可能保全自己的股东权益。从这里可以看出，预重整中的融资不仅涉及债务人与投资人之间的谈判，事实上还内含了出资人与投资人之间、出资人与债权人之间的谈判与博弈，这些谈判相互影响进而影响整个计划。对投资人的招募条件必然需考

---

〔1〕 See Sandeep Dahiya, Kose John, Manju Puri & Gabriel Ramırez, *Debtor-in-possession financing and bankruptcy resolution: Empirical evidence*, Journal of Financial Economics, Vol. 69, Issue 1, 259–280 (2003).

〔2〕 See Sandeep Dahiya & Korok Ray, *A Theoretical Framework for Evaluating Debtor-in-Possession financing*, 34 Emory Bankr. Dev. J., 57–88 (2017).

〔3〕 Hideyuki Sakai et al., *Reflections on a Revolution in Japanese Business Restructuring Proceedings: An Insolvency Practitioner's Perspective of the Early 21st Century and Future of Japanese Insolvency Law*, 92 Am. Bankr. L. J. 387 (2018).

虑包括债权人在内的所有利益相关者的权益保障。从目标驱动的角度来讲，投资人的投资条件是预重整方案能否保障债权人等利益相关者权益的主要条件，而这是方案能否获得支持的关键。如投资协议不能获得大多数利益相关者的同意，将使最终的预重整方案无法获得通过，投资协议当然可能并不生效或无法履行。因此，这是一个通过协商与谈判的相互博弈最终达成一致的过程。在此过程中，市场主体唯一考虑的是从自身利益最大化原则出发，遵从其自身意思进行讨价还价，处分权利设定义务，直至最终达致平衡，在有限的条件下实现各方权益保障的最大化。可见，契约自由原则是预重整庭外契约性谈判重组中的根本原则。

（二）预重整中的方案制定与表决/意见征集

契约制度的完善决定着市场经济的发展，而市场的有序运行有赖于契约中的债权债务关系得到严格的遵守。[1]预重整能否成功，取决于作为契约集合的预重整方案能否达成并最终得到切实的履行。

1.契约集合下的预重整方案制定

如前所述，预重整方案包含了债权调整与清偿方案、出资人权益调整方案、经营方案等。预重整方案的契约性，决定了方案在制定与表决的过程中必须采取市场化机制，以市场主体自治为原则进行协商、谈判、表决。因此可以说，预重整方案是市场化谈判前提下形成的各个子方案的组合，是围绕预重整企业财产而形成的契约的集合。

预重整方案首先涉及的是融资契约及出资人调整方案。无论是从外部采用债务融资的方式进行融资，还是采取让渡股东权益的方式进行权益性融资，债务人都需要与投资人进行谈判，从而达成契约，以引入资金解决企业困境。债务人与投资人的谈判采用市场化的方式进行，从市场的角

---

〔1〕 参见王利明：《契约精神与法治社会》，载王利明：《法平如水——一位法学家的思想随笔》，中华书局（香港）有限公司2016年版，第24页。

度来讲，是市场选择的结果。债务人企业必须具有投资价值，作为市场主体的投资人才有可能基于其追求收益的需求而进行投资。市场本身犹如一只“看不见的手”，在调控着市场的运行。[1]因此，债务人能否寻找到投资人，意向投资人是否进行最终的投资，都建立在市场主体自发的对利益的追求之上。即使企业肩负着社会责任，如解决职工就业，为地方经济发展贡献税赋等，预重整中的投资也是由市场主体首先基于其内在需求权衡利弊后决定的。因此，预重整中的融资契约，由债务人企业、出资人、投资人等主体之间基于其自身意愿通过商业谈判而达成。他们有订立契约的自由、选择订约对象的自由以及订约内容与形式上的自由。与融资契约相关的则是出资人权益的调整，也是预重整方案的重要组成部分。对于投资人而言，通过对企业进行投资取得预重整企业的股权，需要就取得的股权比例等进行谈判，相对应的则是对出资人权益的调整，因而投资人需与出资人进行谈判，从而形成投资人投入资金、出资人让渡股权的协议。[2]有观点认为，在资不抵债的情况下，可以考虑不再给予出资人对出资人权益调整进行投票等权利[3]，因而看来已无谈判的必要性。考察实践中的做法，权益性投资人一般向企业投入偿债及经营性资金，而非向出资人支付股权对价，出资人调整权益往往为无偿让渡，但就让渡的比例、方式等仍需由投资人与出资人之间进行谈判。在符合特定原则的前提下，亦不排除出资人在企业中的权益保留。我国2007年《企业破产法》对出资人权益调整事项亦采取需由出资人进行表决的态度。[4]从早期挽救的角度，预重整中的企业更多体现为因缺少现金流而产生财务困境，在这种情况下，虽然因偿债不能从而剩余风险由债权人承担，但并不能直接否定出资人的最终

---

〔1〕 参见[英]亚当·斯密:《国富论》，胡长明译，重庆出版社2016年版，第189-257页。

〔2〕 为方便论述，本书对股权等权益性调整仅表述为股权。

〔3〕 参见池伟宏:《论重整计划的制定》，载《交大法学》2017年第3期。

〔4〕 参见2007年《企业破产法》第85条。

权益。因此，仍应当在谈判达成协议的基础上形成方案进行表决。

预重整方案的另一核心内容体现在债权调整及清偿方案中。债权调整与清偿方案是债务人与各个类别的债权人关于债权如何调整、如何清偿的契约集合。对有财产担保的债权人、职工债权人、税款债权人、普通债权人，需根据不同的债权性质作出次序不同的偿债安排。英国公司的自愿整理程序中，债务人与债权人之间达成的公司自愿整理方案，并不能约束担保债权人及其他优先债权人，除非获得他们的同意。[1]在英国的整理计划程序中，根据具体情形，经债权人或债权人类别/成员或成员类别进行表决，需经表决额75%以上多数表决通过方案，法院才会批准整理计划。[2]日本最新改革的事业再生ADR程序与庭内简易再生程序的结合，要求庭外重组需表决达到一定的比例，方可申请进入庭内程序而由法院进行强制批准。[3]因此，方案的制定是债务人与债权人进行谈判的过程，预重整企业与债权人等谈判各方需就债权的调整与清偿，基于契约自由原则作出意思表示。

预重整方案中的经营方案，则是债务人在获得融资后对企业经营以及新的公司治理结构的安排，既属于融资契约的一个组成部分，包含了对投资人的承诺，也构成债权清偿方案的一个部分。经营方案以企业持续经营获得的收益作为对债权清偿的承诺，使债权人对预重整企业的信心得以维系。因此，经营方案看似为债务人企业对自身经营以及未来公司治理的安排，事实上如果没有经过谈判形成可行的经营方案，则无法体现企业的投资价值及存续价值，无法形成有效的融资方案与债权清偿方案，从而使预重整难以有效开展。

---

〔1〕 参见杜军：《中、英企业破产拯救制度的比较研究》，载《法律适用》2017年第21期。

〔2〕 参见《英国2006年公司法》，葛伟军译，法律出版社2012年版，第561－566页。

〔3〕 参见日本《产业竞争力强化法》第65条第3款、第4款；《民事再生法》第211条第1款、第174条第2款第4项。

从江苏冶金院预重整案过程可以详细剖析预重整方案中的契约集合与利益平衡。[1]江苏冶金院是深圳证券交易所主板上市公司神某节能股份有限公司（以下简称神某节能公司）的全资子公司。2018年4月，因贷款到期不能兑付，江苏冶金院发生债务危机，资金链断裂导致生产运营全面停滞。2018年年报显示江苏冶金院净利润-676,180,000元；2019年年度报表显示净利润-1,657,014,027.28元，2020年半年报显示净利润-76,485,211.57元。因长期亏损且经营扭亏困难，已明显缺乏清偿能力，江苏冶金院于2020年9月28日向南京市中级人民法院（以下简称南京中院）申请破产重整。2020年11月20日，南京中院作出（2020）苏01破申76号决定书，决定对江苏冶金院启动预重整，并指定了预重整管理人。2020年12月29日，江苏冶金院与预重整管理人共同提交预重整方案。方案除基本情况及执行安排外，包括出资人权益调整方案、债权分类及清偿方案、经营方案三大部分内容。原江苏冶金院的股权由神某节能公司100%持有，出资人权益调整方案中，神某节能公司将其持有的江苏冶金院49%股权无偿调出，由预重整投资人设立的SPV公司持有，预重整投资人则投入2亿元作为偿债资金，对江苏冶金院的债务进行清偿。预重整方案中关于出资人权益调整的方案，由预重整投资人与债务人所签投资协议的内容决定，而该契约的达成，因涉及股东权益的调整，同样需要股东神某节能公司的参与。预重整方案中的第二个契约性方案则是债权清偿方案。方案中将债权分为有财产担保债权、职工债权、税款债权、普通债权四类，并对每一类债权作出偿债安排。对于职工债权、税款债权不作调整，在重整计划批准后100%现金清偿。对有财产担保债权与普通债权，则区分不同情形设计了复合性的偿债方案。这些方案是在前期与债权人特别是主要债权人谈判的基础上制定的。进行分组表决的过程，则是债权人决定是否同意方案

---

〔1〕 参见《*ST节能江苏省冶金设计院有限公司预重整方案》，载深圳证券交易所-公告正文（szse.cn），2020年12月30日。

的过程。同时，方案中对清算状态下债权人的清偿比例进行了模拟测算，得出破产清算状态下普通债权人的清偿率为0，作为重整方案中判断利益相关者是否获得权益最大化保障的参考。经营方案中，从“突出原有业务经营能力、拓展业务发展、优化提升公司治理水平”三个方面进行了安排。除了业务上的安排，还突出了公司治理水平的提升。在预重整后公司治理中，由于公司的股权结构已经发生变化，公司经营需由新股东就治理结构作出新的安排，还涉及公司新老股东之间的契约性内容。

分析江苏冶金设计院的预重整方案可以看出，预重整方案中包括了债务人分别与投资人、债权人之间的契约关系，以及投资协议、经营方案中新老股东之间的契约关系。上述契约关系组成了预重整方案的基本内容，并且上述方案相互联系、相互制约，形成一个整体的系统性契约集合。这样的契约集合最终融合成为一个完整的预重整方案，并提交给利益相关者进行表决或进行意见的征集。

2.预重整方案的表决/意见征集

预重整方案的表决/意见征集，实际上是利益相关者对债务人提出的预重整方案（要约）进行承诺的过程，虽然该方案本身是在各方谈判的基础上形成，但最终以谈判内容为基础达成的方案，整体作为一个要约，需要取得债权人等利益相关者的同意，利益相关者通过承诺达成以预重整方案为内容的契约。因此，预重整方案的表决/意见征集是预重整中的关键环节，只有取得大多数人同意从而表决通过，或虽未能表决通过但符合一定条件的前提下，方有可能获得预重整的成功。[1]通过表决或者意见的征集，同意的权利主体之间达成契约。对于不同意或未投同意票的利益相关者，区分不同的情形分析：一种情形是“钳制”行为，即以表示不同意为自

---

〔1〕 根据此前的分析，同样存在庭外仅与少数重要的债权人达成协议或重组支持协议而进入重整程序的情形，但无论哪一种情形，最终均需要对方案进行表决。本书以典型的在庭外对预重整方案进行表决或意见征集为例分析。

己或某一群体争取更高的利益，而这一诉求在资源限定的条件下，必将导致对他人或其他群体的利益损害，因此并不符合破产程序中的公平原则；另一种情形则是“搭便车”行为，即并不明确表示不同意，而是消极观望，希望坐享其成。这类债权人或其他利益相关者事实上对方案并无异议，只是出于“搭便车”的心理而未投票同意。上述两种情形，在方案符合契约实质正义条件的前提下，从本质上讲可视为对方案的默示同意。鉴于预重整由庭外谈判重组与庭内司法重整两个程序结合而成，庭外表决或征集的意见以到庭内进行确认为目标，因此庭外谈判重组过程中，利益相关者基于意思自治作出意思表示的效力，自然延伸至庭内司法确认的程序中，从而实现预重整的效率优势，这是预重整制度的应有之义，也是预重整制度能够真正起到困境企业早期挽救作用的必然要求。

在我国香港地区的整理计划程序中，债务人提出整理计划后，往往先行与债权人以及其他权利受到影响的利益相关者进行谈判，在谈判达成一定基础的前提下，向法院申请召开债权人会议及其他组别的会议进行表决。这个谈判由各方当事人自行进行，法院及行政机关均不参与其中，债务人可以聘请一个专业的破产执业者帮助起草整理计划，但并不参与谈判的过程。[1]美国的预重整中，债务人在与债权人等进行谈判的基础上，制订预重整计划，并提前征集意见或表决。在此基础上，申请进入重整程序。申请前的谈判过程法院并不介入，而是由各方当事人自主进行谈判，对企业营业影响较小。[2]英国近期改革的重组计划，庭前由各方对计划进行谈判与表决，即使有部分组别没有表决通过，法院亦可裁定确认定重组计划效力。[3]日本的庭外重组则是在主债权人银行主导下与债务人进行的

〔1〕 参见《香港法例》第622章《公司条例》第668-677条、第32章《公司（清盘及杂项条文）条例》第227D条。

〔2〕 参见胡利玲：《论困境企业拯救的预先重整机制》，载《科技与法律》2009年第3期。

〔3〕 参见https://www.pillsburylaw.com/images/content/1/3/135197/Restructuring-Plan.pdf，https://www.jdsupra.com/legalnews/corporate-insolvency-and-governance-act-48623/，2021年10月16日访问。

谈判。最新修订的《产业竞争力强化法》虽然增加了庭外ADR重组导入庭内简易再生程序的制度，但基础仍是庭外的自由谈判。[1]我国司法实践中，根据《九民会议纪要》的规定，预重整由庭外谈判重组转入庭内司法重整阶段后，如以预重整方案为基础制订的重整方案没有实质上的变化，则此前意见征集程序中各方所作出的意思表示的效力，可直接延续至庭内重整阶段。[2]可以看出，预重整方案的谈判，完全建立在私法自治、契约自由的原则之上，由各方根据自身的内在需求进行协商，并在此基础上争取最大公约数，以便提交债权人会议以及出资人会议进行表决。市场主体基于契约自由原则作出的意思表示，在进入庭内确认程序后，在方案内容没有实质性改变的情况下依然有效。

综上所述，预重整方案从单个契约的谈判到形成方案，再到组织各方对方案进行表决或意见征集，以及表决或征集意见结果的效力在庭内确认程序中的延伸，系基于市场主体的内在需求，遵循契约自由原则进行。通过市场主体之间的商业谈判与利益博弈，追求企业重生，进而实现对利益相关者权益的最大化保护。

二、 预重整中的代表人

预重整方案的最终制定与形成需要在谈判与协商的基础上进行，但企业的利益相关者涉及不同主体，且在同一类别权利主体中，往往也涉及众多主体，如债权人、出资人。当企业陷入财务困境后，很显然谈判与协商的过程难以在所有单个主体之一一展开，否则必然使程序拖沓，效率低下。破产程序是一个集合的程序，这个程序强调对所有债权人及其他利益相关

---

〔1〕 参见日本《产业竞争力强化法》第65条第3款、第4款;《民事再生法》第211条第1款、第174条第2款第4项。

〔2〕 参见最高人民法院《九民会议纪要》第115条。

者进行公平的保护，并对相同性质的债权人及其他利益相关者提供平等的待遇。在这一集合程序中，债权人这一权利主体，存在担保债权人、职工债权人、税款债权人、普通债权人等主体，而每一类别的债权人中，往往又人数众多。出资人这一群体在大型上市公司中更为突出。在此情况下，如果债务人要发起一个谈判，谈判的主体如何确定，谁的意见能够代表群体的意见？在整个程序运行的过程中，如何做到秩序与效率兼顾，既使契约自由原则能够得到遵守，又使企业挽救的效率价值目标得到实现，从而最大化保障企业利益相关者的权益？显然，在这样一个涉及多数人的契约谈判关系中，多数人群体需要代表人来参与谈判。

（一）预重整中代表人制度的必要性及代表人的权利来源

在债权人群体的代表方面。美国预重整中关于预重整庭外谈判阶段可自行成立债权人委员会并可在特定情况下提出重整计划的规定，[1]意味着赋予预重整期间成立的债权人委员会以正式的法律地位，且该债权人委员会在进入司法程序后在符合特定条件时其地位将得到延续，从而使预重整庭外谈判重组阶段债权人委员会的职能得到充分的发挥。在庭内重整程序中，债权人委员会由法院或联邦托管人指定。在人员组成上，由7个债权额最大的无担保债权人组成；其主要职能为：(1)与债务人企业或破产受托人协商程序的推进；(2)对债务人的行为、财产以及与重整程序、方案制定有关的事项展开调查；(3)与债务人就方案的内容进行谈判或提出自己的方案；(4)向其所代表的人提出关于方案的意见；(5)要求指定破产受托人或审查人。[2]重整程序开始之前的委员会在重整程序启动后地位得到法院的认可而成为官方委员会的前提有两个：一是委员会成员的产生是公

---

〔1〕 See 11USCA § 1102.1121.

〔2〕 参见冀宗儒编著：《美国破产法案例选评》，对外经济贸易大学出版社2006年版，第365页。

平的，二是委员会对不同类型的债权人有代表性。〔1〕因此，只要在申请重整前，债权人委员会的成立是公平选择的，并且具有代表性，就可以在重整程序中继续存在。从效率的角度考量，在符合条件时对重整程序开始之前成立的债权人委员会予以认可，将更有效率，因为他们已经就相关协议的条款等与债务人进行了协商。基于上述规则，在美国预重整中，一方面债务人必须考虑债权人在庭外阶段有权成立委员会的现实，另一方面债权人委员会在履职过程中，由于委员会成员往往是较大的债权人或债券持有者，他们对其他较小的债权人或债券持有人没有代表或受信义务，如果在此前提下达成的计划被提交，有可能遭受到其他债权人的反对，因此，非正式委员会须承认某些有限的代表角色和受托义务。〔2〕与此同时，联邦托管人还可以指定设立特种债权人委员会或者股东委员会。〔3〕一般而言，债务人陷入困境欲启动庭外谈判时，会邀请主要债权人，披露企业的财务、业务等状况以及重组的计划，而债权人则可以选任代表共同组成债权人委员会，由债权人委员会代表债权人参加庭外的谈判程序，一方面可以监督企业的经营，另一方面可以代表债权人进行协商达成协议，并监督协议的履行。〔4〕可以看出，美国预重整中允许在庭外重组阶段设立债权人委员会，且只要委员会的设立公平且有代表性，就可以在进入司法程序内时得到确认。而公平与代表性，在庭外阶段自然需要各方充分自主地表达意见。作为债权人的代表，债权人委员会同时需要向其所代表的主体披露相应的信息，并参与谈判，制定预重整方案。这样的安排使债权人委员会能够与债

〔1〕 参见韩长印：《译者前言》，载［美］查尔斯·J.泰步：《美国破产法新论》，韩长印、何欢、王之洲译，中国政法大学出版社2017年版，第14页。

〔2〕 See Dennis J. Connolly, *Current Issues Involving Prepackaged and Prenegotiated Plans*, Norton Annual Survey of Bankruptcy Law 2004, No. 2004 (Sep., 2004).

〔3〕 参见［美］查尔斯·J.泰步：《美国破产法新论》，韩长印、何欢、王之洲译，中国政法大学出版社2017年版，第1161-1168页。

〔4〕 See Patrick A. Gaughan, Mergers, *Acquisitions and Corporation Restructurings*, John Wiley & Sons Inc., 1999, p.449. 转引自董惠江：《我国企业重整制度的改良与预先包裹式重整》，载《现代法学》2009年第5期。

务人相互制衡，从而保障程序公平有效运行，也确保债权人的利益诉求在各个程序中得到合理的体现。〔1〕

一般而言，在预重整程序运行中，债权人委员会可以在调查、协商与监督三个方面发挥其职能作用。与庭内的司法重整不同，预重整的核心是由债务人与债权人等利益相关者在庭外进行契约性协商谈判，并由司法程序对谈判结果进行确认；庭内司法重整则是在司法的监督下，由法院指定管理人对债务人进行调查和监督，并在此基础上组织各方进行谈判制定方案，最终由法院审查批准的过程。庭内司法重整的全过程均置于法院的监督之下，且法院指定管理人承担法定的调查等职责；而预重整庭外重组期间则是完全的私法协商谈判与处分的过程，完全由当事人依意思自治原则进行。基于债权人本身在预重整中的劣势地位，预重整程序中债权人委员会的职能更为重要。调查能够使债权人全面了解债务人的资产负债状况。协商则是指代表债权人与债务人协商进而提出方案，一方面使谈判变得更有效率，无须由众多单个的债权人一一与债务人进行谈判，节约时间成本；另一方面也使集中的意见能够较快地形成，从而节约讨价还价的成本。监督则能够有效地与债务人之间形成制衡，避免发生债务人破产欺诈等不诚信的行为。债权人委员会作为债权人的代表，与债务人就预重整方案进行商谈，最终仍由债权人自身进行投票表决。这样的安排，既使债权人权益能够得到最大化保障，又使预重整方案的谈判更有效率，从而提高预重整的成功率。因此，在预重整中建立债权人的代表人制度十分必要。

另外，股东众多的企业中，股东群体亦可有其代表人。在美国的重整程序中，股东可以成立股东委员会，股东委员会由联邦托管人在查阅股东名册的基础上，指定前7名最大股东组成。〔2〕正式组建的股东委员会可以就

---

〔1〕 参见李曙光、郑志斌主编：《公司重整法律评论》（第5卷），法律出版社2019年版，第75页。

〔2〕 参见［美］查尔斯·J.泰步：《美国破产法新论》，韩长印、何欢、王之洲译，中国政法大学出版社2017年版，第1166页。

案件的管理与债务人或破产受托人进行磋商，调查债务人的经营和财产状况，参与制订重整方案，并就任何关于方案的建议向其所代表的利害关系人提出意见，请求任命破产受托人或审查人；就任何破产问题申请召开并出席听证会，聘请会计师、律师和其他代表人，以代表股东委员会并帮助委员会履行相应的职责。〔1〕我国内地企业重整制度中，也可以考虑设立股东委员会制度，作为出资人的代表人参与到重整的过程中，以维护出资人的权益。〔2〕预重整庭外谈判重组中，股东推选股东委员会作为代表参与各项程序，还可以提高预重整的效率。另外，在股东人数众多的大型公司预重整中，建立股东委员会的代表人制度，对中小投资者的权益维护而言更具有必要性。

（二）我国内地预重整实践中的做法

我国内地的预重整实践中，大型困境企业挽救中适用预重整相较中小型企业更为普遍。由于大型企业涉及的债务风险基本上集中于金融债务，在当前的预重整实践中，由银行业金融机构债权人组成金融债委会与债务人进行谈判是较为普遍的做法。我们以金融债委会为例来分析目前预重整中代表人的实践情况。

2016年初，原中国银行业监督管理委员会（以下简称银监会）在全国银行业监管会议上提出建立金融债委会制度。〔3〕此后银监会办公厅就金融债委会的设立、职责等通过通知的方式进行了规定，〔4〕为金融债委会在困境企业挽救中发挥职能作用提供了依据与指引。2017年，银监会办公厅再

---

〔1〕 参见冀宗儒编著：《美国破产法案例选评》，对外经济贸易大学出版社2006年版，第365页。

〔2〕 参见张钦昱：《公司重整中出资人权益的保护——以出资人委员会为视角》，载《政治与法律》2018年第11期。

〔3〕 参见张春：《银行业债权人委员会制度：理论基础、现实需求与优化路径——以河南省为例》，载《金融监管研究》2016年第11期。

〔4〕 《中国银监会办公厅关于做好银行业金融机构债权人委员会有关工作的通知》（银监办便函〔2016〕1196号）。

次发出通知，对相关规定进行了细化。[1]根据上述两份通知精神，金融债委会通过债权人协议以及金融债委会形成决议等方式，约束内部成员单位一致行动，从而遏制抽贷、个别执行等行为，维护债务人企业在预重整期间正常的生产经营，同时由代表人与债务人企业进行谈判，为预重整成功提供根本性的客观基础。2020年，中国银行保险监督管理委员会等相关单位联合发布通知，就金融债委会工作规程进行了进一步的细化。[2]我国内地预重整中金融债委会参与预重整庭外重组阶段的做法，与英国庭外重组中的“伦敦规则”颇为相似。在“伦敦规则”中，贷款银行组成联盟，通过协议的方式停止向债务人催收债权，以防止单个债权人的单独行动，协议的期限可以长达数月；在此基础上，对公司未来的前景进行评估，并据此决定进行重组或是进入破产程序，如重组则一般由债权额最大的银行牵头，负责协调进度及与各方沟通。[3]可见，我国内地金融债委会制度与“伦敦规则”在工作机制与职能上十分相似，由银行之间达成协议，并在评估后决定是否进行挽救；在挽救程序中，则由主要债权人代表进行沟通与谈判。

从目前实践来看，金融债委会与破产程序内的债权人委员会由债权人会议选举，再由人民法院认可不同，金融债委会是在企业出现困境之后，由三家以上银行业金融机构债权人发起成立，其性质体现为成立及其工作规则的协商性、委员会组织的自律性以及基于困境企业重组的临时性。[4]可见，从设立形式上讲，并无法律上的强制性，而是带有协商性、自律性的特征。进一步说，预重整中的金融债委会由各市场主体在相关文件的指引下，根据自身需求按照市场化机制自发成立。金融债委会成立后，其内部

---

〔1〕《中国银监会办公厅关于进一步做好银行业金融机构债权人委员会有关工作的通知》（银监办便函〔2017〕802号）。

〔2〕《中国银保监会 发展改革委 中国人民银行 中国证监会关于印发金融机构债权人委员会工作规程的通知》（银保监发〔2020〕57号）。

〔3〕参见齐砺杰：《破产重整制度的比较研究——英美视野与中国图景》，中国社会科学出版社2016年版，第214-215页。

〔4〕参见《中国银监会办公厅关于做好银行业金融机构债权人委员会有关工作的通知》第1条。

运转机制由各方通过债权人协议的方式，对组织架构、议事规则、权利义务及其他事项、费用等进行约定，且该协议对全体金融债委会成员具有约束力。金融债委会按照约定的议事规则、工作流程以及决策机制进行协商以及作出决策。金融债委会由所有经银监会批准设立的金融机构债权人组成，同时非银行业金融债权人亦可以成为其成员。因此，与2007年《企业破产法》规定的债权人委员会由债权人代表组成不同，预重整中的金融债委会实际上是困境企业几乎所有金融债权人组成的自律性组织，在成员方面体现了对金融债权人的广泛涵盖，而其主席单位与副主席单位的职能则相当于司法程序内债权人委员会的职能。

在这样的机制设置下，预重整中，金融债委会主席单位与副主席单位有权代表全体金融机构债权人与债务人及投资人等各方进行谈判，就企业涉及的金融风险化解方案提出意见，并与债务人共同形成或参与形成预重整方案。金融债委会本身及主席与副主席单位的工作模式与特点，体现了在契约自由原则下，由代表人参与预重整谈判协商，并对债务人进行监督的模式。金融债委会在市场化原则指引下，在预重整庭外重组程序中与企业围绕重组方式、重组安排及方案内容，开展协商与谈判，发挥其沟通、协商、谈判以及协调的职能，对重组的方式、安排以及具体的方案提出意见。主席单位将形成的方案提交全体成员大会表决后，对金融债委会全体成员具有约束力。金融债委会的这些工作原则，典型地体现了金融债权人通过自治形成金融债委会，并由主席、副主席单位作为全体金融债权人代表参与预重整庭外谈判重组的特点。实践中，主席、副主席单位作为代表人的金融债委会制度得到了良好的运行，成功推动了大型困境企业的预重整进程。如在中国二重重整案、重钢重整案、泸天化系重整案、东北特钢重整案、渤钢系重整案等一些大型困境企业挽救中，[1]在预重整庭外重组阶段

---

〔1〕 部分重整案件虽然在正式进入重整程序前未明确进行预重整程序，但实际上成立金融债委会并进行谈判磋商，而后进入重整程序，其性质与预重整相同。

先行成立金融债委会参与到企业挽救的过程中，经过谈判形成框架性方案后进入重整程序并快速取得重整成功。〔1〕

2020年，最高人民法院对债券持有人代表人的法律地位进行了明确，在有受托管理人或债券持有人会议推选的代表人参与的重整程序中，人民法院应当将其作为债权人委员会中债权人代表的人选。〔2〕这一规定对债券持有人的代表人制度及其法律地位进行了明确。在预重整中，同样可以发挥债券持有人的代表人作用，作为债权人委员会的人选，或者在未成立债权人委员会时直接作为债券持有人代表参与谈判。

在规范性指引方面，部分地方法院对预重整中债权人委员会或金融债委会的设立与职责专门作了相应的指引性规定。一些指引中对金融债委会的职能予以明确，为预重整中金融债委会履行职责提供了指引。如部分法院关于重整或预重整的指引性规定中指出，在预重整前或预重整期间，符合特定情形时，金融债权人可以成立金融债委会，提前参与企业危机化解工作，并明确了金融债委会的职能，如对困境企业的信贷支持、协调所有金融债权人一致行动从而维护企业的营运价值、推动各方进行预重整的协商谈判、参与共同选定审计及评估机构、监督债务人企业自行管理财产及其营业事务等。〔3〕

在破产程序中，债权人委员会由全体债权人选举产生，作为债权人会议的代表行使其法定及债权人会议委托的职责。〔4〕从法律规定看，在庭内司法重整阶段，根据2007年《企业破产法》的规定，债权人委员会由债权人会议决定设立，行使法定职权及债权人会议授权其行使的其他职权。另

〔1〕 参见荣艳：《论预重整中金融债委会的作用及债权人委员会制度的完善》，载王欣新、郑志斌主编：《破产法论坛》（第21辑），法律出版社2022年版。

〔2〕 参见最高人民法院《全国法院审理债券纠纷案件座谈会纪要》（法〔2020〕185号）第17条。

〔3〕 参见《南京市中级人民法院关于规范重整程序适用提升企业挽救效能的审判指引》第22条；《广州市中级人民法院关于破产重整案件审理指引（试行）》第28条；《淄博市中级人民法院关于审理预重整案件的工作指引（试行）》第11条。

〔4〕 参见王欣新：《破产法》（第3版），中国人民大学出版社2011年版，第210页。

外，债权人委员会有权对管理人的履职进行监督，管理人履职中对债权人利益有重大影响的行为，则应及时向债权人委员会报告。[1]因此，破产程序中的债权人委员会由债权人会议决定设立，其一方面履行对破产程序进行监督的职责，另一方面履行法定及债权人会议授权的其他职责。

显而易见，从根本上讲，预重整中债权人委员会的权利来自债权人的授权。作为债权人会议的代表机关，[2]债权人委员会与债权人会议之间形成了委托关系。债权人委员会代表债权人参与预重整中的谈判重组，并根据债权人的委托履行职责，最终的预重整方案则由债权人基于私法自治之契约自由原则进行表决。实践中需要注意的是，债权人委员会作为债权人的代表，代表的是全体债权人的一般利益，并非个别或部分债权人的特殊要求或利益。[3]

关于股东委员会，我国内地目前尚未见到相关实践做法。在已出台的指引中，也未有此类规定。在一些上市公司中，由于中小投资者并不直接参与公司的经营管理，在对自身权益的保障方面，如果能够推选自己的代表，将有利于在预重整程序中代表自身的利益与其他方进行谈判，在预重整方案中对于出资人权益调整发表意见，实现自身权益的最大化保障。理论上，无论是股东还是其他类型的利益相关者，在人数众多时，成立委员会作为代表参与预重整，不仅能够最大化维护自身权益，也能够降低交易成本，提高谈判的效率。

（三）预重整中代表人制度对于契约自由原则的影响

庭外谈判重组的过程以市场主体自治为核心，契约自由原则是庭外重

---

〔1〕 参见2007年《企业破产法》第67-69条。

〔2〕 参见李大何、李永军：《论破产法上债权人委员会的地位》，载《海南大学学报（人文社会科学版）》2011年第6期。

〔3〕 参见李大何、李永军：《论破产法上债权人委员会的地位》，载《海南大学学报（人文社会科学版）》2011年第6期。

组能够成功的根本保障。代表人制度对于契约自由原则的影响体现在如下三个方面：一是对契约主体平等性的影响。契约自由建立在契约双方信息对称、平等理性之上。在预重整中，单个债权人与债务人相比，显然处于劣势的地位，包括信息上的劣势以及谈判主动权上的劣势等。如果不能形成群体力量，将难以与债务人形成真正的平等，从而享有完全的自由。特别是对于没有财产担保的中小债权人而言，在谈判中往往处于“人微言轻”的状态，对于方案的形成与表决均不具有完全的主动权。大型公司的中小股东一般也处于相同的境地。在美国重整制度中，债权人官方委员会具有独立的资格，可以独立提起衍生诉讼，并对通过重整计划起到重要的作用，因而可以在重整中对债务人起到重要的制衡作用。[1]因此，在预重整中由各个类别的代表组成委员会，将极大地提升债权人/股东等与谈判对手之间的力量对比，从而能够达到平衡的状态，在谈判中实现真正的契约自由。二是对谈判效率的影响。契约自由还体现在对效率的要求，对于权利人而言，权利长期不能实现同样是对权利的损害。订约自由、订约内容自由都需要时间的保障，长期的“拉锯战”必然保障不了契约自由。通过代表人与债务人等直接进行谈判，将极大地提高谈判效率，从而提高权利实现的效率，使契约自由能够真正得到实现。三是对契约自由的实体保障。从前述金融债委会的实践可以看出，通过代表人制度能够形成集体意志，避免个别债权人在预重整谈判期间的执行、保全等强制措施，从而为谈判提供一个稳定的客观环境。相反，如果债务人财产处于不稳定的状态，必然使债权人不愿与债务人展开谈判，反而“八仙过海，各显神通”地对债务人主张权利，从而使债务人的困境加剧，预重整难以成功。

总之，权利人能否真正在契约自由原则下进行谈判，将直接影响预重整的成功与否。在庭外契约性谈判与重组过程中，对于债权人、出资人等

---

〔1〕 参见吴在存：《美国破产重整及管理人制度的考察与启示》，载《人民司法（应用）》2018年第28期。

人数众多的一方而言，一一进行谈判协商必然不利于对自身权利的保障，也不利于企业的有效挽救，最终会导致债权人等利益相关者的权益无法得到最大化的实现。因此，在预重整制度中确立代表人制度，无疑是必要的。

三、预重整中的辅助机构

预重整中的辅助机构，指的是预重整中辅助债务人与债权人等利益相关者推进预重整程序的机构或个人。〔1〕预重整作为一个困境企业挽救程序，不仅涉及企业经营管理，还涉及财务状况的调查、法律程序的推进、信息的披露，以及与各利益相关者之间的谈判等，事务复杂且专业性强。因此，对于企业与债权人等利益相关者而言，专业机构的辅助十分必要。

（一）预重整辅助机构的实践现状

辅助机构在我国内地实践中一般体现为“管理人”“临时管理人”“引导人”等不同的称谓〔2〕，仅有个别法院的指引中直接规定为“辅助机构”。〔3〕从目前各地的指引规定以及实践做法看，各地法院对于预重整辅助机构的法律性质的理解并不完全相同，表现在对预重整辅助机构的名称、职能的规定不同，以及产生方法的不同。

（1）关于辅助机构的名称。实践中，关于辅助机构的名称，有的规定为管理人，有的规定为临时管理人，而有的案件中则明确债务人聘请的机构为引导人，也有的直接规定为辅助机构。总体来看，司法实务中对于辅助机构的定位存在两种理念。一种认为预重整中的辅助机构等同于或基本等同于司法重整程序内管理人的定位，这一类指引中往往直接将辅助机

---

〔1〕 目前各地的管理人名册中既有机构管理人，也有个人管理人。笔者认为，预重整中的辅助机构既可是律师事务所、会计师事务所等中介机构，也可是具有资质的个人。

〔2〕 指引性规定中如深圳、北京、南京等地。案例如中某文化预重整案、江苏冶金院预重整案等。

〔3〕 参见《重庆市第五中级人民法院预重整工作指引（试行）》。

构规定为管理人或临时管理人；另一种将预重整中的辅助机构定位为或接近定位为辅助机构的角色。如重庆的指引中直接规定为辅助机构；上海的指引中未使用“指定”一词，而规定了“确定”为临时管理人；无锡的做法为同意债务人聘任的机构为引导人。这些做法相对于指定管理人或临时管理人而言，在定位上更接近于辅助机构或直接定位为辅助机构。关于预重整中辅助机构的名称，笔者列举部分地区的代表做法予以说明，详见表4-1。

表4-1 各地（部分）预重整辅助机构的不同名称

预重整辅助机构名称	地区
临时管理人	北京、厦门、上海等
管理人或预重整管理人	深圳、南京、成都等
引导人	无锡
辅助机构	重庆

（2）关于辅助机构的产生方式。目前，我国内地实践中预重整辅助机构的产生方法基本上可以分为五种方式：一是法院指定。这种方式占绝大多数，由法院在决定对企业进行预重整的同时指定预重整管理人。如深圳、广州、杭州、南京等地的做法。《广州市中级人民法院关于破产重整案件审理指引（试行）》第25条规定：“人民法院决定进行预重整的，应当同时指定临时管理人。临时管理人可以由债务人与主要债权人协商一致推荐产生，也可以由有关监管部门、机构推荐产生。推荐人选应当优先从《广东省破产管理人名册》中产生，也可以从广东省外在册管理人中产生。推荐人选不得违反企业破产法第24条的规定。上述主体对临时管理人人选意见不一致或无推荐意见，由人民法院依法指定管理人。”《南京市中级人民法院关于规范重整程序适用提升企业挽救效能的审判指引》第23条规定：决定对债务人进行预重整的，根据案件情况可以采取竞争、推荐等方

式指定管理人。采取推荐方式的，可以在债务人、主要债权人（金融债权人委员会）或者有关主管部门等推荐的中介机构中指定管理人。受理重整申请后，法院根据预重整管理人履职表现决定是否转为重整管理人。二是政府指定。如温州与珠海两地采用政府指定的方式。如《温州市人民政府办公室企业金融风险处置工作府院联席会议纪要》第2条第6项规定："预重整阶段由政府参照关于管理人指定的相关法律规定和文件指定管理人，并征求债务人和主要债权人意见。管理人应向属地政府、债权人会议和法院报告预重整工作情况，接受监督与指导"；《珠海市人民政府办公室关于明确预重整破产工作府院联席会议制度有关事宜的通知》第3条规定："预重整程序由属地政府启动，并指定入选人民法院管理人名册的中介机构负责具体工作。人民法院对相关工作进行指导和监督。"三是债务人或主要债权人向法院提名或推荐，由法院确定；无人提名或推荐或意见不一致时，由法院指定，目前主要是上海破产法庭的做法。上海破产法庭公布的2021年典型案例中科建设开发总公司预重整案中，就采取了推荐确定这一方式。此后在该法庭2022年5月出台的指引文件中，对临时管理人的确定方式作出了具体的规定。[1]四是由债务人与债权人共同聘任，或债务人经债权人同意后聘任，聘任后在法院备案，双方协商不成的，申请人民法院选任。这是重庆地区关于破产申请审查阶段预重整的做法，由债务人与主要债权人协商聘任并报人民法院备案；协商不成的，可以请求人民法院在本市管理人名册中随机选任预重整辅助机构。[2]五是由市场主体自行聘任。如在重庆地区的指引性规定中，对于破产申请前预重整中辅助机构的选任未作规定，市场主体应可依自己的意思自行聘请且无须报法院备案。[3]

---

〔1〕 参见《上海破产法庭预重整案件办理规程（试行）》第7条。

〔2〕 参见《重庆市第五中级人民法院预重整工作指引（试行）》第二部分。

〔3〕 参见《重庆市第五中级人民法院预重整工作指引（试行）》第三部分第20条。

（3）关于辅助机构的职能。目前实践中，无论指引性规定中采用管理人、临时管理人还是引导人的名称，在职责方面并没有本质的区别，主要集中在调查债务人资产负债情况，监督债务人的经营与财产管理，协助各方引进投资人，协商谈判等事项。具体而言，主要包括三个部分，一是调查债务人企业的资产负债情况；二是监督债务人企业在预重整期间的经营；三是在预重整期间作为专业机构辅助推进预重整的程序性事项。如深圳的做法，[1]以及北京的做法等。[2]从上述两地的规定可以看出，其管理人或临时管理人的职能主要可以归纳为调查、监督、辅助三项。又如，无锡中院在中某文化预重整一案中将辅助机构定义为引导人，但职能范围与上述预重整期间管理人的职能范围基本相同。[3]

名称、产生方式的不同，以及职能范围的趋同，不仅反映出司法机关对辅助机构在职能定位上的认识，也反映了司法机关对于预重整前期介入的态度，进而反映出对预重整制度的理论基础与规范原则进一步厘清与明确的必要性。

（二）预重整辅助机构的法律性质与职能

管理人在美国破产法上被称为受托人（trustee），独立于法院而存在，

---

〔1〕 根据《深圳市中级人民法院审理企业重整案件的工作指引（试行）》第31条的规定，预重整期间管理人的职责为：（1）调查债务人的基本情况、资产及负债情况；（2）推动债务人与其出资人、债权人、意向投资人等利害关系人进行协商，引导各方就重整方案达成共识；（3）债务人继续经营的，监督债务人的经营。

〔2〕 根据《北京破产法庭破产重整案件办理规范（试行）》第36条的规定，预重整期间临时管理人职责为：（1）全面调查债务人的基本情况、资产负债情况、涉诉涉执情况；（2）执行案件移送破产重整审查的，应当及时通知所有已知执行法院中止对债务人财产的执行程序；（3）查明债务人是否具有重整价值和重整可能；（4）监督债务人履行本规范第38条规定的义务，并及时报告人民法院；（5）明确重整工作整体方向，组织债务人与其出资人、债权人、（意向）重整投资人等利害关系人协商拟定预重整方案；（6）根据需要指导和辅助债务人引进重整投资人；（7）根据情况向人民法院提交终结预重整程序的申请或预重整工作报告。

〔3〕 《关于无锡市中级人民法院同意公司预重整（以庭外重组成功为生效前提的重整申请）的公告》载明引导人职责为：（1）调查债务人的基本情况、资产及负债情况；（2）推动债务人与其出资人、债权人、意向投资人等利害关系人进行协商，引导各方就重整方案达成共识；（3）债务人继续经营的，监督债务人的经营。载深圳证券交易所-公告正文（szse.cn），2021年11月4日访问。

因此具有更强的独立地位。[1]受托人制度以信托理论为其理论基础，在这一信托关系中，信托人为破产人，信托财产为破产财产，受托人则为破产管理人，受益人则为所有债权人，破产管理人为受益人的共同利益而对破产财产进行管理与处分。[2]一般而言，美国重整中的债务人在程序启动后，原则上可以作为经管债务人或自我管理人、占有中的债务人（DIP），即同时具有债务人与管理人双重身份，指定管理人则系例外情形。在DIP模式下，管理人的职责基本上全部由债务人行使。[3]我国香港地区的整理计划制度中，基于《公司条例》进行的整理计划程序并没有辅助机构的规定，而在公司清盘状态下，则由清盘人负责程序的推进。[4]清盘人一般由破产管理署委任，如需要法院委任，则由债权人会议或分担人会议通过会议决定。[5]在英国的重组计划制度中，由债务人自行重组后申请法院批准。[6]当然，在重组计划程序中，基于债务人与债权人的合意，并不禁止双方共同委托辅助机构进行预重整的程序辅助工作。英国预重整管理程序中，债务人陷入困境后，可及时聘请专业的破产管理机构制定财产处置及重整方案，并与主要债权人进行协商。在方案达成后，申请启动重整程序。进入重整后，原破产管理机构则被任命为破产管理人。[7]日本的事业再生ADR程序中，最初辅助机构的主要职能由主债权人银行承担，主债权人在再生

---

〔1〕 参见李大何、李永军：《论破产法上债权人委员会的地位》，载《海南大学学报（人文社会科学版）》2011年第6期。

〔2〕 参见姜铄、丁燕：《试论我国破产管理人之民事责任》，载《广西政法管理干部学院学报》2021年第4期。

〔3〕 参见吴在存：《美国破产重整及管理人制度的考察与启示》，载《人民司法（应用）》2018年第28期。

〔4〕 参见《香港法例》第622章《公司条例》第668-677条及第32章《公司（清盘及杂项条文）条例》第227D条。

〔5〕 参见《香港法例》第32章《公司（清盘及杂项条文）条例第190-205条。

〔6〕 See Jennifer Payne, *Schemes of Arrangement, Theory, Structure and Operation*, Combridge University Press, 2021, p.301-328.

〔7〕 参见张艳丽：《破产重整制度有效运行的问题与出路》，载《法学杂志》2016年第6期。

计划的制定以及程序的推进中处于主导地位。[1]2008年11月，事业再生实务家协会（Japanese Association of Turnaround Professionals，JATP）[2]获得法务大臣与经济产业大臣的认定，事业再生ADR程序开始成为由专家参与指导的程序。[3]

在我国内地实践中，破产程序中的管理人由法院指定产生。而预重整中的辅助机构，则如前所述可分为五种产生方式，从性质上看，除第五种情形外，预重整中的辅助机构的性质带有职权主义色彩。

关于管理人的法律性质问题，有学者在详细比较了德国、日本及我国台湾地区的各种学说后，认为破产管理人的法律性质应介于代理说与职务说之间。[4]预重整制度是一个庭外谈判重组与庭内司法重整相结合的混合性程序，该制度之所以在困境企业挽救中受到青睐，在于其灵活性、效率性以及对企业信誉影响低等优势。在程序上，其与庭内司法重整最大的区别在于庭外重组阶段各方的自主协商与谈判。换言之，预重整制度存在的根本价值以及主要内容主要在于其庭外重组部分。但由于企业及债权人并不具备相应的专业能力，以及考虑对企业形成有效监督等因素，专业辅导机构的存在十分必要。在庭外重组阶段，辅导机构的职能，一是提供专业的服务，引导预重整各方推进程序，以便未来庭外重组阶段的成果可以在庭内司法重整阶段得到确认；二是以中立的视角进行监督，避免债务人可能出现的欺诈行为，从而使各方能够在信息对称的前提下，相互信任地进行谈判协商。因此，从法律关系上讲，辅助机构与债务人、债权人及其他利益相关者之间形成委托法律关系。辅助机构基于债权人与债务人的

---

〔1〕 参见［日］今川嘉文：《〈法庭外债务重组指引〉的框架》，崔延花译，载王卫国、郑志斌主编：《法庭外债务重组》（第1辑），法律出版社2017年版，第270-282页。

〔2〕 参见［日］清水祐介：《事业再生ADR的指引》，席修举、吴色君、陈景善译，载王卫国、郑志斌主编《法庭外债务重组》（第1辑），法律出版社2017年版，第283-297页。

〔3〕 参见［日］濑户英雄：《法庭外再生程序——事业再生ADR程序》，吴色君、席修举、芦超译，载王卫国、郑志斌主编：《法庭外债务重组》（第1辑），法律出版社2017年版，第262-269页。

〔4〕 参见汤维建：《论破产管理人》，载《法商研究（中南政法学院学报）》1994年第5期。

合意而产生，为债务人与债权人等提供专业的服务，辅助各方推进预重整中的各项程序。债权人与债务人等共同委托辅助机构协助处理与预重整相关的事项，辅助机构产生后，基于债权人与债务人的共同委托，为委托人的共同利益而履行自己的职责。

预重整的本质特征是以困境企业为中心的利益相关者之间，在现代契约理论框架下展开的一系列挽救困境企业的活动。在预重整庭外重组期间，辅助机构并非利益相关者，因而并不是必须参与的主体。但若债务人与债权人等并不具备专业的能力，以及相互之间并不信任，则可能阻碍预重整程序的推进。此时辅助机构的角色极为重要，一方面从专业的角度引导和辅助程序的推进，另一方面作为各方的共同代表，全面调查债务人的状况以便为谈判提供基础。同时，辅助机构还可以作为各方共同委托的代表，监督程序中各方的行为，特别是债务人在预重整期间对财产与营业事务的经营与管理，债务人向债权人及投资人等各方的信息披露等，从而使预重整程序在信息对称、合乎规范的条件下进行。比较其他国家及我国香港地区的做法，笔者认为，预重整中的辅助机构，其性质应当定位于基于债务人与债权人的共同委托，为债权人与债务人共同的预重整目标而服务的专业性中立机构或个人，只有在债权人与债务人自愿进行预重整而又无法就辅助机构形成合意时，才需要向法院申请由法院指定辅助机构。但指定只是产生的方式不同，并不影响辅助机构与债务人、债权人之间的委托代理关系以及辅助机构的职能。换言之，在意思自治原则下进行庭外谈判的理念在预重整中应当得到坚守，是否聘任辅助机构应由债务人和债权人等利益相关者共同决定，否则便与市场主体庭外自行协商重组的预重整性质相违背。〔1〕

目前，我国内地预重整实践的重庆做法中，直接采用了“辅助机构”的

〔1〕 参见徐阳光:《困境企业预重整的法律规制研究》，载《法商研究》2021年第3期。

名称，并在辅助机构职责的规定中弱化了公权力介入的色彩。《重庆市第五中级人民法院预重整工作指引（试行）》第21条规定：“预重整辅助机构应当履行下列职责：(一)协助债务人开展本指引第八条规定的工作；(二)调查债务人的基本情况；(三)监督债务人自行管理财产和营业事务；(四)协助债务人引入投资人；(五)定期向人民法院报告预重整工作进展；(六)向人民法院提交预重整终结工作报告；(七)人民法院认为预重整辅助机构应当履行的其他职责。”重庆破产法庭关于辅助机构聘任书的样式如图4-2所示。

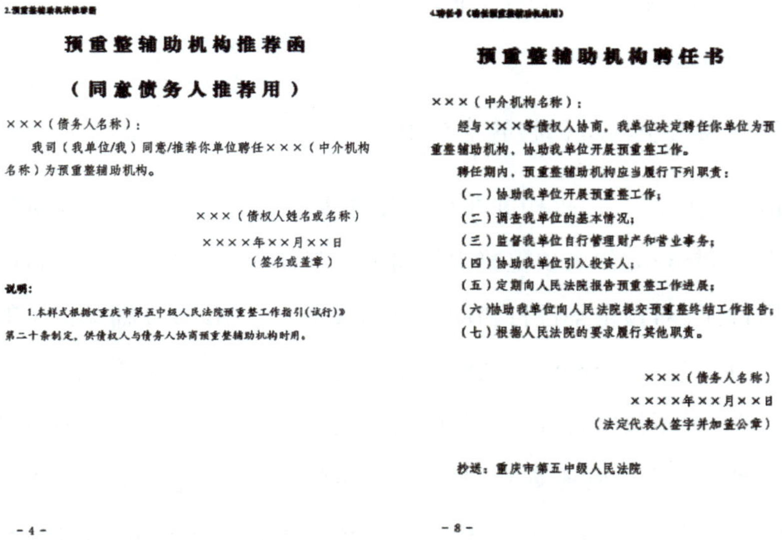

预重整辅助机构推荐函

（同意债务人推荐用）

×××（债务人名称）：

我司（我单位/我）同意/推荐你单位聘任×××（中介机构名称）为预重整辅助机构。

×××（债权人姓名或名称）

××××年××月××日

（签名或盖章）

说明：

1.本样式根据《重庆市第五中级人民法院预重整工作指引（试行）》第二十条制定，供债权人与债务人协商预重整辅助机构时用。

- 4 -

预重整辅助机构聘任书

×××（中介机构名称）：

经与×××等债权人协商，我单位决定聘任你单位为预重整辅助机构，协助我单位开展预重整工作。

聘任期内，预重整辅助机构应当履行下列职责：

（一）协助我单位开展预重整工作；

（二）调查我单位的基本情况；

（三）监督我单位自行管理财产和营业事务；

（四）协助我单位引入投资人；

（五）定期向人民法院报告预重整工作进展；

（六）协助我单位向人民法院提交预重整终结工作报告；

（七）根据人民法院的要求履行其他职责。

×××（债务人名称）

××××年××月××日

（法定代表人签字并加盖公章）

抄送：重庆市第五中级人民法院

- 8 -

图4-2　辅助机构聘任书样式示例

资料来源：重庆破产法庭：《预重整文书样式（第一批）》，载微信公众号“重庆破产法庭”2021年6月24日，https://mp.weixin.qq.com/s?__biz=MzIwNzM4NTQyNQ==&mid=2247499468&idx=1&sn=e109a44170575458bb08c3fc1bae1028&chksm=971198f2a06611e4726720de14a0ffb1d3599afff5036cb66a13afab264017e59f1580ebefd7&mpshare=1&scene=23&srcid=0919DUDuZAcr0sIY7WaNpaOQ&sharer_sharetime=1663563054483&sharer_shareid=5edf93c8fd489c71e404dd40b7bf2b26#rd。

该聘任书的内容中载明，经与债权人协商，决定聘任预重整辅助机构，协助开展预重整工作；聘任期内辅助机构主要履行协助、调查、监督三项基本职责，如协助开展预重整，资产负债调查，监督债务人经营等。聘任书的内容表明，辅助机构基于债务人与债权人的共同委托，作为受托人，代理债务人与债权人完成预重整相关事务。债权人则书面同意或推荐债务人聘任的中介机构为预重整期间辅助机构，体现了债权人与债务人协商一致形成合意，对聘任辅助机构意思自治的过程。结合上述重庆地区的指引性规定，聘任书的内容反映了预重整庭外重组阶段由各方主体基于其自身需求聘任辅助机构的特征。辅助机构的职责通过债务人与债权人委托的方式进行明确，体现了债务人与债权人自治的特征。重庆地区的做法对于目前我国内地预重整制度中辅助机构的定位与职能，积累了较好的实践经验。

（三）预重整辅助机构的产生方法

预重整中的辅助机构并非仅是债务人的代表人，也不仅是债权人的代表人，而是独立代表预重整中的债务人与债权人，基于预重整自由谈判的性质特征，对预重整进行辅助的机构或个人。因此，在辅助机构的产生方法上，应当区别于庭内的司法重整。美国作为预重整的发源地，在预重整程序中，并不指定管理人或临时管理人，甚至重整程序中一般也由债务人自行管理财产与营业事务，只有在特定的情况下，才任命管理人对企业进行管理。〔1〕而在英国预重整典型案例DKLL Solicitors V HM Revenue & Customs中，公司及其股东在没有法庭监督的情况下任命管理人。这一案例使预重整在英国兴盛起来，预重整中管理人可以在庭外程序中被任命，并且可以在没有债权人和法院监督的情况下出售公司资产。〔2〕从这一案例可以看出，英国预重整程序中的辅助机构并非由法院指定，而是由债务人

---

〔1〕 美国重整案件中，债务人企业往往采取DIP模式自行管理，只有在经管债务人存在欺诈、缺乏诚信、无法胜任等事由，或为债权人、股东或其他利害关系人利益需要等情况下才指定管理人。在特定情况下未指定管理人也可指定监督人对债务人进行调查。See 11USCA§1104.

〔2〕 参见张海征、金晓文：《浅析英国破产法上的预重整制度》，载《全国商情（理论研究）》2012年第7期。

及其股东在庭外程序中直接任命。在香港的整理程序中，除非在清盘程序中运用这一程序，单纯的整理程序并未规定辅助机构的指定问题。[1]如企业自主进行的整理程序，则可自行聘请相应的专业机构辅助推进各项程序。上述国家和地区的做法虽然与不同的破产文化有关，但都反映了预重整甚至重整这一程序中以私法自治、自我挽救为核心的理论基础。预重整作为以灵活性、效率性以及对企业影响小为主要优势的困境企业早期挽救制度，在辅助机构的产生上，应当遵循市场主体自身的意愿，由市场主体在协商的基础上共同聘任。对于庭外重组阶段的监督，则可通过进入庭内司法重整程序时的程序与实体审查进行规制，以保障利益相关者的权益公平实现。

目前，实践中由法院或政府指定预重整辅助机构的做法，与预重整自由协商、谈判重组的法律性质存在冲突。[2]从理论框架层面看，预重整庭外重组阶段，各利益相关者进行谈判并对自己的权利进行处分，在总体上对权利义务进行重新安排。在规则明确、信息对称、能力匹配的情况下，无须辅助机构的介入即可进行。当事各方在完全意思自治的前提下，按照明确的预重整规则进行谈判达成协议，最终形成预重整方案并征集意见，都是相关主体处理私法上的权利的过程，并不需要亦不适合由公权力提前及过度介入，否则预重整将与庭内司法重整无异。而在当事各方以自身能力无法进行充分有效的谈判，需要借由辅助机构来提供协助、引导、监督他方等专业服务时，可依其意志进行协商，自主决定委托或聘任辅助机构参与预重整庭外重组程序，此时辅助机构系受债务人、债权人等的委托，协助推进预重整各项程序的中立机构，而非公权力指定的管理人。从司法或行政角度而言，在庭外重组阶段应当减轻或避免在辅助机构确定中的职

---

〔1〕 参见《香港法例》第622章《公司条例》第668－677条及第32章《公司（清盘及杂项条文）条例》第227D条。

〔2〕 参见徐阳光：《困境企业预重整的法律规制研究》，载《法商研究》2021年第3期。

权主义色彩。

四、预重整庭外谈判重组阶段的规范原则

预重整庭外谈判重组是市场主体对其自身权利的处分，属于私法自治的范畴，应当遵循契约自由的原则。在预重整的程序运行中，需确立一定的规则，方能符合预重整庭外重组中私法自治的理论基础，并保障预重整庭外重组中的契约谈判、预重整方案的制定与表决/意见征集等程序中真正的契约自由。因此，预重整庭外谈判重组中体现契约自由的具体规范原则为：预重整启动自由、期限自治；预重整中债务人自行管理财产与营业事务；预重整不产生自动中止等法律效力；预重整庭内外程序中意思表示推定一致；预重整庭外重组程序可逆。

（一）预重整启动自由、期限自治

"每个人是他自己幸福的最好仲裁者。"〔1〕一方面，作为以庭外谈判重组为核心内容的程序，预重整的启动应当由市场主体自行决定，而不应由行政权或司法权决定。预重整庭外重组的期间，亦应由当事人自行协商确定。〔2〕预重整作为困境企业早期挽救制度，与庭内司法重整的区别在于其灵活性与效率性以及对企业声誉的保护。当企业遭遇困境时，能够及时启动挽救程序对企业进行挽救，最大化地维护债权人等利益相关者的权利，是企业能够救治成功的关键。实践中，很多企业在寻求救治程序的帮助时已经"病入膏肓"，即使是庭内司法重整也已是"勉为其难"。究其原因，一是与企业破产预防和挽救的观念不强有关，破产对企业信誉的影响使市

---

〔1〕［美］罗斯科·庞德：《普通法的精神》（中文修订本），唐前宏、廖湘文、高雪原译，法律出版社2010年版，第136页。

〔2〕参见王欣新：《建立市场化、法治化的预重整制度》，载《政法论丛》2021年第6期。

场主体“谈破色变”，对于破产避之唯恐不及，只有在走投无路时，才愿意申请进入破产程序进行债务清理与企业救治；二是与重整程序的启动门槛高有关。如果预重整需由法院或政府同意方可启动，必然使预重整与庭内司法重整无异，与预重整的核心特征背离，失去制度的优势及存在的必要性，对企业尽早挽救极为不利。

早在2007年《企业破产法》实施之前，就有学者提出，在企业适用重整的条件方面，如果成为“计划重整”，则严重背离了破产的私法精神。[1]目前实践中，预重整启动方式上，除部分地区规定了破产申请前的预重整可由债务人与债权人等自行庭外重组后申请法院确认，[2]其他主要分为两种方式：一种是政府决定启动，由政府基于企业的情况决定对企业是否启动预重整，如温州、珠海；另一种是法院决定启动，即由法院对申请人的申请经审查后决定是否启动，且大多对适用预重整的企业资格作了规定，如深圳、北京、上海等地的指引性规定，均由人民法院进行审查后决定。这种启动方式使预重整无法发挥其早期挽救困境企业的作用，失去了其灵活性、效率性、对债务人影响小等优势。《美国破产法典》第11章的适用中，未对企业作出任何限定，任何一家美国公司均可提起重整申请，且为了鼓励企业及早启动挽救程序，企业无须达到失去清偿能力的界限时即可提起申请。[3]英国的重组计划制度中，并未规定企业达到破产条件方可启动这一程序，无论企业的财务状况如何，都可以使用重组计划，包括有偿付能力而没有任何财务困境迹象的企业。[4]日本的庭外事业再生ADR程序中，对于债务人资格条件亦未作出限制，陷入困境的企业只要有一定的再生可

---

〔1〕 参见李永军:《重申破产法的私法精神》,载《政法论坛》2002年第3期。

〔2〕 参见《重庆市第五中级人民法院预重整工作指引(试行)》第二部分。

〔3〕 参见戴治勇、贾小兵:《破产法研究综述》,载《光华法学》2008年第2辑。

〔4〕 See Jennifer Payne, *Schemes of Arrangement, Theory, Structure and Operation*, Combridge University Press, 2021, p.318.

能，并愿意根据程序主导人的意见，按照规则进行挽救即可。[1]鉴于目前我国内地司法重整程序的适用主体为企业法人，从困境企业挽救的目标出发，要实现对仍有营运价值的困境企业及时挽救，从而实现利益相关者权益的最大化保障，应该尽可能给予困境企业以挽救的机会。对于预重整而言，只要符合企业法人的主体资格，可以在出现危机或者危机苗头时，及时启动预重整，及早追求并实现资产价值最大化，实现企业重生，从而使债权人等利益相关者的权益得到最大化保障，社会整体利益得以维护。

另一方面，在预重整的期限上，有学者提出对预重整中谈判、投票等时间期限应当予以规范与缩短性控制。[2]目前实践中看，各地规定各有不同，缺乏统一，给实践带来了困惑。笔者列举部分地区的规定情况，详见表4–2。

表4–2　预重整期限规定

期限	地区
6个月+3个月	温州、南京
6个月+1个月	眉山
5个月+1个月	陕西
3个月+3个月	青岛
3个月+2个月	成都
3个月+1个月	深圳、广州、重庆等
37天+30天+30天	上海
未规定	北京、厦门等

不难看出，各地关于预重整期限的规定的差异主要体现在，一是对于是否应当规定期限观点不一；二是规定期限随意性较大，缺乏规则。这一现象反映出由法院或政府限定预重整期限，不仅缺乏理论上的基础，也给实践带来困惑。究其原因，与目前各地对预重整一般由司法或行政提前或

〔1〕 参见［日］清水祐介：《事业再生ADR的指引》，席修举、吴色君、陈景善译，载王卫国、郑志斌主编《法庭外债务重组》（第1辑），法律出版社2017年版，第283–297页。

〔2〕 参见张艳丽：《破产重整制度有效运行的问题与出路》，载《法学杂志》2016年第6期。

过度介入的背景有关。既然公权力介入预重整庭外重组程序，则作为程序规范必然对其期限有所要求。事实上，既然是庭外自行谈判重组，庭外谈判的期限完全可以由市场主体在"无形之手"的调控下自行决定，无须强制设定。[1]预重整的核心特征是庭外的契约性谈判重组，市场主体在意思自治的前提下进行谈判，如果限定时间，则与私法自治的原则相悖，不利于市场主体自由谈判的内在要求。市场主体完全可以基于自身的处境、谈判的迫切性等综合判断后约定谈判的期限，从而使预重整的期限更具有针对性，并能够切实督促各方在意定的时间内及时开展谈判与挽救的努力。

（二）预重整中由债务人自行管理财产与营业事务

预重整中由谁管理财产与营业事务，体现的是对预重整这一制度功能与性质的认识。如前所述，预重整中的公司治理结构，从经济学层面与法律上利益平衡的角度来说，由债务人对企业进行经营管理、债权人监督的机制显然有利于企业的挽救与各方利益的保障。常态下由债务人对企业进行经营管理，可以起到鼓励市场主体在出现危机时及时启动重整、尽早挽救的作用。[2]在私法自治、契约自由原则之下，基于早期挽救的需要，由债务人自行管理财产与营业事务，将有利于债务人消除顾虑，在企业出现困境时及时启动预重整程序。而基于契约性重组的本质特征，将有利于提高债务人与债权人等利益相关者谈判的积极性。"法律的政策取向应该是尽力拯救有复兴希望的企业；积极拯救企业是符合各方当事人的根本利益的。"[3]因此，由债务人自行管理财产与营业事务符合预重整的制度价值与性质特征。

美国重整中任命受托人的情形非常少，通常由企业原管理层管理与掌

---

〔1〕 参见王欣新：《预重整的制度建设与实务辨析》，载《人民司法》2021年第7期。

〔2〕 参见张亚楠：《完善我国破产保护制度的若干思考》，载《政治与法律》2015年第2期。

〔3〕 王卫国：《论重整企业的营业授权制度》，载《比较法研究》1998年第1期。

控重整程序。[1]预重整系由债务人在庭外主导，债务人并不丧失对其财产与营业事务的管理权。在进入正式的重整程序之前，法院并不介入债务人企业的经营行为，债务人管理层仍保有控制权，故可根据企业挽救需要及时灵活地决定企业的经营。[2]英国的整理计划程序是由债务人管理企业的程序，企业的经营控制权仍由债务人掌握，[3]因而可以更为灵活与及时地选择企业挽救的时机，有利于营业的继续进行，也有利于激励债务人积极主动解决问题。日本庭外事业再生ADR程序中，企业一边继续营业，一边与金融债权人进行协商谈判，从而避免了营业事务的信誉受损。[4]预重整中，强调由债务人主导预重整的各项程序，而不是指定管理人接管债务人企业。[5]我国内地的预重整实践中，关于企业经营控制权的做法较为一致，大部分未规定由临时管理人等辅助机构接管企业财产与营业事务，而是规定辅助机构对债务人的监管职责，可以解释为仍由债务人自行管理财产与营业事务，辅助机构负责监督。但目前各地的指引性规定中，关于发挥债权人委员会监督作用的体现并不明显。从实践来看，无论是从维护自身利益的角度出发，还是从实践做法来看，设立债权人委员会监督机制更为必要与有效。如中国二重庭外重组期间，在债务人保持对企业控制的同时，正是金融债委会发挥了重要的作用，使庭外谈判有效进行并高效达成了重组计划。[6]因此，我国内地预重整制度运行中，庭外重组阶段由债务人自行对企业进行经营管理，并由债权人委员会对其进行监督，从而相互制衡，

---

〔1〕 参见许胜锋：《重整中债务人自行管理制度价值及风险的实用性研究》，载《中国政法大学学报》2017年第3期。

〔2〕 参见胡利玲：《论困境企业拯救的预先重整机制》，载《科技与法律》2009年第3期。

〔3〕 See Jennifer Payne, *Schemes of Arrangement, Theory, Structure and Operation*, Combridge University Press, 2021, p.274.

〔4〕 参见［日］清水祐介：《事业再生ADR的指引》，席修举、吴色君、陈景善译，载王卫国、郑志斌主编《法庭外债务重组》（第1辑），法律出版社2017年版，第283–297页。

〔5〕 参见王欣新：《以破产法的改革完善应对新冠疫情、提升营商环境》，载《法律适用》2020年第15期。

〔6〕 参见李曙光：《重整审判的市场化案例标本——评二重破产重整案》，载李曙光、刘延岭主编：《破产法评论》（第1卷），法律出版社2018年版，第515页。

不仅能够促进企业遭遇危机时及时启动挽救程序，也可使债权人等利益相关者的权益得到保障，更好地促进预重整制度的运行。

（三）预重整不产生自动中止等强制效力

预重整庭外重组系债务人企业与债权人及其他利益相关者进行契约谈判的过程，这一过程基于当事人之间的意思自治进行，如果需要以司法强制力保障对债务人的自动中止执行、停止计息等，则完全可以通过申请庭内司法重整实现。基于契约自由原则，在庭外重组期间，债权人可以通过债权人委员会协议等方式，暂缓对债务人申请执行，以便给予债务人与债权人谈判的空间，促进谈判的成功。从另一方面讲，如果给予债务人以执行中止，停止计息等效力，则极有可能导致债务人滥用这一制度工具，拖延时间，从而导致对债权人利益的损害。基于预重整的契约本质，在庭外谈判重组期间，以私法自治之契约自由原则为主线，不赋予中止执行、停止计息等法定效力，有利于债务人尽早启动预重整程序，从而使预重整对困境企业早期挽救的制度优势能够充分实现。

目前我国内地关于预重整是否产生自动中止的效力，各地做法不同。有的直接规定预重整中可以中止执行程序，有的则倡导协商，有的未作规定。即便规定了自动中止条款，由于仅是地方性的指引性文件，缺乏法律上的依据，在实践中也难以得到执行，大多仍需要通过协商解决。笔者列举部分地区代表性规定，详见表4-3。

表4-3　各地预重整指引中关于自动中止的规定情况

规定	地区
中止执行	深圳等
执转破案件中止执行	北京、广州等
辖区内法院中止执行	成都等
协商中止执行	重庆、苏州吴中区等
未作规定	上海、南京、厦门等

英国庭外重组的“伦敦规则”中，贷款银行可协议停止向债务人催债，期限一般在1～2个月，[1]从而使债务人获得一个“喘息”的机会，便于对资产负债进行调查与清理，并进行谈判制定重组计划。我国内地金融债委会的工作规则中，也可以通过协议约定对债务人暂不执行，达到暂时中止执行的效果。实践中的做法为预重整规则提供了有益的借鉴。基于预重整的制度特征，预重整期间自动中止、停止计息、解除保全等强制性措施虽然缺乏理论基础与法律依据，但仍可由债权人通过协议的方式在一定期间内自动中止，给予债务人一定的“喘息”时间，以便与债权人等利益相关者进行谈判，从而提高预重整的挽救成功率。

（四）预重整程序中庭内外意思表示推定一致

预重整庭外重组程序中，债务人就预重整方案对利益相关者组织表决或征集的意见，进入庭内司法重整程序后，在方案没有实质性改变，且债权人、出资人等利益相关者的程序权利如知情权、投票权等获得了保障的前提下，参与表决或意见征集者的意思表示在庭内程序中推定为与庭外意见一致，无须再次表决。当前我国内地预重整实践中，各地的做法不一，部分法院规定了庭外表决效力在庭内的延伸；也有部分法院规定了庭外征求意见时需设立禁反言条款，在信息披露充分的情况下，同意意见的效力延伸至庭内阶段；也有地方对庭外重组期间表决的效力未作出规定。笔者列举部分地区代表性规定见表4-4。

表4-4　各地预重整指引中关于庭内外意思表示效力的代表性规定

规定	地区
推定一致	北京、深圳、广州、南京等
设置禁反言条款	苏州吴中区等
未作规定	成都等

---

〔1〕 参见张海征：《英国破产重整制度及其借鉴》，载《政治与法律》2010年第9期。

在预重整发源地美国，利益相关者在预重整庭外重组中接受或拒绝的意见，在符合信息披露规则等特定条件下，启动庭内程序后仍然有效。[1]应该说，预重整庭外重组中表决的效力在庭内推定一致是契约自由原则的应有之义。在私法自治领域，行为人之所以受契约的约束，是因为契约系依其自由意志而作出。对于在契约自由原则下所作出的意思表示，在实质条件未改变，程序权利得到保障的前提下，行为人应受其意思表示约束。因此，预重整中无须设置禁反言条款，在庭内司法重整阶段，债权人等利益相关者的意见应当推定与庭外重组中所作出的意思表示一致。

（五）预重整庭外重组程序可逆

预重整不成功的法律后果，直接影响预重整的启动及前期的程序运行。预重整由庭外谈判重组程序与庭内司法重整程序两个阶段组成。与单纯的司法重整程序的不可逆性不同，基于私法自治、契约自由的原则，预重整庭外谈判重组如不成功，并不必然导致宣告破产的法律后果。目前，我国内地的预重整指引中，关于预重整不成功法律后果的规定各有不同。基于预重整系由两个程序结合而成的制度构造，预重整不成功分为两种情形：一是未能形成预重整方案或预重整方案未能征集到债权人等利益相关者的同意意见等；二是预重整方案未能得到法院确认。

目前，我国内地司法实践中对于预重整失败的法律后果的规定，代表性的做法主要有四类：第一类是不直接转入破产清算程序，具备破产原因的，告知申请人另行提出主张。以深圳的做法为代表。第二类是经审查预重整不成功，则裁定不予受理重整申请，但未明确不予受理即转入破产清算。以北京的做法为代表。第三类是经审查预重整不成功，则裁定不予受理重整申请。具备破产原因的，相关主体另行提出申请。以南京的做法为

〔1〕 See 11USCA §1126(b).

代表。与深圳的做法类似，但不同点是没有规定在具备破产原因的情况下，向申请人释明的环节。第四类是已转入庭内重整程序的适用庭内重整程序的规定；预重整申请转入庭内重整时裁定不予受理的，未规定不予受理后的处理。以重庆的做法为代表。部分地区代表性规定见表4-5。

表4-5 预重整庭外谈判重组不成功的法律后果代表性规定统计

法律后果	代表地区	规定要点
不直接转入破产清算程序；具备破产原因的，告知申请人另行主张	深圳	裁定不予受理的同时，债务人具备破产原因的，可以告知申请人依法提出破产清算申请
未明确不予受理后的处理	北京	法院在收到预重整工作报告后，在法定期限内作出是否受理重整申请的裁定
不直接转入破产清算程序，具备破产原因的，相关主体另行申请	南京	裁定不予受理后，债务人具备破产原因的，相关主体可另行提出破产清算申请
破产申请前的预重整：对已经裁定进入重整程序的适用重整程序相关规定	重庆	重整计划草案未获表决通过且未获批准，或者已通过的重整计划未获批准的，法院应当裁定终止重整程序，并宣告债务人破产
破产申请审查阶段的预重整：预重整申请转入庭内重整时裁定不予受理的，未规定不予受理后的处理		预重整辅助机构未按规定期限提交预重整终结工作报告的，法院裁定不予受理重整申请

资料来源：《深圳市中级人民法院审理企业重整案件的工作指引（试行）》第40条；《北京破产法庭破产重整案件办理规范（试行）》第45条；《南京市中级人民法院关于规范重整程序适用 提升企业挽救效能的审判指引》第29条；《重庆市第五中级人民法院预重整工作指引（试行）》第18条、第24条。

从上述代表性规定来看，内地实践中一般赋予预重整庭外谈判重组程序相对独立的地位。预重整庭外重组期间，各方之间进行谈判协商，在最终能够达成平衡，制定预重整计划方案的前提下，征求债权人及出资人的意见或直接进行表决，将庭外重组的结果申请法院予以审查批准。一种情形是如果债务人启动预重整后，各方未能谈判成功并达成协议，如未能招募到投资人、未能与主要债权人就债权调整及清偿达成一致、主要财产遭到执行、企业生产经营难以为继等，则预重整无法获得成功。另一种情形是虽然债务人与主要债权人、投资人等经过谈判达成了预重整方案，但方案未能获得任何一个债权人组别的表决通过，此种情形下显然也无法申请法院予以审查批准，预重整失败。由于该阶段属于预重整庭外谈判重组程序，尚未启动庭内司法确认程序，前期对于债权人亦未停止计息、中止执行，因而并未对债权人的利益造成根本的影响，这一阶段的预重整失败并不导致企业走向宣告破产的法律后果。此时债务人仍可另寻企业挽救方法，或直接申请进入破产程序。因此，预重整由庭外谈判重组程序转入庭内司法重整程序之前，程序应为可逆，仍可由企业与市场主体自行决定，而并不必然导致宣告破产的结果。

关于预重整进入庭内司法重整后不成功是否可逆的问题，联合国贸法会立法指南第91条规定中认为，鉴于简易重整程序可能并不涉及全部的债权人，因此，在计划经批准但执行不能的情况下，虽然一般认为后果与庭内司法重整程序的法律后果相同，但由于企业可能在并不符合破产重整启动程序的情况下启动简易重整程序，其法律后果似乎应由债权人自行处分其法定权利。〔1〕笔者认为，联合国贸法会立法指南的上述规定从理论上看确有必要。但我国内地目前破产重整程序启动的标准有三类，即资不抵债、缺乏清偿能力以及缺乏清偿能力的可能，〔2〕实践中预重整的启动条件与司法重整的启动条件并无差别。在此情形下，预重整进入庭内司法重整后不成功由债权人再次提出破产清算申请或破产重整申请，显然是违背了效率原则，不利于对债权人权利的保护，亦是对司法资源的浪费，故在法院对预重整计划不予批准，或经法院裁定批准的预重整计划不能执行的情况下，以适用重整不能的法律后果为宜。当然，在庭外重组期间未能获得全部组别通过的情况下，在庭内仍可对预重整方案进行再次协商、表决。

---

〔1〕 参见联合国国际贸易法委员会：《破产法立法指南》（中文版），2006年版，第216页。
〔2〕 2007年《企业破产法》第2条。

但如果在庭内司法确认程序中，重整方案最终无法获得法院批准或批准后无法执行，则法律后果与庭内司法重整相同，即宣告该企业破产，从而走向破产清算程序，在清理资产、清偿债务后注销企业。

通过上述分析不难看出，预重整本质上主要是一个契约性谈判重组的程序，通过利益相关者之间的契约谈判与利益博弈，形成最大公约数，即大多数人能够接受的方案，以此为基础制定预重整方案并进行表决或意见征集，从而实现一个共同的目标，即通过挽救企业而实现与企业利益相关的所有主体权益的最大化保障。这个过程不仅体现了预重整制度社会本位的根本理念，也体现了预重整制度规范基础之私法自治——契约自由原则。在此规范基础之上，预重整庭外重组期间应遵循预重整启动自由与期限自治、预重整中债务人管理财产与营业事务、预重整不产生自动中止等强制效力、预重整庭内外程序中意思表示推定一致、预重整庭外重组程序可逆等具体规范原则。在这些规范原则下，所有利益相关者从其内在需求出发进行讨价还价与利益博弈，并最终决定是否接受方案的安排，从根本上体现了社会本位价值理念下预重整制度的契约本质与制度优势。

第五章　预重整制度规范基础之公权规制
——契约实质正义原则

私权的生存与发展离不开公权的规制。[1]通常情况下，法律在对个体及微观权益与秩序的维护中追求公平正义，但社会整体利益天然缺乏利益主体，需要公权力对其进行调整，因而将社会利益放在第一位的重整制度，必然需要国家公权力的规制。[2]"规制"一词是经济法上的词汇，包括了禁止、限制、强制、惩罚等措施。[3]预重整中的公权规制指的是公权力基于其自身职能，对预重整的程序及实体内容行使规范、限制、审查、批准等权力，保障预重整制度的规范运行，并使预重整计划具有强制效力，从而实现对困境企业的早期挽救，维护社会整体利益，保障预重整当事人公平实现其合法权益。

一、公权力的法律属性及与预重整制度的关系

亚当·斯密将市场比喻为一只"看不见的手"，引导经济活动达到最佳状态，从而使资源发挥其最大化的价值。[4]但随着20世纪30年代西方国

---

〔1〕 参见南岭：《私权的公权规制与公权的私权介入》，载《开放时代》1999年第2期。

〔2〕 参见杨忠孝：《论破产重整程序的正当性》，载《公司法律评论》2007年卷，第197-198页。

〔3〕 参见薛克鹏：《规制的经济法属性及构成要素——〈民法典〉背景下的经济法理论变革》，载《现代法学》2022年第3期。

〔4〕 See Lee Coppock & Dirk Mateer, *Principles of Macroeconomics*, W. W. Norton & Company, 2018, p. 72.

家的经济衰退，资源出现了大量的闲置，而失业却大量增加，凯恩斯主义应运而生。凯恩斯认为，市场机制本身无法解决需求与供给的完全均衡，对市场完全的放任将导致其失灵，因此必须依靠国家对经济活动进行干预。〔1〕市场基于社会分工及商品生产所产生，而其形成的根源是人们基于自身需要导致产生商品交换的需求。人们通过对自身需求的满足，使社会资源的价值得到最大化的发挥。然而这样的市场假设前提是所有市场中的主体都是理性的，能力相当的。但随着经济的发展，市场并不总按照人们的意愿去发展，而逐渐出现了分化，进而出现失灵。所以在市场发展的过程中，仍然需要公权力进行调控，以保障市场的有效性。简言之，市场的本质是通过交换使社会中的各种资源充分发挥其价值，进而实现价值最大化的过程。市场的形成，为经济主体在遵循一定规则的前提下，自由地实现其自身经济价值提供了场所和机会。在市场经济中，市场主体自由发挥其作用及价值，通过自律以及法律的规制实现自身的目标；同时，国家通过对经济的宏观调控，避免市场的失灵。

市场经济就是契约经济。〔2〕在市场中，供给与需求是推动市场经济不断运行的力量。〔3〕市场经济运行中，市场主体在市场中遵循其自身意志进行经济活动，完成供给与需求的相互交易，才能充分发挥市场在资源配置中的作用，从而促进经济效率的提升。供给与需求实质上是指人们在市场上相互交易时所发生的行为，而某种物品或劳务的买方与卖方构成了市场。〔4〕因此，市场经济本质上就是市场通过供给与需求的交换，决定资源配置的经济。市场是经济发展中的决定要素，首先由市场主体依据其自身

---

〔1〕 参见张远超、孟祥仲主编:《宏观经济学》，经济科学出版社2006年版，第251页。

〔2〕 参见王利明:《契约精神与法治社会》，载王利明:《法平如水——一位法学家的思想随笔》，中华书局(香港)有限公司2016年版，第24页。

〔3〕 参见[美]N.Gregory Mankiw:《经济学原理》(原书第3版)，梁小民译，机械工业出版社2003年版，第56页。

〔4〕 参见[美]N.Gregory Mankiw:《经济学原理》(原书第3版)，梁小民译，机械工业出版社2003年版，第56页。

的供给与需求的内在动力进行交易，才是市场发展的根本规律。

当然，市场不是一个独立的存在，它需要公权力与市场进行完美的结合，也就是国家要进行适当的管理，让“看不见的手”和“看得见的手”协同作用，使市场保证其有效性。对于国家的适当管理而言，行政权和司法权都是必不可少的要素，但各自的侧重点不同，不能混淆。[1]“行政权是执行法律权，积极主动行使，具有塑造性。司法权是适用法律权，消极被动实现，具有确认性。”[2]这两类权力都是基于维护社会公共秩序与公共利益的需要，从国家层面对社会进行调整。在市场化发展的过程中，公权力是一只“有形的手”，在“无形的手”对市场调控失灵的情况下进行调控或者预先进行调控，从而保障市场的有序运行。

预重整制度作为市场经济中的困境企业挽救制度，包含了庭外谈判重组与庭内司法确认两个阶段，其本质是契约性重组与司法干预的结合。[3]预重整的完美运行，同样需遵循市场在资源配置中起决定作用的规律。企业与利益相关者在社会本位价值理念引领下基于契约自由原则进行谈判，就预重整中所涉投资人引进、债权清偿等问题达成协议或者实质性的意向，在此基础上形成整体的预重整方案。但众所周知，预重整企业面临财务困境，各利益相关者围绕企业剩余财产的权益需求难以全部得到满足。为了在有限的条件下实现对企业的有效挽救，从而使所有利益相关者权益遵循一定的次序实现最大化的保障，契约谈判过程中不仅要考虑个体利益，还要考虑群体利益；不仅要考虑单一群体利益，还需考虑其他群体利益；不仅要考虑利益相关者自身利益，还要考虑社会公共利益。预重整制

---

〔1〕 参见［美］R.M.昂格尔：《现代社会中的法律》，吴玉章、周汉华译，译林出版社2001年版，第171页。

〔2〕 黄启辉：《行政救济构造研究——以司法权与行政权之关系为路径》，武汉大学出版社2012年版，第2页。

〔3〕 参见胡利玲：《预重整的目的、法律地位与性质——基于对我国预重整地方实践的反思》，载《东方论坛》2021年第4期。

度的本质是契约性重组，在符合一定条件的情况下由法院通过法定的程序对契约性重组的成果进行确认。在预重整运行的过程中，政府的行政权同样需要履行服务、管理等职能。那么，在预重整制度运行中，公权力应当如何介入，介入的边界和限度应当如何把握？在我国内地，学界对于预重整运行中行政权与司法权的过度介入多有质疑与批评。[1]这样激烈碰撞现象的存在，不得不说与实践中对预重整制度价值理念、理论基础的认识模糊有关。作为以社会本位为价值理念的困境企业挽救制度，基于社会整体利益维护的目标，一方面，市场主体在庭外重组中遵循契约自由原则进行谈判时，应以挽救企业，使企业获得重生为目标，从而分享企业重生带来的利益，使自身的权益保护实现最大化；另一方面，当市场主体之间无法完全达成一致意见而企业仍有挽救价值与希望时，需要司法强制力予以干预，审查预重整方案是否符合契约实质正义的要求，从而使利益相关者的多数决能够发生效力，甚至在没有达到全部组别通过的情况下仍可使预重整方案发生效力。相反，即使全部组别通过，在方案违背了社会本位价值理念下的契约实质正义要求时，通过公权力干预，不确认其法律效力，以维护市场经济的整体健康发展。与此同时，作为市场经济发展的重要保障，在企业挽救的过程中，还需要政府的参与，提供有别于常态下市场主体的规范配套政策与行政管理。预重整是意思自治的契约谈判及对契约进行规制相结合的制度。[2]因此，既要有契约自由，也要对契约自由进行规制。个体权利是公权力的来源与基础，也是公权力行使的边界所在。[3]无论是行政权还是司法权，公权力介入体现的是对市场主体自由谈判的维护及自由滥用的限制，规制的边界应当是对预重整社会本位价值目标的坚

---

〔1〕 参见王欣新：《预重整的制度建设与实务辨析》，载《人民司法》2021年第7期；胡利玲：《预重整的目的、法律地位与性质——基于对我国预重整地方实践的反思》，载《东方论坛》2021年第4期；徐阳光：《困境企业预重整的法律规制研究》，载《法商研究》2021年第3期。

〔2〕 参见王佐发：《公司重整的契约分析》，中国政法大学2008年博士学位论文，第4页。

〔3〕 参见陆晓燕：《"市场化破产"的法治内蕴》，法律出版社2020年版，第50页。

守，对契约实质正义的追求。

规制的前提是承认企业及所涉各利益相关者之间的契约自由，但契约自由绝不是任意绝对的自由。“契约自由应受限制，系事理之当然。”〔1〕正如前述“威尼斯商人”的故事一般，契约的实质正义是现代契约理论中必须正视的问题。在今天看来，契约并不必然等同于正义，因为契约自由有可能被滥用。法律在鼓励人们广泛实践契约交易的同时，也要限制那些有损社会公共利益的行为。〔2〕重整制度中，私权本位与社会本位相互调合。〔3〕预重整作为一个困境企业挽救制度，从社会本位出发，得对契约自由进行限制，从而公平维护所有利益相关者的权利，同时也促进与助力企业的重生，实现对社会整体利益的维护。

然而，“一切有权力的人都容易滥用权力，这是万古不易的一条经验”，〔4〕因此，预重整中对契约自由的规制，还需要防止公权力的滥用。在公权力对契约自由进行干预与市场主体私法自治之间应当形成合适的张力与有机的结合。〔5〕因此，我们需要找到公权力规制与私法自治之间的最佳结合点，以使这一制度能够充分发挥活力，得到真正市场化的运行，实现制度的初衷与价值。

（一）行政权的法律属性

行政权是行政机关依照行政法律规范组织和管理社会公共事务，维护社会公共利益和公共秩序的权力。〔6〕现代社会中，政府的核心职能是对

---

〔1〕 王泽鉴：《台湾的民法与市场经济》，载《法学研究》1993年第2期。

〔2〕 参见王利明：《人文主义和契约精神——〈威尼斯商人〉读后感》，载王利明：《法平如水——一位法学家的思想随笔》，中华书局（香港）有限公司2016年版，第25-30页。

〔3〕 参见王卫国：《论重整制度》，载《法学研究》1996年第1期。

〔4〕 ［法］孟德斯鸠：《论法的精神》（上），张雁深译，商务印书馆1961年版，第154页。

〔5〕 参见胡利玲：《破产重整制度之审思》，载《中国政法大学学报》2009年第4期。

〔6〕 参见赵永行：《论行政权与司法权的关系》，载《现代法学》1997年第5期。

社会的服务与管理。〔1〕在市场经济社会中，对资源配置起决定性作用的是市场，政府应当保持谦抑与克制，首先由市场发挥作用，只有在市场不能发挥作用或作用不足时，政府才运用公权力予以干预。因此，我们可以看出，政府的职能仅限于提供公共服务，以及对市场自身不足进行规制与调控。〔2〕在这个过程中，社会成员通过市场调节和契约机制自主地进行选择和相互交往，而政府则是以社会为取向进行管理与服务，从而实现政府作用和社会自主之间的平衡。〔3〕

关于政府在市场经济发展中的职能，经历了理论的变迁。著名经济学家钱颖一认为，有限与有效的政府能够支持市场的发展；反之，无限或无效的政府则阻碍甚至扼杀市场的发展。〔4〕18世纪中期，关于经济是否可自行调节而无须国家干预的争论得到了否定的结果。〔5〕此后，在亚当·斯密的经济自由主义理论背景下，政府对经济的宽松政策促进了市场经济的发展，但市场效率的低下及分配不公现象最终使市场机制的运行出现紊乱，国家重新对经济发展介入干预。〔6〕应该说，经济的发展需要在“市场”与“政府”的配比关系中作出合适的选择。〔7〕那么，政府与市场之间究竟应当建立一种什么样的关系，才能使经济得到有效的发展？寻找二者关系的黄金分割点成为经济学者的研究方向。〔8〕

与计划经济不同，市场经济中，由市场对资源配置起决定性作用，行政权应当减少对经济的干预。〔9〕政府利益的本质是公共利益，行政权管理

---

〔1〕 参见沈亚平、吴春华编著：《公共行政学》，天津大学出版社2005年版，“前言”第1页。

〔2〕 参见沈亚平、吴春华编著：《公共行政学》，天津大学出版社2005年版，“前言”第1页。

〔3〕 参见沈亚平、吴春华编著：《公共行政学》，天津大学出版社2005年版，“前言”第1页。

〔4〕 参见钱颖一：《市场经济搞得好坏取决于什么》，载《北京时报》2022年2月28日，第9版。

〔5〕 参见张旭：《“政府和市场的关系”与政府职能转变》，载《经济纵横》2014年第7期。

〔6〕 参见张旭：《“政府和市场的关系”与政府职能转变》，载《经济纵横》2014年第7期。

〔7〕 林永然：《新时代政府治理能力现代化探析》，载《创新》2020年第3期。

〔8〕 参见李慧：《金融危机视角下：政府与市场的关系——读〈美国实体经济长期失衡是根本〉后感》，载《中国商界（下半月）》2009年第4期。

〔9〕 参见汪志强：《转型社会中的农村公共安全服务研究——以湖北省麻城市治安管理与服务为表述对象》，华中师范大学2007年博士学位论文，第49页。

的目标与宗旨，就是要确保公共利益不断增进，从而实现公共利益的最大化。[1]随着我国市场经济的发展，政府的职能也在不断调整与变化。2013年11月，《中共中央关于全面深化改革若干重大问题的决定》提出应当让市场在资源配置中发挥决定性作用，并强调要完善市场体系，解决政府干预过多或监管不到位的问题。在资源配置中，市场的作用从“基础性”到“决定性”的变化，随之而来的是政府职能定位的变化。国家治理体系和治理能力的现代化，政府如何行使行政权力是关键。[2]从国家治理的层面来说，政府职能转变是国家治理能力现代化的路径之一。[3]治理模式最根本的改变，来自在政府与市场之间寻找一个更为合适的边界。市场经济条件下，政府与市场之间应当形成功能上互补、边际上替代的关系。[4]在当前社会主义市场经济发展条件下，政府职能的转变体现在转变政府治理的观念、树立服务意识、创新有限政府理念。[5]自2022年以来，国家层面更是提出了坚持有效市场、有为政府的工作原则，既要使市场在资源配置中起决定性作用，又要更好发挥政府作用，强化宏观政策调节，支持和引导市场规范有序发展。[6]毋庸置疑，在政府与市场的关系中，要使市场这只“看不见的手”处于决定性的地位，政府这只“看得见的手”则向规制与服务的方向进一步转变。

行政权基于公共管理与服务的需要，由人民的共同权利赋予而形成。因此，从整个社会的角度而言，行政权正是为社会公共利益和公共秩序而行使。现代社会中，行政权的服务性功能不断增强，[7]行政权更多的体现

〔1〕参见连志慧、武雪周：《服务型政府的价值理念探析》，载《前沿》2008年第12期。

〔2〕参见夏锦文：《国家治理体系和治理能力现代化的中国探索》，载《理论导报》2019年第11期。

〔3〕参见林永然：《新时代政府治理能力现代化探析》，载《创新》2020年第3期。

〔4〕参见付永、曾菊新：《地方政府治理结构与区域经济发展》，载《经济体制改革》2005年第2期。

〔5〕参见林永然：《新时代政府治理能力现代化探析》，载《创新》2020年第3期。

〔6〕参见《中共中央国务院关于加快建设全国统一大市场的意见》第二部分。

〔7〕参见张树义、梁凤云：《现代行政权的概念及属性分析》，载《国家行政学院学报》2000年第2期。

为对市场主体的经济活动提供服务与管理。在作为市场主体的企业遭遇困境，需要运用预重整制度进行挽救时，行政权亦不应缺位。除了对常态化下企业的服务，对于困境企业挽救中的非常态化下的企业，需要更为主动的服务与管理。这种服务与管理体现为对困境企业预重整挽救中相适应的政策配套服务，以及基于社会公共利益维护的需要对预重整中市场主体特定行为的监管，是在尊重市场主体内在需求的前提下，针对困境企业挽救的特殊情况给予特定的政策服务，以及从行政管理的角度对社会公共利益的维护。

（二）司法权的法律属性

"要准确地界定'司法权'是什么从来都不容易。"〔1〕日本学者芦部信喜认为："所谓司法，系指就具体的讼争，依适用、阐释法律的方式来加以裁判的国家作用。"〔2〕我国学者认为，司法与审判有着内在联系，通过在具体案件中适用法律，发挥其裁判案件的功能，故而司法权一种裁判权。〔3〕司法活动从本质上说，是为社会生产道义的判断性的精神力量。〔4〕从以上观点不难看出，虽然司法权难以界定，但关于司法权性质的共同认识是，司法权是一种为解决纠纷而经由一定的程序进行判断并作出裁决的权力。司法权作为判断与裁决权的定位，使司法权具有被动性、消极性、滞后性的特征。只有当需要判断与裁决的事项出现并提请到司法机关后，司法权才得以启动，而在此前的经济生活中，作为判断与裁判权的司法权并不需要也不应该提前介入。

---

〔1〕［英］W. Ivor. 詹宁斯：《法与宪法》，龚祥瑞、侯健译，贺卫方校，生活·读书·新知三联书店1997年版，第165页。

〔2〕［日］芦部信喜：《宪法》，李鸿禧译，台北，月旦出版社股份有限公司1995年版，第295页。

〔3〕参见陈瑞华：《司法权的性质——以刑事司法为范例的分析》，载《法学研究》2000年第5期。

〔4〕参见孙笑侠：《再论司法权是审判权》，载信春鹰、李林主编：《依法治国与司法改革》，中国法制出版社1999年版，第421页。

预重整制度中的司法权同样是裁判权，通过具体的规则判断预重整程序是否合法，方案是否符合批准条件。一旦超越了裁判权的范畴，司法权则应当戛然而止，否则便有侵犯市场主体意思自治、契约自由之嫌。司法权对预重整方案的审查与批准，需在尊重预重整庭外重组中契约自由原则的前提下，基于契约实质正义原则进行判断。这种判断与批准是在社会本位的价值目标下，对于市场主体契约行为中扩张自由、背离实质正义行为的规制，是对契约自由滥用的一种限制。司法权的裁判权属性意味着司法权不应将触角主动伸入市场主体的经济活动中，而应当遵循其裁判权的本质对预重整进行事后的规制，并通过事后的规制，促使市场主体在契约性重组活动中遵循实质正义的内在要求。

（三）预重整中市场主体私权利与行政权、司法权之关系

社会主义市场经济体制下政府与市场的关系，是市场经济与社会主义制度优越性的有机结合，“看得见的手”与“看不见的手”互相协调配合，推动经济健康有序发展。[1]要使市场对资源配置发挥决定性的作用，就要尊重市场主体以其内在需求决定其市场行为，从而达到由“看不见的手”来实现资源配置的过程；行政权的属性则在于依法提供对公共事务的管理及对市场主体的服务。鉴于行政权本身的强势与主动性，在市场经济运行中，行政权必须保持谦抑与理性[2]，以保障市场主体能够尊重其自由意志从事经济活动。因此，市场与行政权的关系是由“看不见的手”对经济发展起决定性作用，“看得见的手”发挥管理与服务的功能，从而使市场经济能够协调发展、有效运行。

司法权本身的消极性决定了司法权的滞后性，司法权是基于法律规定

---

〔1〕 参见宋冬林、谢文帅：《中国社会主义基本经济制度的历史演进与实践愿景》，载《社会科学战线》2021年第4期。

〔2〕 参见王春业：《论行政权谦抑性品格》，载《广东行政学院学报》2015年第1期。

对市场主体的经济活动进行事后审查与监督。可以形象化地认为，司法权与市场之间的关系是保驾护航的关系——市场主体在经济活动中好像感受不到司法权的存在，而却时时受其庇佑与规制。预重整制度的理论框架是现代契约理论，即以契约自由为核心，以对契约自由的规制为保障。各方在契约自由原则下通过协商与谈判达成预重整方案，通过法院对方案的审查与确认，最终使预重整方案发生效力。在这个制度运行的过程中，政府是市场主体的服务者与管理者；法院则是市场主体的守护者，以司法裁判平衡利益、维护正义，并通过事后规制为市场活动提供指引。

契约自由有可能被滥用，契约实质正义所追求的契约自由是相对的自由而不是绝对的自由。公权力对契约自由规制的理论基础，正是社会本位价值理念下契约实质正义的要求，也是预重整制度规范运行的基础与必要条件。此时的规制包括行政权与司法权对市场主体庭外重组中契约自由的规制。行政权的规制体现在为预重整程序提供规范与管理，具体则是指为预重整提供规范性配套的政策供给，如职工分流、企业信用修复、税收支持等有别于常态下企业经营中的相应配套政策与服务；以及预重整方案中所涉相关行政管理事项，如金融机构、上市公司预重整中的监管等。因此，预重整中，行政权的规制是事中规制。司法权的规制则体现在对预重整庭外重组的事后审查，是一种事后规制。“防止当事人通过操纵预重整谈判损害其他人的利益是司法规制的目的之一。”〔1〕司法权规制包括对预重整庭外重组的程序规制与实体规制。程序规制中，包括对债权人等利益相关者知情权、参与权、监督权、投票权的保障。实体规制则是一方面审查预重整方案是否违背实质公平原则，是否损害他人利益，违反有关规定，损害社会公共利益，等等；另一方面，实体规制还体现在预重整方案符合规范的前提下对未同意方案的利益相关者的效力及于。也就是说，对合

〔1〕 王佐发:《公司重整的契约分析》，中国政法大学2008年博士学位论文，第204页。

法、合理且可行的方案，债权人滥用其权利进行否决时，司法得加以干预，从而挽救确有价值的困境企业，实现公平正义和效率目标，以及私权本位与社会本位的相互协调。[1]可以说，这种效力及于，是基于社会本位理念下企业挽救的目标，对契约自由的另一种滥用即滥用不订立契约的自由的限制。如对庭外重组中以不订立契约为由“敲竹杠”行为的限制，恰恰是对社会公共利益的维护，体现了预重整社会本位的价值理念。由此，公权力对于契约自由的实体规制，仅限于对预重整方案是否符合契约实质正义的审查。超越上述规制边界，则是公权力对私法自治的过度干预，是对私法自治基本原则的破坏，与预重整制度的理论框架与规范基础相悖。换言之，对契约自由的规制必须界定在预重整社会本位价值目标下对契约实质正义原则的维护，任何超过界限的规制都是一种过度的规制，构成对公权力的滥用。

行政权与司法权的价值取向有着根本的不同：行政权侧重于积极主动作为，价值取向为效率优先；司法权则侧重于消极被动作为，价值取向为公平优先。但二者在对社会经济发展的作用上有着一致性，行政权促进社会经济发展，创造更大的社会财富；司法权则是在既定规则和程序过程中判断社会财富分配的合理性。[2]如在重整中，政府积极培育战略投资人市场、破产财产处置市场、管理人市场等，为企业重整奠定较好的财产基础；法院侧重于对重整计划中各个利益主体的权益分配是否公平合理作出判断[3]，从而实现对重整中各利益相关主体的公平保护，以及对社会整体利益的维护。

---

〔1〕 参见胡利玲《困境企业拯救的法律机制研究——制度改进的视角》，中国政法大学出版社2009年版，第125页。

〔2〕 参见孙笑侠：《司法权的本质是判断权——司法权与行政权的十大区别》，载《法学》1998年第8期。

〔3〕 参见郭娅丽：《破产处置“僵尸企业”中府院联动机制建设的经济法分析》，载《经济法研究》2018年第1期。

由此可见，行政权、司法权与市场主体契约性重组之间的关系，并不是相互排斥的关系。相反，市场在资源配置中起决定性作用的同时，需要由行政权从社会公共利益的角度对市场主体提供公共政策配套服务、进行公共管理。司法权则为预重整程序运行提供强制力的保障，并限制预重整程序运行中契约自由的滥用。因此可以说，预重整中行政权、司法权与市场主体的私权利之间是明确界限、相向而行的关系。预重整核心内容是市场主体在庭外遵循契约自由原则的契约性重组，行政权与司法权则是从实质公平与社会公共利益维护等契约实质正义的角度对契约自由进行规制，并在此基础上提供强制力保障。进言之，公权力只有在社会本位的价值理念下，基于契约实质正义的要求对预重整进行规制，才能够与市场主体的私权利处分活动相互呼应、有效融合，从而使预重整制度能够规范有效运行。超越这个界限，预重整制度则无法有效运行进而失去其制度优势。

二、预重整的行政规制——事中规制——规范与监管

当前，我国市场经济发展已经进入了新的阶段，市场在资源配置中起决定性作用，政府则按照有为政府的职能目标，为市场主体有效提供法治化服务。我国行政权现代化进程中，一方面要限制行政权对市场的不当干预，另一方面也要保持行政权对市场的宏观调控以弥补市场体系的不良，同时要考虑服务行政的国际背景，加强行政的服务职能。〔1〕可以说，在我国，行政权一方面要有多元的职能，另一方面要在市场经济发展中准确界定权力的边界，既不能对经济发展进行过度的干预，也要发挥行政权宏观调控的能力，并提升行政权为市场提供多元服务的职能属性。如浙江衢州康某医疗器材有限公司破产重整案中，管理人发布投资人招募公告后，法

〔1〕 参见张树义、梁凤云：《现代行政权的概念及属性分析》，载《国家行政学院学报》2000年第2期。

院牵头召集意向投资人、集聚区、市药监局、地税直属分局等参加座谈会，充分向意向投资人披露产业政策、税务征收稽查等方面的规范要求和政策制度。同时，因康某公司是特殊监管行业企业，且该地块产业存在特殊政策限制，经与主管部门及债委会充分沟通确定投资人遴选规则。该案中，行政机关一方面给予了积极的产业政策支持，另一方面也通过全方位披露医疗器材行业经营风险及产业政策特殊要求，发挥了行政权宏观调控的能力，助力企业最终得以重整成功。〔1〕政府通过提供多元化服务，发挥法治政府对于市场经济的促进与维护作用，正是有为政府保障与促进有效市场发展的体现。

关于行政权介入困境企业挽救的理论基础，有观点认为，行政权参与公司重整的正当性原理在于市场失灵需要政府进行管制，也可以说是政府向社会提供的特殊公共产品，管制的目的在于提高资源分配效率，促进社会的共同福利。〔2〕根据此理论，大型公司重整规模大、利益主体多，重整失败将对经济、社会、民生造成负面影响，因此，政府需适度干预，以防不利影响的产生。〔3〕与之相对的观点则认为，被管制的企业基于其特殊影响力，利用政府追求自身利益的动机“俘虏”管制者，从而使政府管制最终成为企业追求自身利益的方式。〔4〕由此可见，关于行政权在困境企业挽救中介入的理论基础，尚有不同认识。但无论如何，政府的行政权是一种维护社会公共利益与公共秩序的权力。在预重整中行政权与市场主体的私权利之间的边界究竟应当如何划定，应当结合一国的政治文化背景，市场发展阶段等进行综合判断。从现代经济发展来看，与古典时期相比，政府的权

---

〔1〕 参见《浙江高院发布十大破产典型案例》，载全国企业破产重整案件信息网2021年5月20日，https://pccz.court.gov.cn/pcajxxw/pcdxal/dxalxq?id=6BB184D34A497DE067E9510610BF155C。

〔2〕 参见王俊豪：《政府管制经济学导论——基本理论及其在政府管制实践中的应用》，商务印书馆2001年版，第332页。

〔3〕 参见尹正友：《企业破产与政府职责》，法律出版社2010年版，第3页。

〔4〕 参见王俊豪：《政府管制经济学导论——基本理论及其在政府管制实践中的应用》，商务印书馆2001年版，第62-64页。

力更多是采用间接的宏观调控手段即法律手段来进行，在微观经济运行中则主要通过企业行为规范和市场中介组织来进行自律和他律。随着市场经济的发展、政府职能的转变，政府并不是对市场经济的发展放任不管，而恰恰是进行规划、监管、服务，使市场的盲目性得以消除，市场失灵得到弥补。〔1〕

（一）预重整中行政权的“越位”与“缺位”

要防止权力被滥用，就必须以权力来规范与约束权力。〔2〕由于行政权的积极性、主动性特征，使行政权有容易“越位”的倾向。在困境企业挽救领域，由政府主导预重整的做法，使预重整从启动开始就弱化了市场化的特征，而增加了行政化的色彩，不得不说行政权有“越位”之嫌。如此一来，作为市场主体的困境企业的内在需求如果不能得到行政权的支持，则无法及时展开自救，从而造成市场这只“看不见的手”无法发挥资源调节与重新配置的作用。〔3〕政府决定市场主体是否启动预重整，并对庭外重组阶段管理人指定、债权人会议召集、法院备案等进行全程安排，固然有一定的效率优势，可以协调金融机构、债务人甚至法院等各方共同推进挽救程序。但这样的机制显然无法充分尊重市场运行规律，满足市场主体的内在需求。企业是对自身状况最为了解的市场主体，在必须由政府主导的情况下，当企业陷入困境时，将无法根据自身的内在需求自主启动预重整，以及在庭外谈判重组中完全按照意思自治、契约自由原则进行谈判，从而必然使预重整无法实现充分的市场化运行。这样的做法虽然出于维护地方经济发展、避免市场失灵的良好愿望，但超越了行政权的根本属性，介

〔1〕 参见张旭：《“政府和市场的关系”与政府职能转变》，载《经济纵横》2014年第7期。

〔2〕 参见［法］孟德斯鸠：《论法的精神》（上），张雁深译，商务印书馆1961年版，第154页。

〔3〕 如《温州市人民政府办公室企业金融风险处置工作府院联席会议纪要》规定了预重整应当坚持市场化和当事人自治原则。但同时规定了预重整由属地政府启动，并指定管理人，以及相关程序等。参见《温州市人民政府办公室企业金融风险处置工作府院联席会议纪要》第2条第1款、第3-7款。

入了市场主体正常的经济活动。如实践中有的预重整案件，由政府通过筛选决定进入预重整程序，并由政府出具文件作为预重整启动的依据。〔1〕市场主体无法自行决定启动预重整程序对企业进行挽救，与市场在资源配置中起决定性作用的市场经济规律相悖，也与预重整的契约本质不符。对此，也有观点进一步强调指出，预重整是当事人基于自治的庭外谈判，预重整的开始与结束，无须向政府提出申请。〔2〕

与行政权“越位”相对的是行政权的“缺位”。实践中行政权缺位的现象并不罕见。政府的社会公共服务职能在一些市场主体特别是中小企业解困活动中并未充分体现。如一些企业出现财务困境后，企业职工的社保无法正常缴纳，在预重整期间无法正常办理职工的社保转移手续，无法办理税务非正常户的解除，企业无法正常开具发票，从而造成无法继续经营等。这些现象的存在，不同程度地体现了行政权在预重整中政策配套的缺位。市场主体在经营中暂时遭遇困境，在自行挽救时缺乏特定的政策支持，从而使企业缺乏正常经营与开展谈判的客观条件，通过契约性重组来实施挽救困难重重，从而也使预重整这一制度在运行中出现掣肘。

行政权力来自人民，应服务于人民。在市场经济发展过程中，行政权的职能应当趋向多元，行政权的缺位必然造成行政效率的低下。〔3〕预重整的核心程序系企业与债权人等利益相关者在庭外进行的契约性谈判重组。当一家企业出现财务困境时，职工社保、企业信用、税收政策配套等问题将纷至沓来，甚至进入恶性循环，形成蝴蝶效应。此时如果政府不能准确把握市场的客观需求，提供针对性的社会公共管理与服务，显然不能充分满足市场对行政权的期待，也必然对地方经济产生不良的影响。近年来，

〔1〕 参见潘光林、方飞潮、叶飞：《预重整制度的价值分析及温州实践——以温州吉尔达鞋业有限公司预重整案为视角》，载《法律适用》2019年第12期。

〔2〕 参见王欣新：《预重整的制度建设与实务辨析》，载《人民司法》2021年第7期。

〔3〕 参见张旭：《“政府和市场的关系”与政府职能转变》，载《经济纵横》2014年第7期。

为了营造良好的营商环境，各地出台了一系列的文件，为市场主体实施自救提供了一系列配套措施，但在具体落地上仍然存在距离，企业自主适用预重整进行自救面临诸多困难，预重整这一制度的市场活力尚未能有效体现。

（二）行政权对预重整的规制边界

“如果市场的看不见的手如此伟大，为什么我们还需要政府呢？”[1]一种观点认为，是由于“看不见的手”需要政府来保护。也就是说，产权需要政府来保护，只有产权得到了保障，市场才能有效运行；另一种观点认为，由于市场会出现失灵而无法有效配置资源，比如外部性和市场势力造成的市场失灵。在此情况下，通过政府制定的公共政策，来促进效率和促进平等。[2]从政府与市场的关系来看，无论是“市场万能”还是“政府万能”的逻辑，都不符合客观规律。[3]有效市场与有为政府在转型中国家的经济发展中显得尤为重要。[4]因此，在预重整制度运行中，合理界定政府与市场的关系，确定政府行政权的职能，才能使行政权的行使与预重整市场化运行之间达到平衡。

关于行政权在预重整中的规制边界，在早期的典型案例福某电子预重整案中，市场主体曾以生动形象的语言表达了对政府在预重整中定位的意见。该案的战略投资人认为，政府和法院的联动“搭台不唱戏”，尊重市场选择，最终使重整取得了成功。[5]对此，学者也给予了高度的评价，认为在

---

〔1〕［美］N.Gregory Mankiw：《经济学原理》（原书第3版），梁小民译，机械工业出版社2003年版，第9页。

〔2〕参见［美］N.Gregory Mankiw：《经济学原理》（原书第3版），梁小民译，机械工业出版社2003年版，第9–10页。

〔3〕参见张旭：《“政府和市场的关系”与政府职能转变》，载《经济纵横》2014年第7期。

〔4〕参见林毅夫：《转型国家需要有效市场和有为政府》，载《中国经济周刊》2014年第6期。

〔5〕参见许聪、王芳：《“生病”企业的“医院”——深圳中院服务供给侧结构性改革依法审理破产重整案探访》，载《人民法院报》2017年6月25日，第1版。

预重整具体运行过程中，政府的角色始终存在并发挥积极作用。[1]2021年10月16日，在珠海市"从破产法视角探寻烂尾楼盘活方法"研讨会上，各方聚焦以预重整方式盘活"烂尾楼"。相关政府部门工作人员也提出了要在市场上去寻找与释放活力，政府则侧重于提供如地价扶持、规费补贴等相应支持政策的观点。[2]

在我国破产法历史上，长期存在地方政府参与并主导企业破产的传统。2007年《企业破产法》施行前的全民所有制企业破产，本身被作为经济体制改革的方法之一，其实施主要由政府主导进行。因而，在政策性破产的背景下，政府主导成为国家的工作要求。[3]但2007年《企业破产法》是市场经济条件下市场化的破产法，在市场化破产的背景下，政府行政权的参与应当与市场经济发展中政府的角色定位相匹配。政府作为地方政治、经济与社会秩序的维护者，同时承担了保护民生、促进就业、发展经济的任务，企业破产重整与地方政府本身的职能密切相关。[4]在预重整中，政府明确角色定位，正确履行好维护秩序、保护发展等任务，自然能够确定好行政权对预重整的介入边界，为预重整的有效运行"搭好台"。

1. 规范——政策配套

预重整制度运行中，行政权的职能应首先体现在为企业挽救制度提供匹配的政策配套，即在规范的层面发挥行政权的职能。预重整庭外谈判重组是企业与债权人及其他利益相关者之间就债权债务关系等私法上的权利进行谈判、博弈与处分。而正如前述分析的那样，当企业进入困境时，

---

〔1〕 参见李曙光：《预重整制度在中国的探索式样本——评福昌电子破产重整案》，载李曙光、刘延岭主编：《破产法评论》(第1卷)，法律出版社2018年版，第505-510页。

〔2〕 参见珠海市破产管理人协会：《如何盘活烂尾楼？|"珠海经验"聚焦破产预重整方式》，载微信公众号"珠海市破产管理人协会"2021年10月18日，https://mp.weixin.qq.com/s/tMTnF5_11ai3xK-QGP9elw。

〔3〕 参见许德风：《破产法论——解释与功能比较的视角》，北京大学出版社2015年版，第359页。

〔4〕 参见许德风：《破产法论——解释与功能比较的视角》，北京大学出版社2015年版，第360-361页。

必然带来一系列经营异常的问题，如困境企业的税务负担问题、对营业影响的问题、与行政审批之间的配套问题等。[1]具体来说，如因流动性不足造成的失信问题，在预重整中能否给予一定期间的信用观察期或符合特定条件的暂时修复，从而为融资提供便利？预重整庭外重组期间，对因欠税产生的失信问题，可否在预重整期间为企业继续经营提供便利，如临时开具发票的便利？预重整企业庭外重组期间，职工需要分流的，是否可以提供政策上的配套支持，如设立欠薪保障基金，以便及时解决职工分流问题，从而保障民生？对于房地产类企业出现经营困境的，在特定情形下能否办理不动产的各类审批手续？在一些大型民生类企业预重整中，政府是否能够提供纾困基金予以支持？等等。企业在困境中遇到的上述问题，如果没有相对应的配套政策予以保障，预重整庭外重组期间各方难以有效地减轻负担，自由地进行市场化谈判，甚至可以说根本无法运用预重整的方式对企业进行挽救。

当前，我国内地预重整实践中，政府在作用发挥方面，还存在不平衡的现象。在政策配套方面，政府对于大型困境企业挽救展现出了积极作为的状态。关于大型困境企业成立金融债委会的相关原则与具体规程，[2]从行政管理的角度，体现了行政权适度介入市场主体困境挽救的做法。同时，从行政干预的角度，对金融机构的参与作出要求，也体现出对社会公共利益的关注，以及政府行政权对于金融风险的关注与管理。规范性文件本身是政府提供管理与服务的一种形式，对规模较大的困境企业成立金融债委会以及具体工作内容和方法的规定，是政府基于社会公共利益考量，对困境企业挽救提供的政策性服务。在地方的困境企业挽救实践中，政府

---

〔1〕 参见张亚楠：《完善我国破产保护制度的若干思考》，载《政治与法律》2015年第2期。

〔2〕 参见《中国银监会办公厅关于做好银行业金融机构债权人委员会有关工作的通知》（银监办便函〔2016〕1196号）；《中国银监会办公厅关于进一步做好银行业金融机构债权人委员会有关工作的通知》（银监办便函〔2017〕802号）；《中国银保监会 发展改革委 中国人民银行 中国证监会关于印发金融机构债权人委员会工作规程的通知》（银保监发〔2020〕57号）。

提供规范的政策配套支持亦同样重要。有法院在破产审判白皮书中明确提出了在税收支持、社会保险、招商引资等方面提供支持与服务的司法建议，[1]体现了实践对困境企业挽救中政府准确定位、发挥职能作用的期待。

与此同时，我国内地破产实践中府院联动机制的做法，强化市场调节的同时也有利于调动政府处理破产程序中社会问题的积极性，发挥了我国作为社会主义国家行政权积极调节经济运行的优势。[2]近年来，从国家到地方多个层级，就破产包括预重整中的相关事项如税务问题、信用修复等发布了多份府院联动文件，客观上解决了预重整中的部分难题。如江苏省南通市人民政府通过发布府院联动文件，形成党委政府统一领导、多部门共同参与的协调联动机制，并实现该市两级法院府院联动机制全覆盖。府院联动机制中的成员单位共同主动作为，在支持管理人依法履职、涉税问题的解决等问题上出台子机制，从而形成了有效的规范化政策配套性服务。在个案处理中，南通市人民政府则通过府院联动机制的实体化运行，解决职工安置、资产清理、项目验收等难点问题。在府院联动机制的保障下，法院运用预重整等方式对困境企业予以救治，取得了良好的效果，共同助推了地方产业结构转型升级。[3]河南省则由政府相关部门与河南省高级人民法院联合出台关于金融机构权益保障、为困境企业提供金融支持以及信用修复、明确破产企业办税流程与降低税费支出等府院联动文件。在个案处理中，政府与法院保持密切联系，政府在招募重整投资人、保障企业生产经营等方面给予政策上的支持与保障，极大地提高了重整效

---

〔1〕 参见《自贡法院破产审判白皮书》，载四川省自贡市中级人民法院网站2020年3月8日，http://zgzy.scssfw.gov.cn/article/detail/2021/12/id/6422359.shtml。

〔2〕 参见郭娅丽：《破产处置"僵尸企业"中府院联动机制建设的经济法分析》，载《经济法研究》2018年第1期。

〔3〕 参见陈坚、顾建兵、花卉：《府院联动赋能"破局突围"——南通法院助力区域发展纪实》，载《江苏法治报》2022年7月1日，第A版。

率。[1]2021年11月25日，国务院发布《关于开展营商环境创新试点工作的意见》，在北京、上海等部分城市开展营商环境试点工作，在该意见第5点提出了推行预重整制度，建立健全企业破产重整信用修复机制，允许债权人等推荐选任管理人，建立健全司法重整的府院联动机制，提高市场重组、出清的质量和效率等意见。该意见从国家层面强调了要建立健全府院联动机制，并通过试点逐步提高市场重组的质量与效率，体现了国务院对政府在困境企业挽救中发挥规范服务作用的要求。截至2021年年底，浙江、江苏、上海、四川、福建等地相继出台18份府院联动机制的地方性文件，无疑进一步强调了政府为困境企业挽救提供政策配套措施的职能作用。[2]当然，也有观点认为，目前这些府院联动机制还只是一个制度性框架，缺乏确定的抓手，也在一定程度上抬高了破产的成本，浪费了行政资源，并且容易成为行政干预司法的借口。[3]笔者认为，府院联动机制在行政权对预重整的规制方面提供了很好的探索，也解决了当下预重整实践中存在的一些问题，但目前尚缺乏统括性的法律配套。从制度建设与运行的长远来看，仍需要从宏观层面制定困境企业挽救的配套规定，消除预重整中的障碍，为市场主体提供稳定的预期，鼓励困境企业及早自救。行政权通过执行成熟的配套法规与政策，为预重整提供规范的公共服务，形成更为明确的行政权规制边界，从而真正实现预重整制度对困境企业及时挽救的功能。

综合以上分析可以看出，行政权对预重整进行规制的第一个界限应当体现在政府为预重整制度运行提供配套性政策。这些政策体现在以下两

---

〔1〕 参见岳明、秦权：《全省法院发挥破产重整制度功能 积极拯救危困企业》，载《河南法制报》2022年9月1日，第9版。

〔2〕 参见汤维建：《建立全国统一的破产管理署，实行垂直管理不受地方统辖》，载微信公众号“中国人民大学法学院”2022年4月16日，https://mp.weixin.qq.com/s/xTAatHvHNAVaesSJuecw7A。

〔3〕 参见汤维建：《建立全国统一的破产管理署，实行垂直管理不受地方统辖》，载微信公众号“中国人民大学法学院”2022年4月16日，https://mp.weixin.qq.com/s/xTAatHvHNAVaesSJuecw7A。

个方面：一是为预重整良好运行提供配套性政策，如在职工分流、信用修复、税务支持等方面出台相应的政策，为企业与债权人等利益相关者提供一个良好的自由谈判的环境，同时也为培育一个良好的破产预防的市场环境与文化理念提供支持。二是在具体的抓手层面提供操作层面的指引，比如在当前金融债委会相关文件的指引下，各地能够出台具体的操作性规定。企业特别是大型企业出现财务困境后，相关主管部门为金融机构债权人成立金融债委会提供便利或牵头管理服务，以便金融债委会在预重整中能够及时发挥债权人团体的作用，一方面及时展开谈判，同时通过协议的方式给予一定的期限停止执行等，为债务人企业提供一个喘息的机会，另一方面也监督债务人在诚信的前提下进行重组，避免债权人损失的扩大。

比较其他国家的做法，美国在政府与市场的关系方面，从20世纪30年代开始，也在不断改进。在保持市场对资源配置起决定性作用的前提下，不断改进政府的经济责任与行为，发挥政府对经济发展的引导性、调节性、推进性作用。〔1〕在美国通某公司重整案中，联邦政府提供了援助，出资近500亿美元参与重整。〔2〕美国克某公司重整过程中，美国政府也提供了贷款支持。〔3〕上述两个案例中政府的职能作用主要体现在对企业提供资金支持或救助，而这样的支持或救助本身，一方面履行了行政权调节和引导经济发展的作用，另一方面政府也作为一个市场主体参与到预重整当中来。从宏观层面上说，也是一种通过提供纾困资金挽救企业的政策配套。在日本的困境企业挽救中，政府一般会提供支持基金，帮助企业渡过难关。〔4〕政

---

〔1〕 参见张思锋、王舟浩、张立：《政府与市场：理论演进、美国改进、中国改革》，载《西安交通大学学报（社会科学版）》2015年第3期。

〔2〕 参见贺丹：《通用公司重整模式的破产法分析》，载李曙光、郑志斌主编：《公司重整法律评论》（第2卷），法律出版社2012年版，第22—41页。

〔3〕 参见徐阳光、何文慧：《出售式重整模式的司法适用问题研究——基于中美典型案例的比较分析》，载《法律适用（司法案例）》2017年第4期。

〔4〕 See Zentaro Nihei, *The Role of Japanese Government-Backed Funds in Financial Restructurings*, Norton Journal of Bankruptcy Law and Practice 25, No. 5, 2016, p.216.

府以市场主体身份参与困境企业挽救，从公权力履职的角度调节与引导经济发展，在我国内地预重整制度运行过程中，亦具有一定的借鉴意义。目前我国部分地区也有类似做法，如部分地方政府设立了纾困基金，政府牵头与地方国有企业及资产公司等国有资本共同稳定房地产市场发展。〔1〕

2.监管——行政监督与管理

国家对于市场主体等私主体之间交易的监管，应当基于保护弱者与市场道德维护的考量。〔2〕预重整中涉及行政监管的事项，政府应当积极履行职责。预重整制度中的行政监管，主要体现在以下两个方面：一是对于涉及面广、影响范围大的事项的监管。如政府以适当方式加强对金融的规制〔3〕，在对金融机构的风险处置中，因涉及面广、影响范围大，对其预重整应当进行监管，避免对社会公共利益造成损害；对上市公司拟进行预重整及预重整中信息披露、涉及行政批准事项等一系列行为的监管，等等。二是对预重整中市场主体滥用契约自由原则的限制。如一些原已停止经营多年的企业，原主营业务已纳入落后产能范围的，政府应当对其谈判重组中的经营事项进行及时的监管，避免在不符合产业发展政策背景下进行预重整。政府对预重整中的上述行为进行监管，目的是使市场的发展更为健康有序，以维护社会的整体利益。因此，政府在预重整中进行规制的边界在于，基于维护社会公共利益的需要，对预重整中市场主体滥用契约自由行为进行限制，对违背社会公共利益的事项进行同步的监管。

通过讨论预重整制度的契约本质及社会本位属性不难发现，行政权对于预重整应当保持谦抑、克制的态度。政府如果无所不管，市场的活力就难以充分发挥。〔4〕在市场经济发展中，如果一个企业决定启动预重整程序

---

〔1〕 参见孙梦凡：《超十地出台措施拯救“烂尾楼”地产纾困基金加速落地》，载《第一财经日报》2022年9月5日，第A09版。

〔2〕 参见许德风：《破产法论——解释与功能比较的视角》，北京大学出版社2015年版，第31页。

〔3〕 参见钱颖一：《市场与法治》，载《经济社会体制比较》2000年第3期。

〔4〕 参见钱颖一：《市场与法治》，载《经济社会体制比较》2000年第3期。

来进行自我挽救，完全可以依照市场规则基于其内在的需求决定。预重整程序的运行，在社会本位理念指引下，通过自由的契约谈判进行。政府仅基于其管理与服务的职能，为市场提供相对应的配套服务与管理，以及为社会公共利益依法进行监管。除此之外，预重整启动及成功与否由市场决定。在此过程中，行政权的介入是一种与预重整相伴随的事中介入——提供与预重整相配套的政策，以便为企业开展预重整提供良好条件，同时在预重整庭外重组的过程中主动进行市场监管，避免企业及其他利益相关者单纯为自身利益而违背社会公共利益。对于政府的上述职权范围，实践中也得到了市场主体的积极回应。如在太仓嘉年华房地产开发有限公司预重整案中，临时管理人发布的投资人招募公告最后部分特别注明："意向投资人应向当地政府咨询确认是否有相关政策要求或限制。"[1]这体现了市场主体在预重整过程中，对于政府行政权规制边界的认可，以及行政权基于维护社会公共利益需要，对预重整中的私法自治同步介入的必要性。

三、预重整的司法规制——事后规制——审查与批准

预重整制度的优势，在于将庭外谈判重组的成果延伸至庭内司法程序，并由司法权给予强制力的保障，为市场主体提供更为灵活可靠的挽救方式选择，鼓励困境企业尽早启动挽救程序，从而促进市场经济的健康发展。但实践中，司法权多呈现介入提前的现象。通过对各地预重整指引文件的梳理不难发现，大部分地区司法权都提前介入了预重整的启动审查过程中，绝大部分法院采取以决定书的方式启动对企业进行预重整。换言之，在这样的情况下，如果困境企业欲通过预重整程序来进行自我挽救，则必须要先经过法院的同意。从具体案例上来看，在某地法院的破产审判

〔1〕《嘉年华公司预重整投资人招募公告》，载全国企业破产重整案件信息网（court.gov.cn），2020年12月1日。

白皮书中，将司法权提前介入预重整作为一项工作经验推广，并详细介绍了在某软件公司预重整中，提前介入、规划方案、召开论证会、讨论会，并围绕公司的经营方向、经营目标如何实现展开工作等。[1]司法权提前介入庭外的谈判重组，与司法权作为裁判权的属性出现矛盾。预重整并非重整程序的外挂程序，将本应在庭内重整程序中的司法效力前伸至市场主体的庭外谈判中，事实上将降低甚至压制预重整庭外谈判重组的活力。[2]即使在庭内司法重整中，在市场主体就重整方案进行谈判的过程，司法权也并不必然主动介入。作为预重整发源地的美国，预重整的特色在于由债务人与债权人、股东等进行私下协商，对各方的利益进行重新的调整与设定，而无须司法权的介入与干涉。[3]我国内地司法实践中为何会普遍出现司法权前置的现象？这与当前预重整制度规范基础不清晰从而导致司法权定位模糊有直接关系。

破产程序中公权力的介入，意味着对当事人利益进行强制性的调整。[4]预重整的市场化运行，一方面得益于市场中“看不见的手”的牵引，使市场在市场主体为自身利益博弈的过程中尽可能达致平衡；另一方面，从公平与效率的角度考虑，需要“看得见的手”对其进行调整与规制。在预重整中，市场主体基于意思自治谈判的成果，由司法强制力基于一定的原则与规则进行审查确认，取得及于所有利益相关者的效力，从而实现困境企业挽救的公平与效率，发挥预重整这一制度的魅力。在民法领域，个人基本权益需要救济与保障，是司法权行使的范围所在。[5]在预重整中，司法权边界的确定，应限定于基于契约实质正义原则对庭外重组中契约自

---

〔1〕 参见《自贡法院破产审判白皮书》，载四川省自贡市中级人民法院网站2020年3月8日，http://zgzy.scssfw.gov.cn/article/detail/2021/12/id/6422359.shtml。

〔2〕 参见王欣新：《预重整的制度建设与实务辨析》，载《人民司法》2021年第7期。

〔3〕 参见董惠江：《我国企业重整制度的改良与预先包裹式重整》，载《现代法学》2009年第5期。

〔4〕 参见王欣新：《论破产立法中的经济法理念》，载《北京市政法管理干部学院学报》2004年第2期。

〔5〕 参见陈瑞华：《司法权的性质——以刑事司法为判例的分析》，载《法学研究》2000年第5期。

由的规制，以公平保障市场主体的合法权益，包括预重整程序是否保障了利益相关各方的程序性权利与实体性权利，是否存在违反实质公平、损害他人利益、违反相关规定或损害社会公共利益的情形等。进言之，庭外的契约性谈判与重组，是否公平对待各利益相关者，是否损害少数人权益，是否损害他人利益及社会公共利益。上述目标的实现，一方面需要从程序上进行规制，另一方面则需要从实体内容上进行规制。通过程序规制实现程序正义，进而保障实体正义；实体规制则是通过规范预重整方案，使其获得批准产生强制效力。[1]可以看出，司法权规制是对预重整庭外重组阶段的各项活动进行限制与规范，在实体上对预重整方案进行审查与批准，进而实现实质正义的过程。因此可以认为，无论是在程序上进行规制，还是着眼于结果的保障实体正义的实体上的规制，都是对契约实质正义的追求与保障。换句话说，是对契约自由的一种限制，对契约实质正义的维护，是从社会本位的视角对预重整中所有当事人私法自治方式与限度的审视。在预重整的司法规制中，体现为参与各方是否遵从特定的程序，达成的方案是否遵循了实质公平原则、是否考虑了对利益相关者群体中他人利益的尊重与维护、是否违反相关规定、是否损害社会公共利益等。总而言之，是从社会本位的视角，在现代契约理论框架下，基于契约实质正义原则对契约自由进行规制。

例如，日本的再生程序呈现三个明显的特征，即保留债务人自主经营的权利，审查批准时间短，债务人责任明确。债务人在预重整中需全面履行信息披露义务，以便债权人作出最优的选择。法院并不介入当事人基于意思自治而进行的谈判中，司法权的行使仅体现在事后的审查方面。[2]日本近期新改革的庭外再生ADR程序导入庭内简易更生程序的做法，庭内不

---

〔1〕 参见徐阳光：《困境企业预重整的法律规制研究》，载《法商研究》2021年第3期。

〔2〕 参见赵锡勇：《中国企业破产预重整制度的博弈分析及制度借鉴》，中国政法大学2018年博士后研究工作报告。

要求再进行债权人登记等程序，仅由法院对庭外达成的方案进行审查，审查的内容重点在于重整计划的决议是否有悖于重整债权人的整体利益。[1]可见，日本的预重整制度中，司法权仅在事后进行审查，特别是对方案实体内容的审查，而不介入到此前的庭外谈判中。

美国预重整中，法院并不介入庭外谈判重组阶段，[2]而是由各方当事人在庭前自由谈判，只有在申请进入庭内程序时，法院才对企业及各方在庭前程序中是否遵循了破产法典所规定的程序要求、所达成的方案是否实质公平等进行审查。如美国B*公司及其附属公司是运用预重整程序快速重整成功的企业，重整仅用时1天。2006年1月，B*公司因为流动性问题而关闭了其制造工厂并造成1700名流水线工人失业。1月18日，B*公司与除一间银行外的其他银行债权人达成债务减免协议及融资协议，但由于未得到全部银行债权人的同意，B*公司于2006年1月26日10点投票截止后随即向破产法院提交了根据《美国破产法典》第11章破产重整的申请，并同时递交了其预重整计划、信息披露声明以及其他相关材料。申请提交的次日即1月27日下午4点破产法院举行听证会。虽然Newstart银行提出了书面的反对意见，但法院在听证后综合考虑各方意见，仍然立即批准了B*公司的重整计划，该公司重整获得成功。[3]从这个案件可以看出，法院并不介入企业提出申请前的庭外谈判程序，也没有对企业能否适用预重整进行限制。企业在庭外可以自由地进行重组，在无法取得全部权益受影响的债权人同意时，启动预重整程序，并提交符合预重整程序要求的证明文件如信息披露声明等，申请法院对已经达成的方案进行批准，从而使协议获得强制效力。

---

〔1〕 参见日本《产业竞争力强化法》第65条第3款、第4款；《民事再生法》第211条第1款、第174条第2款第4项。

〔2〕 参见吴在存：《美国破产重整及管理人制度的考察与启示》，载《人民司法（应用）》2018年第28期。

〔3〕 See In re Blue Bird Body Co., No. 0306CV0066LRHVPC, 2006 WL 8441882 (D. Nev. July 26, 2006).

英国重组计划制度的法院批准程序中，通常有两个必要条件是法院考虑的因素，一是计划的批准不会使不同意计划的组别中的任何成员比在其他相关替代方案的情况下处境更糟；二是至少有一个组别同意该计划，并且在其他替代方案的情况下，他们将获得清偿或者在公司中享有真正的经济利益。除此之外，法院还将审查该计划是否公平公正。[1]可以看出，英国的重组计划制度中，法院对此前的重组计划谈判并不介入，在批准环节，法院通过对重组计划是否具备上述必要条件进行实质审查，进而赋予重组计划以强制效力。英国重组计划制度中首宗申请召开债权人及成员会议批准中小型企业重组计划的个案是R* Ltd.［2022］EWHC 1765（Ch），涉及一间提供短期度假租赁物业管理服务的公司。该计划后来在［2022］EWHC 1941（Ch）一案裁决中被批准，H*作为唯一的优先债权人并不同意该计划，但所有其他债权人和股东均投票同意该计划。最终法院经审查批准了该计划，原因是因为有证据表明，H*在该计划中获得的保障比其他替代方案更好，并且无担保债权人在该计划中将获得股息清偿，而在预先打包中将无法获得任何清偿。[2]

我国香港地区整理计划的做法也基本相同。例如，联合地产（香港）有限公司及其控股公司均是在香港联合证券交易所上市的公司。在联合地产（香港）有限公司提出的整理计划中，首先将部分股东股份注销，股东获取相应的现金支付，同时公司减资。减资后公司向要约人发行相同数量的股份，从而使要约人及其一致行动人成为公司的唯一股东，该公司后向香港联合证券交易所申请撤销股份的上市资格。关于整理计划的批准判

〔1〕 See Jennifer Payne, *Schemes of Arrangement, Theory, Structure and Operation*, Combridge University Press, 2021, p.319–320.

〔2〕 See Peter Bailey, *Restructuring Plans under the Companies Act* 2006 *Pt 26A: The Story so Far*, City University of Hong Kong Database, https://launch–westlawasia–com.ezproxy.cityu.edu.hk/document/I0878DD004C1B11EDBF0AD27084713A21?srguid=i0ad832f2000001843da3ab27d61a3009&fromSearch=true&offset=2#:~:text=Company%20Law%20Newsletter,Peter%20Bailey, 2022年11月3日访问。

决中明确指出，在法庭批准召开会议投票之前，公司有责任确保整理计划内容符合所有监管与法定的要求，这不是法院的责任。[1]

通过理论分析与案例检视不难看出，司法权对预重整中契约自由的规制，只能体现在市场主体向法院申请对庭外重组成果进行确认时的审查，是一种事后介入，不应也没有必要提前介入市场主体的庭外重组过程。具体而言，司法权规制包括两个方面，一是程序规制，二是实体规制。无论是程序规制中对利益相关者程序权利的保障，还是实体规制中对方案的审查与批准，均应在契约实质正义原则的规范基础上进行。

（一）程序规制——契约实质正义的程序保障

由于信息、能力、地位和法律知识上的客观差异，预重整方案中的各个契约主体并不可能实现真正的平等，需要法律和法院来保护实际地位悬殊的交易双方。[2]程序正义是实体正义的保障，维护实体正义，首先要维护程序正义，并通过确立一套明确、具体、可操作的预重整程序规则，对市场主体进行指引。市场主体通过规则指引明确行为后果，降低交易成本，提高预重整的效率。如美国的预重整程序中，强调信息披露的充分与全面，[3]并明确了法院审查的详细尺度。[4]美国纽约南区法院预重整指南中，规定了债务人向法院提出申请时，应当向法院提交信息披露的声明，法院审查时应当确认债务人的信息披露是否符合非破产法的相关规定、规则的要求。[5]这样的规则显然是保障实质公平的必然要求。笔者认为，我国内

---

〔1〕 See［2020］HKCU 4146.

〔2〕 参见齐砺杰：《破产重整制度的比较研究——英美视野与中国图景》，中国社会科学出版社2016年版，第25页。

〔3〕 See 11 USCA § 1125.

〔4〕 See 11 USCA § 1126.

〔5〕 See Procedural Guidelines for Prepackaged Chapter 11 Cases in the United States Bankruptcy Court for the South District of New York，http://www.nysb.uscourts.gov/sites/default/files/prepack.pdf，2021年11月21日访问。

地预重整制度运行中，除应当对债务人提出申请的请求与具体的理由进行全面的审查外，还应当重点审查庭外重组是否保障了利益相关者的知情权与参与权、监督权、投票权，即是否真正保障了利益相关者契约自由权利的行使。具体包括以下四点。

（1）知情权。知情权是权利人对涉及自身利益的相关信息享有的知晓的权利。〔1〕知情权是当事人之间有效谈判与表决的保障，对于债务人而言，则体现为信息披露的要求。〔2〕因此，预重整中，企业是否及时向利益相关者进行了充分的信息披露，是保障各方知情权，使其在信息对等的情况下进行谈判的必要条件。通常来讲，债权人等利益相关者对企业经营以及资产负债情况并不掌握或并不完全掌握，在信息上处于劣势。在信息不对称的状态下进行谈判，契约双方的地位明显不平等，真正契约自由也就无从谈起。在破产法上尤其在重整中，应通过信息披露保障债权人及其他利益相关者的知情权，以达到平等保护各方权益的目标。〔3〕知情权是一项前提性权利〔4〕，对于企业资产负债情况、资产评估情况、经营事务状况等与预重整相关的信息，企业应当如实、全面、及时、准确地向利益相关者进行披露，以保障债权人及其他利益相关者在信息上的平等地位，并在此前提下进行谈判与协商，这是契约实质正义的基本要求。

目前我国内地法院相关预重整的指引性规定中关于信息披露的规定，有的规定得较为原则如《南京市中级人民法院关于规范重整程序适用提升企业挽救效能的审判指引》第26条规定："在预重整期间，债务人应当将与重整有关的所有信息向债权人、出资人、意向投资人等利害关系人充分、

---

〔1〕 参见徐阳光、韩玥：《破产重整程序中的信息披露》，载《人民司法》2019年第34期。

〔2〕 参见高丝敏：《论破产重整中信息披露制度的建构》，载《山西大学学报（哲学社会科学版）》2021年第3期。

〔3〕 参见王欣新、丁燕：《论破产法上信息披露制度的构建与完善》，载《政治与法律》2012年第2期。

〔4〕 参见纪红勇：《浅谈破产重整程序中债权人的知情权》，载《法律适用》2012年第11期。

完整、真实、合法地披露。”有的则规定了信息披露的标准，如《深圳市中级人民法院审理企业重整案件的工作指引（试行）》第35条规定预重整期间信息披露应遵守以下三个标准，即全面披露、准确披露、合法披露。在全面披露中对披露的内容还进行了列举式的规定。有的指引则对信息披露的具体内容作出了较为具体的列举式规定如《苏州工业园区人民法院审理破产预重整案件的工作指引（试行）》第9条规定：“债务人、临时管理人应当将与重整有关的所有信息全面、准确、合法的予以披露。债务人应当披露的信息包括导致破产重整的事由、生产经营状况、财务状况、资产状况、债务明细（包括对外担保等或有债务情形）、涉诉涉执情况、重大不确定性诉讼、模拟破产清算状态下的清偿率、意向投资人的投资计划、预重整草案重大风险等。”

《美国破产法典》第11章对信息披露作出了明确的规定。〔1〕法院在具体案例中，则从债务人营业情况、此前的发展历程、财务情况、对重整方案的描述、如何执行、清算分析、将被保留的管理与被保留的个人赔偿、运营计划、诉讼、内幕交易情况、税收等方面进行审查，债务人须作出充分的信息披露，并且投票的各方能够基于债务人所披露的信息作出独立的判断。〔2〕因此，美国重整制度对利益相关者的知情权进行了充分的保护。日本破产程序中对信息披露方式的要求则更为直接，在破产程序开始后，破产人就需将记载其不动产、现金、有价证券等财产的文件提交法院。〔3〕我国香港地区法院在整理计划批准程序中，对利益相关者的知情权的保护也非常严格。例如，在联合地产（香港）有限公司呈请对其庭外的整理计划进行批准的程序中，原讼法庭的法官认为，呈请人提交的文件不能证明其已向权益受到影响的人作出了充分的解释，因此没有批准该计划。虽然此

---

〔1〕 See11USCA §1125(b).

〔2〕 参见冀宗儒编著：《美国破产法案例选评》，对外经济贸易大学出版社2006年版，第373-375页。

〔3〕 参见李飞主编：《当代外国破产法》，中国法制出版社2006年版，第734页。

后上诉法院对此进行了改判，但仍然说明了法院在审查信息披露问题上的严格态度。[1]

司法权通过对预重整庭外重组中利益相关者知情权保障的审查，避免当事人在信息不对称的情况下订立契约，保障契约自由的实现。实践中需要注意的是，预重整庭外重组是在庭外进行的自救程序，仅权益受到影响的利益相关者需参与其中。联合国贸法会立法指南中的简易重整程序，也强调庭外谈判重组中并无必要让所有债权人均参与其中，某些类型的非机构债权人和贸易债权人等可以在债务人的正常营业中获得偿付，并不需要参与谈判。[2]因此，对于权益并未受到影响也无须参与谈判的债权人而言，债务人无须向他们披露与预重整相关的信息。预重整中企业披露的信息，涉及企业经营中商业秘密的，信息披露的受众应当承诺并履行保密义务，避免给企业经营带来不利影响。另外，知情权还包括在预重整庭外重组期间，需保障债权人等利益相关者查阅相关资料的权利。如债权人对其他债权人债权资料的查阅，企业披露信息中的相关证明文件如产权证明的查阅等。

我国内地破产程序中关于债权人查阅权的保障，最高人民法院以司法解释的方式作出了规定。[3]通过保障查阅权的行使，保障当事人在平等的条件下实现真正的契约自由。预重整庭外重组程序中一般亦参照适用。考虑目前市场环境中债权人对债务人缺乏信任的客观情形，亦可借鉴我国香港地区的做法，即债务人与债权人等利益相关者在庭外谈判重组形成方案后，在征集意见或组织投票前，首先向法院提出申请并提交披露声明及相关证明材料，法院经对债务人信息披露声明进行审查，符合标准后方可

〔1〕 See［2020］HKCU 4146.

〔2〕 参见联合国国际贸易法委员会：《破产法立法指南》（中文版），2006年版，第213–214页。

〔3〕 《企业破产法司法解释三》第10条第1款规定：“单个债权人有权查阅债务人财产状况报告、债权人会议决议、债权人委员会决议、管理人监督报告等参与破产程序所必需的债务人财务和经营信息资料。管理人无正当理由不予提供的，债权人可以请求人民法院作出决定；人民法院应当在五日内作出决定。”

召集债权人及其他利益相关者的会议进行表决或意见征集，以便对债权人及其他利益相关者的知情权予以充分的保障。

（2）参与权。预重整审查中需关注是否保障了当事人参与预重整各项程序的权利。预重整庭外重组程序中，辅助机构的聘任、投资人招募、审计评估等中介机构的选定、预重整方案的谈判等，均需要债权人等利益相关者的参与。通过在程序上保障参与权，当事人才能真正熟悉、了解企业经营及谈判中的真实情况，从而实现真正的契约公平。司法权对预重整的程序审查中，应当审查预重整庭外开展的各项程序是否有利益相关者或其代表人参与，以及参与的形式与内容，从而保障相关方的程序权利行使。如对于审计评估机构的选定，是否有债权人或其代表等利益相关者参与到选聘过程中，是否在程序上保障了他们发表意见的权利，从而保障机构选择过程中的公开透明以及选定机构的中立性。

（3）监督权。预重整庭外重组中，债务人自行管理财产与营业事务，债权人及其他利益相关者的监督尤为重要。企业在预重整中的相关行为，如进行重大的财产处分、有可能影响企业责任财产进而可能影响债权人利益的经营行为等，事先应当向债权人等利益相关者或其代表进行报告，以接受监督。债权人等利益相关者对债务人的不当行为，有权提出意见。对此，法院在审查的过程中应当要求债务人作出特别的说明，并予以特别的关注。

（4）投票权。预重整方案需要由所有权益受到影响的债权人及出资人进行投票表决。投票权包括：预重整方案制定者是否向所有利益受到影响的主体充分说明方案内容，以及是否为投票给予了充分的准备时间。投票权与知情权息息相关，但又不完全等同。投票权的保障不仅要求在信息披露的基础上对投票人在方案上进行充分的说明，还要求给予投票人充分的时间保障。如美国重整程序中，重整计划提交方在提交重整计划的同时或在法院规定的时间内，必须提交信息披露的声明。法院至少提前28日通知债权人、债务人、债权人委员会、联邦托管人等对信息披露声明进行听证。

在批准该信息披露声明并向债权人等投票人送达后，享有表决权的人方可进行投票。〔1〕因此，投票人在投票前能够获取充分信息作为投票的基础，该28日的时间可视为保障利益相关者投票权的最短时间。预重整中，虽然债务人可以在法院批准债务人的披露说明之前组织投票，但提出重整申请后，法院仍需对披露说明的充分性进行审查。〔2〕我国2007年《企业破产法》对重整计划的说明以及投票的时间保障均未作出明确的规定，仅规定了重整计划应当包括的内容〔3〕，以及管理人或自行管理财产与营业事务的债务人应在法定期间内向法院和债权人会议提交重整计划草案〔4〕，法院应当在收到草案后30日内组织召开债权人会议进行表决等。〔5〕上述规定虽然在时间上进行了限制，但并不能完全保障投票人充分的准备时间。一方面，管理人或债务人向债权人会议提交重整计划草案，是否等同于向每一个债权人提交重整计划草案，在操作中容易产生歧义；另一方面，收到重整计划草案30日内召开债权人会议，意味着在30日内的任何一天均可召开会议，并未设置收到草案后召开债权人会议进行表决的最低时间限制。即使结合2007年《企业破产法》第63条关于召开债权人会议应提前15日通知的规定，因并未明确通知时需提交会议材料，亦不能保障债权人一定能够在收到方案后有15日的充分考虑时间。预重整方案系在庭外通过谈判方式达成，法院在审查方案时，应当在程序上进行更为严格的控制，以保障所有

〔1〕 参见韩长印：《简论破产重整计划表决的信息披露机制——以美国法为借鉴》，载《人民司法》2015年第1期。

〔2〕 参见胡利玲：《困境企业拯救的法律机制研究——制度改进的视角》，中国政法大学出版社2009年版，第220-221页。

〔3〕 2007年《企业破产法》第81条规定："重整计划草案应当包括下列内容：(一)债务人的经营方案；(二)债权分类；(三)债权调整方案；(四)债权受偿方案；(五)重整计划的执行期限；(六)重整计划执行的监督期限；(七)有利于债务人重整的其他方案。"

〔4〕 2007年《企业破产法》第79条第1款、第2款规定："债务人或者管理人应当自人民法院裁定债务人重整之日起六个月内，同时向人民法院和债权人会议提交重整计划草案。前款规定的期限届满，经债务人或者管理人请求，有正当理由的，人民法院可以裁定延期三个月。"

〔5〕 参见2007年《企业破产法》第84条规定。

债权人、出资人等投票人的权利。预重整庭外征集意见或投票时，债务人应当给予债权人、出资人等相关主体以必要的时间，以便利益相关者能够在充分知悉方案的基础上，对自身利益作出充分的权衡后进行投票。我国内地预重整在投票权的保障方面，可以结合前述关于对召开债权人会议表决的批准审查，与知情权的保障一并考虑，以实现对预重整当事人契约自由的程序保障。

（二）实体规制——契约实质正义的实体保障

破产法的目的是通过破产程序确定责任如何承担及权利如何实现，而责任或权利的基础并非由破产法创设。〔1〕重整方案则是债务人与债权人等利益相关者之间就如何拯救企业及产生重整溢价如何分配达成的契约。〔2〕在庭外谈判重组转入庭内司法重整程序时，对预重整方案进行实体审查的过程，是在多数决规则下对全体利益相关者合法权益的保障，特别是对不同意的少数人合法权益的保障，同时也是对社会公共利益的保障。对涉及多数人的协议，通过多数决并经过司法确认后将使契约的效力及于不同意的当事人。对此，司法必须考虑对少数人权益的维护，防止多数人滥用契约自由的权利，损害少数人的权益。与此同时，司法还需从实质正义的角度，考虑对少数人滥用权利“钳制”行为的限制。因此，司法的规制在于从实质正义的视角，对契约当事人滥用契约自由进行限制，从而保障契约中所有利益相关者权益的最大化实现，并避免契约当事人互相之间的侵害。基于契约实质正义的要求，预重整中的司法规制使预重整方案的效力及于所有权益受到影响的相关方，从而实现对困境企业的挽救。对于预重整方

〔1〕 See Thomas H. Jackson, *Bankruptcy, Non-Bankruptcy Entitlements, and the Creditors'Bargain*, The Yale Law Journal 91, No.5, 857–907（1982）. 转引自许德风：《破产法论——解释与功能比较的视角》，北京大学出版社2015年版，第78页。

〔2〕 参见贺小荣、王富博、杜军：《破产管理人与重整制度的探索与完善——〈全国法院破产审判工作会议纪要〉的理解与适用》（上），载《人民司法（应用）》2018年第13期。

案而言，与常态下市场主体之间的契约不同的是，利益相关者并不享有完全的自主权，即使所有表决组均表决通过，也需满足一系列法定要件之后，法院方能批准。〔1〕若预重整方案不符合实质正义的要求，如损害少数债权人公平受偿的权益等，则司法权亦得加以否定而不予确认。由此，预重整中司法权进行实体规制的界限，应当体现在对预重整方案是否符合契约实质正义的审查，并通过这样的审查，引导与规范市场主体的庭外谈判重组活动。我国2007年《企业破产法》关于重整方案的批准包括表决通过后的正常批准与未表决通过的强制批准两种情形。关于正常批准，2007年《企业破产法》并没有规定具体的标准与原则，仅在强制批准中规定了重整计划需满足的条件。〔2〕有观点认为，2007年《企业破产法》仅在强制批准中规定了债权人利益保护的最大化原则，使对个体债权人最低限度的保护无法得到保障，从而可能产生债权人以不投同意票而迫使程序进入强制批准的不良导向。〔3〕也有观点认为，2007年《企业破产法》关于强制批准的条件设置了底线，可以理解为合法性标准与可行性标准，事实上这也是正常

---

〔1〕　参见［美］查尔斯·J.泰步：《美国破产法新论》，韩长印、何欢、王之洲译，中国政法大学出版社2017年版，第1201页。

〔2〕　2007年《企业破产法》第86条规定："各表决组均通过重整计划草案时，重整计划即为通过。自重整计划通过之日起十日内，债务人或者管理人应当向人民法院提出批准重整计划的申请。人民法院经审查认为符合本法规定的，应当自收到申请之日起三十日内裁定批准，终止重整程序，并予以公告。"第87条规定："部分表决组未通过重整计划草案的，债务人或者管理人可以同未通过重整计划草案的表决组协商。该表决组可以在协商后再表决一次。双方协商的结果不得损害其他表决组的利益。未通过重整计划草案的表决组拒绝再次表决或者再次表决仍未通过重整计划草案，但重整计划草案符合下列条件的，债务人或者管理人可以申请人民法院批准重整计划草案：（一）按照重整计划草案，本法第八十二条第一款第一项所列债权就该特定财产将获得全额清偿，其因延期清偿所受的损失将得到公平补偿，并且其担保权未受到实质性损害，或者该表决组已经通过重整计划草案；（二）按照重整计划草案，本法第八十二条第一款第二项、第三项所列债权将获得全额清偿，或者相应表决组已经通过重整计划草案；（三）按照重整计划草案，普通债权所获得的清偿比例，不低于其在重整计划草案被提请批准时依照破产清算程序所能获得的清偿比例，或者该表决组已经通过重整计划草案；（四）重整计划草案对出资人权益的调整公平、公正，或者出资人组已经通过重整计划草案；（五）重整计划草案公平对待同一表决组的成员，并且所规定的债权清偿顺序不违反本法第一百一十三条的规定；（六）债务人的经营方案具有可行性。人民法院经审查认为重整计划草案符合前款规定的，应当自收到申请之日起三十日内裁定批准，终止重整程序，并予以公告。"

〔3〕　参见高丝敏：《重整计划强裁规则的误读与重释》，载《中外法学》2018年第1期。

批准的条件。[1]实务中更有观点提出，即使在正常批准中，也有必要在严格审查的基础上作出批准裁定。[2]在各地的指引性文件中，对正常批准与强制批准的标准也未作出特别的区分。[3]笔者认为，对利益相关者最低限度的保护，不应因重整计划的正常批准或是强制批准而有所区别。在预重整的司法确认程序中，对预重整方案的审查应当从以下四个方面进行。

1. 是否实质公平

（1）最低限度接受原则。这一原则要求法院对重整计划进行强制批准时，重整计划至少应当被部分权益受到影响的利益相关者认可。[4]也就是说，通过重整计划的表决组数量应当符合最低标准的限度要求。[5]如美国破产法要求至少有一个权益受到影响的组别接受计划，且通过的组别不包括内部人员；如果提交批准的计划经过表决，一个权益受到影响的组别都未能接受，则不符合强制批准的条件。[6]我国2007年《企业破产法》并未规定这一原则，但根据《全国法院破产审判工作会议纪要》第18条的规定，法院在强制批准时至少有一个债权人组别通过，结合《企业破产法司法解释三》第11条第2款关于权益未受影响的债权人不参加表决的规定，确立了破产重整程序中对重整计划草案进行强制批准时的最低限度原则。这一规定是针对庭内重整程序中法院强制批准重整计划草案时的标准，预重整中是否可以适用最低限度原则，还是只能在所有组别均通过预重整方案

---

〔1〕 参见池伟宏：《论重整计划的制定》，载《交大法学》2017年第3期。

〔2〕 参见王建平、张达君：《破产重整计划批准制度及反思》，载《人民司法（应用）》2010年第23期。

〔3〕 如《北京市高级人民法院企业破产案件审理规程》第220条规定：人民法院经审查认为重整计划草案符合下列条件的，应当自收到债务人或管理人提请批准或者强制批准重整计划草案的申请之日起三十日内裁定批准，终止重整程序，并公告：（1）重整计划草案的表决程序符合企业破产法和本规程的规定；（2）重整计划草案的内容符合企业破产法第87条第2款规定的条件；（3）重整计划草案涉及行政许可事项的，债务人或管理人已取得相关行政机关许可相关事项的书面意见。经人民法院审查发现重整计划草案内容违反法律、行政法规强制性规定或损害国家、集体、第三人利益、公共利益的，不应予以批准。

〔4〕 参见高丝敏：《重整计划强裁规则的误读与重释》，载《中外法学》2018年第1期。

〔5〕 参见周荆、杨琳：《破产重整计划的强制批准》，载《人民司法（应用）》2017年第31期。

〔6〕 See 11USCA § 1129（a）（10）.

时向法院申请批准？笔者认为，既然预重整与庭内司法重整同样是困境企业挽救的制度，且预重整的司法确认阶段与庭内司法重整相重合或部分重合，那么自然可以在未获全部通过的前提下申请法院进行强制批准。事实上，从目前各地法院的指引规定看，并不强求庭外重组必须获得全部表决通过方可申请转入重整程序，甚至并不强求一定要进行预先的表决或意见征集，只是对庭外重组期间的意见征集或投票结果在庭内的效力延伸进行了指引。[1]从企业挽救的社会本位角度出发，如果企业启动了预重整程序，且预重整方案获得了部分表决组表决通过，如不能向法院申请批准而只能宣告预重整失败，显然不符合经济原则，不利于困境企业的挽救。从根本上说，也与预重整制度的社会本位价值理念不符。因此，预重整庭外重组结束后，在满足最低限度原则的前提下，债务人企业可以申请法院对预重整方案进行审查与批准，或在进入程序后再次协商表决，由法院决定是否对最终的重整计划进行批准。反之，如果预重整方案最终不能申请法院进行强制批准，则表示对预重整提出了比庭内司法重整更高的要求，造成困境企业挽救成本的增加。[2]最低限度原则要求最低有一个组别通过预重整方案，体现了对利益相关者利益保护的最低限度。反之，如果没有一个组别通过预重整方案，则说明方案与当事人的意思自治相背离，也说明方案本身不具有挽救企业、维护全体利益相关者权益的效果，经过市场检验债务人企业并不具有挽救的价值与可行性。对这一类预重整方案，在实体审查中也不具有批准的基础。

（2）债权人等利益相关者权益最大化保障原则。这一原则考量的是债权人等利益相关者是否获得了不低于破产清算状态下的权益保障。如果债权人或出资人在重整计划中获得的保障低于破产清算状态，并且其不同

〔1〕 各地指引中，一般规定了预重整期间债务人或临时管理人可以先就预重整方案征集意见或进行表决，在符合特定条件的情况下，相关意见在重整申请受理后继续有效。如深圳、北京等。

〔2〕 参见徐阳光：《困境企业预重整的法律规制研究》，载《法商研究》2021年第3期。

意该计划，则不应当获得法院的批准。〔1〕只有所有债权人及其他利益相关者都按照一定的次序获得了权益的最大化保障，或者虽然没有获得权益最大化保障，但其同意该计划，才尊重了契约自由的原则，保障了契约的实质公平，否则就是用多数人的表决剥夺少数人的合法权益。〔2〕我国2007年《企业破产法》对正常批准没有规定具体的规则，仅在关于强制批准的规定中强调对普通债权清偿比例的最佳保障标准。〔3〕《全国法院破产审判工作会议纪要》中对正常批准的条件进行了完善，规定在正常批准中，要审查重整计划的内容应当不损害各表决组中反对者的清偿利益，对正常批准中债权人等利益相关者的权益最大化保障原则进行了强调。这一标准的掌握通常是以模拟清算状态下的清偿率对债务人企业进行偿债能力分析。当然，清算价值的计算因清算方式的不同会有不同的判断。〔4〕为尽可能保障偿债能力分析的客观性，实践中需要注意的是，对模拟清算状态下清偿率的计算标准应当进行严格的审查，如关于债务人财产的范围，财产评估方法与价值的计算标准等，同时保障债权人的知情权以及监督权，避免债务人以数字游戏误导债权人等进行谈判以及对方案进行投票。

（3）同一表决组成员同等对待原则。在破产程序中，债权平等意味着"'相同的相同对待，不同的不同对待。'这里的'相同'或'不同'，取决于权利本身所包含的顺序性特征，取决于破产法外的实体规范或当事人的特殊约定"〔5〕。因此，对重整计划的表决通过分组的方式进行，即将债权人及出资人按不同标准分为不同组别进行分别表决，并以此计算最终表决

---

〔1〕 参见［美］查尔斯·J.泰步：《美国破产法新论》，韩长印、何欢、王之洲译，中国政法大学出版社2017年版，第1243页。

〔2〕 参见王欣新：《论经济危机下的破产法应对》，载《人民法院报》2009年6月18日，第6版。

〔3〕 2007年《企业破产法》第87条第2款第3项规定，按照重整计划草案，普通债权所获得的清偿比例，不低于其在重整计划草案被提请批准时依照破产清算程序所能获得的清偿比例，或者该表决组已经通过重整计划草案。

〔4〕 参见高丝敏：《重整计划强裁规则的误读与重释》，载《中外法学》2018年第1期。

〔5〕 许德风：《破产法基本原则再认识》，载《法学》2009年第8期。

结果。[1]我国内地破产重整程序中，将债权人分为四个组别，必要时可另在普通债权组中设小额债权组。[2]涉及出资人权益调整事项时，设出资人组。[3]可见，根据我国2007年《企业破产法》的规定，按照权利性质进行分类，表决组一共可以分为六个组别，即五个债权人组别与一个出资人组别。同一表决组的成员基于同一性质的权利而归入同一表决组。因此，对于同一表决组成员的债权清偿、权益调整，应当保持同等对待，体现公平原则。预重整庭外重组中形成的方案进入庭内司法确认程序后，应当遵循与庭内重整同等的审查标准，对于同一组别的债权人或出资人应当进行相同比例的清偿或者相同比例的权益削减。[4]

（4）绝对优先原则。在企业出现困境无法清偿到期债务的情况下，与企业相关的不同权益之间将产生激烈的冲突，如债权人、债务人、股东之间，以及相同性质权利主体内部之间等。破产法就是在此背景下遵循公平与效率的理念，在破产程序中对创设于先的法律权利进行重新的评价和排序。[5]预重整方案的制定中，需要依一定理念与规则将这些不同主体的法律权利进行重新排序。绝对优先原则，是指只有清偿顺位在先的利益相关者被全额清偿，或者对其未获全额清偿表示同意的前提下，清偿顺位在后的利益相关者才可以获得清偿或分配。[6]一般来说，只有在企业破产时，才需要面对各类权利和利益的排序问题。[7]我国2007年《企业破产法》并

---

〔1〕 参见李永军:《破产法:理论与规范研究》，中国政法大学出版社2013年版，第369页。

〔2〕 2007年《企业破产法》第82条规定:“下列各类债权的债权人参加讨论重整计划草案的债权人会议，依照下列债权分类，分组对重整计划草案进行表决:(一)对债务人的特定财产享有担保权的债权；(二)债务人所欠职工的工资和医疗、伤残补助、抚恤费用，所欠的应当划入职工个人账户的基本养老保险、基本医疗保险费用，以及法律、行政法规规定应当支付给职工的补偿金；(三)债务人所欠税款；(四)普通债权。人民法院在必要时可以决定在普通债权组中设小额债权组对重整计划草案进行表决。”

〔3〕 2007年《企业破产法》第85条第2款规定:“重整计划草案涉及出资人权益调整事项的，应当设出资人组，对该事项进行表决。”

〔4〕 参见刘敏、池伟宏:《法院批准重整计划实务问题研究》，载《法律适用》2011年第10期。

〔5〕 参见贺丹:《市场化的破产法与破产法的市场化》，载《人民法治》2017年第11期。

〔6〕 参见贺丹:《破产重整优先规则:实践突破与规则重构》，载《政法论丛》2022年第2期。

〔7〕 See Roy Goode, *Principles of Corporate Insolvency Law*, West & Maxwell, 1997, p.38–39. 转引自韩长印:《企业破产立法目标的争论及其评价》，载《中国法学》2004年第5期。

未对绝对优先原则作出明确具体的规定，仅在破产清算一章中对不同性质的债权人规定了清偿顺序。[1]2007年《企业破产法》规定的重整程序中，在第87条对担保债权、职工债权及税款债权的优先保障作出了法律规定，但同时又在第85条规定了出资人组表决的适用情形，对出资人权益调整与普通债权人清偿之间的顺位没有明确。根据上述规定，似乎表明重整计划可以对出资人权益进行调整，也可以不进行调整。一些案例中也批准了没有严格适用绝对优先原则的重整计划，学界对此也多有讨论与疑问。[2]根据经济学上关于企业财产"剩余索取权"的理论，当债权人不能获得百分之百的清偿时，出资人不享有对企业财产的"剩余索取权"，因而也不享有任何权益。从经济学的角度来看，绝对优先原则不应因正常批准或强制批准而有所区别。实务中有观点也指出在债务人资不抵债的条件下应当考虑剥夺出资人对出资人权益调整方案的表决权与否决权。[3]根据当前的法律规定，对预重整方案的审查，从法律规定层面来讲依现行2007年《企业破产法》关于重整计划批准的规定进行，但从制度设计的角度考量，在今后的《企业破产法》修订中，可以借鉴美国绝对优先原则相对化的做法，[4]将绝对优先原则在重整计划的批准中予以体现，并在预重整方案的审查中将绝对优先原则作为考量的标准之一。

（5）可行性原则。对于预重整方案的审查，还应当考察方案是否具备

---

〔1〕《企业破产法》第113条规定："破产财产在优先清偿破产费用和共益债务后，依照下列顺序清偿：（一）破产人所欠职工的工资和医疗、伤残补助、抚恤费用，所欠的应当划入职工个人账户的基本养老保险、基本医疗保险费用，以及法律、行政法规规定应当支付给职工的补偿金；（二）破产人欠缴的除前项规定以外的社会保险费用和破产人所欠税款；（三）普通破产债权。破产财产不足以清偿同一顺序的清偿要求的，按照比例分配。破产企业的董事、监事和高级管理人员的工资按照该企业职工的平均工资计算。"

〔2〕参见胡利玲：《公司重整中的股东权益调整——以我国上市公司重整为例》，载《科技创新导报》2019年第22期；贺丹：《破产重整优先规则：实践突破与规则重构》，载《政法论丛》2022年第2期。

〔3〕参见池伟宏：《论重整计划的制定》，载《交大法学》2017年第3期。

〔4〕美国适用绝对优先原则时考量的三个标准为：债务人资不抵债、没有比股东顺位在后的组得到任何清偿、顺位在前的所有组得到的利益不比他们总的债权多。另外，在股东贡献了重整必需的新价值，股东保留的股东利益与贡献的新价值具有同等性时，亦可保留股东权益。参见高丝敏：《重整计划强裁规则的误读与重释》，载《中外法学》2018年第1期。

可行性标准。一般在重整计划的制定与批准中，可行性标准是一个很容易被忽视的标准。从根本上讲，预重整的目的在于通过挽救企业使社会整体利益得到维护，利益相关者权益得到最大化实现；同时，预重整中的债权清偿方案、经营方案等是否具有可行性，是债权人等利益相关者权益实现的根本保证。一个方案如果没有可行性，即使看起来清偿率再高，也可能只是债务人的一张“空头支票”，无法真正执行从而无法实现各方权益保护的最大化。无法执行的预重整方案，必将导致预重整的失败，并因时间拖延造成债权人等利益相关者的损失。因此，即使预重整方案获得全部表决组的通过，只有具备可行性，才可能获得法院的批准。[1]如在美国判例中，关于可行性的问题，债务人需要证明方案满足六个基本的要素：充足的资本结构、盈利能力、市场前景、管理能力、未来获取信贷的能力以及满足资本支出的能力。[2]《全国法院破产审判工作会议纪要》第17条对可行性标准也进行了强调，法院在审查重整计划时，应当关注企业营运价值维护这一重点内容，对经营方案是否可行进行审查。因此，可行性原则并非形式标准，而是实质是否公平的体现。只有预重整方案具备可行性，才能实现这一制度的经济与社会目的，[3]才能真正实现挽救困境企业，维护社会整体利益的目标。

2.是否损害他方利益及违反相关规定

司法权对预重整方案进行审查时，还应当审查预重整方案是否损害预重整之外的其他方的利益，是否违反相关规定。预重整方案原则上是参与各方形成的契约集合，只对契约各方产生效力，不应影响契约主体之外

---

〔1〕［美］查尔斯·J.泰步：《美国破产法新论》，韩长印、何欢、王之洲译，中国政法大学出版社2017年版，第1201页。

〔2〕 In re Agawam Creative Marketing Associates, Inc., 63 B.R. 612（1986, BC DC Mass）. 转引自高丝敏：《重整计划强裁规则的误读与重释》，载《中外法学》2018年第1期。

〔3〕 参见李立勇：《破产重整中债转股法律问题研究》，中南财经政法大学2021年博士学位论文，第64页。

的他方利益。实践中，一些方案中出现对他方权利进行限制，如对企业股权上的质权作出不当安排；或在方案中免除第三方的义务，如免除担保人（一般系企业的实际控制人）的担保义务。有的甚至"夹带私货"，将原本应由行政审批的事项置入预重整方案，期望通过法院的审批直接获得强制执行效力，从而免除行政的审批，实质上脱离行政的监管。因此，对预重整方案的司法审查不仅应当关注方案中契约各方的实体权利是否得到公平的保障，还应当关注是否损害方案之外的他方利益，以及是否违反了法律、行政法规的规定等内容。

3.是否损害社会公共利益

法的根本目的在于维护正义。从根本上讲，个人在社会之中，市场主体亦在社会之中，社会公共利益在本质上讲是社会中各个个体共同的利益。为了社会的共同福利，个体的自由必须受到一些限制。[1]市场主体在谈判及订立契约时，其享有的自由应当是与社会公共利益相协调的自由，通过契约谈判而形成的预重整方案亦如此。在我国内地，预重整作为社会主义市场经济体制下的困境企业挽救制度，社会公共利益是市场发展必然考虑的要素，也是契约实质正义的应有之义。基于预重整的契约本质，在考虑实质公平的同时，必须对方案是否违背社会公共利益进行审查，维护契约实质正义，防止契约自由的滥用。因此，法院除了需对预重整方案的实质公平进行审查，还需对预重整方案是否符合社会公共利益进行审查，不仅需审查预重整方案中的债权清偿方案，亦需审查预重整方案中的经营方案等内容。重整程序不仅要使企业利益相关者的权益保障最大化，还要符合社会整体发展的要求。例如，美国纽约市一家中餐馆的重整程序中，意向投资人纽约市O*博彩公司对债务人表示了投资意向，但当该案的破产受托人在得知该餐馆所在的唐人街社区反对出现这样的机构后，停止了

---

〔1〕 See Alfred N. Whitehead, *Adventures of Ideas*（New York, 1933）.转引自［美］E.博登海默：《法理学：法律哲学与法律方法》，邓正来译，中国政法大学出版社2004年版，第302页。

谈判。法院在与该案有关的判决中认为，破产受托人停止谈判虽然丧失了一个重整的机会，但做法是适当的，反映了重整制度对社会公共利益的关切。[1]因此，预重整中，在方案构成对社会公共利益的损害时，即使各表决组均通过预重整方案，法院亦无法批准，因为这样的方案违背了契约实质正义的原则。司法权对这样的契约自由进行限制，正是维护社会公共利益的需要。社会主义市场经济体制下的预重整运行，应关注对社会公共利益的维护。司法审查中，须对方案是否符合社会公共利益进行全面的审查，以确保预重整方案的实质正义。“如果社会公共利益和社会公共权利得不到确认和体现，则社会本位根本无从谈起。”[2]预重整这样一个以促进企业再生，进而保护社会整体利益的制度，在批准预重整方案时对社会公共利益的考量是必要要素，否则将违背制度的根本价值。即使企业预重整成功，使企业利益相关者的权益获得了最大化的保障，但如果同时损害了社会公共利益，则必须对此作出修正，否则不应予以批准。

4.对不同意的利益相关者的强制缔约——“填塞”效果

“契约自由在整个私法领域具有重要的核心作用”[3]，然而一切权利皆有边界，契约自由并非绝对的自由，而是相对的自由。虽然关于强制缔约的概念历来有所争议，但作为系统提出强制缔约理论的第一人，德国学者Nipperdey的观点直接地说明了强制缔约的根本要义：“强制缔约是指基于法律规范直接令一个法律主体在没有意思拘束力的情况下，负担以最有利相对方的方式订立合同，或者由中立一方确定内容而签订合同的义务。”[4]也有观点认为，强制缔约是基于契约正义对契约自由的限制与纠正，以

---

〔1〕 参见冀宗儒编著：《美国破产法案例选评》，对外经济贸易大学出版社2006年版，第304–314页。

〔2〕 薛克鹏：《论经济法的社会本位理念及其实现》，载《现代法学》2006年第6期。

〔3〕 [德]罗伯特·霍恩、海因·科茨、汉斯·G.莱塞：《德国民商法导论》，楚建译，中国大百科全书出版社1996年版，第90页。

〔4〕 Nipperday，a.a.O.S.7.转引自朱岩：《强制缔约制度研究》，载《清华法学》2011年第1期。

实现对社会公共利益的维护。[1]在预重整方案符合前述审查标准的前提下，司法权可以批准预重整方案，从而使预重整方案的效力及于不同意的利益相关者，通过司法强制力修改他们之间原有的权利义务关系，缔结新的契约，从而对他们形成“填塞”效果。美国破产法上称之为填满标准（cramdown）。也就是说，如果重整计划没有不公平的差别待遇，同时符合公平公正的标准，即使在有组别未通过的情况下，亦可批准重整计划。[2]为什么司法权可以强制没有同意的当事人接受预重整方案，使预重整方案对他们亦具有约束力？笔者认为，在预重整方案符合法定标准的情况下，通过法院的批准使方案对所有利益相关者具有约束力，是司法权基于契约实质正义原则对私法自治中契约自由的合理限制。司法权经过审查，通过批准赋予预重整方案以强制效力，对利益相关者的原权利义务作出修改，既是挽救企业的需要，也是维护利益相关者权益的需要；既是困境企业挽救中社会本位价值观的体现，也是契约实质正义原则的体现。这一理论逻辑，自然要求公权力只能基于契约实质正义的标准，对当事人之间的契约自由进行限制。虽然司法权对预重整方案的批准看起来限制了不同意的当事人契约自由权利的行使，但一方面是通过挽救企业实现社会整体利益最大化、企业利益相关者权益最大化的需要；另一方面，即便从契约自由的原则来看，由于不同意或未投同意票的债权人及其他利益相关者的权益也获得了最大化的保障，虽然他们基于各种原因未对方案投赞成票，但仍然可以视为他们以默示的方式同意该方案。联合国贸法会立法指南指出，自愿重组谈判可能因少数债权人拒不同意而受阻，在方案符合大多数债权人利益的情况下仍不同意，则其目的无非为自己争取更好的条件，而这必然以他人利益受损为代价，因而只能采取在这些持反对意见债权人不同意的情况下仍可修改其合同权利的办法，才能贯彻执行自愿协议，此时需要

---

〔1〕 参见肖滕恺：《〈民法典〉中强制缔约义务条款解释论》，载《东南法学》2022年第1期。

〔2〕 参见冀宗儒编著：《美国破产法案例选评》，对外经济贸易大学出版社2006年版，第369页。

启动庭内司法重整程序。[1]在困境企业挽救过程中，参与各方都会寻找机会来最大化地实现自身的权益，但由于企业资产的匮乏，客观上一方所收回价值的增加，必将导致其他方收回的价值减少。[2]不难看出，一方面，不同意者的目的是争取更好的条件，但这种更好的条件以牺牲他人利益为前提，并不符合在社会本位价值观下追求企业重生，使所有利益相关者权益获得最佳保障的原则。反言之，不同意者事实上明知方案能够使其权益在资源不足的情况下实现最大化保障，如果预重整不能获得成功，则必然其权益的实现将低于当下的方案。在这种情况下，对其基于不正当目的而作出的意思表示，可以视为虚伪的意思表示，其真实意思为对方案的默示同意，并且可以依法定程序强制修改其合同权利，缔结新的权利义务契约关系。

综上所述，司法权对契约自由的规制是一种事后规制，遵循契约实质正义的原则从程序与实体两个方面对预重整方案进行审查与批准。通过在个案中的审查批准与规则确立，维护契约实质正义并引导市场主体在预重整中的行为规范。个案中对契约实质正义原则的维护，体现在对符合标准的预重整方案予以批准，并将效力及于其他不同意的利益相关者；对不符合契约实质正义原则的预重整方案予以否定，以维护利益相关者的合法权益及社会公共利益。从社会层面来讲，通过对个案的裁定，形成对社会的示范效应，从而确定合适的指引性规则，形成预重整契约自由与契约实质正义规制之间的平衡。法官并不是债务人商业会谈中的决策人员，也并没有合适的资源来作出商业上的决策。[3]因此，公权力不可以任性，将权力的“触角”提前伸入当事人自行谈判的过程中，干预市场主体基于其自由意志而缔结契约的过程。因此，司法权对预重整的规制界限仅限于此。

---

〔1〕 参见联合国国际贸易法委员会：《破产法立法指南》（中文版），2006年版，第213页。

〔2〕 参见贺丹：《破产实体合并司法裁判标准反思——一个比较的视角》，载《中国政法大学学报》2017年第3期。

〔3〕 See Vanessa Finch & David Milman, *Corporate Insolvency Law*, Cambridge University Press, 2017, p.882.

超过该界限，必然给市场主体积极主动适用预重整造成障碍，从而可能导致困境企业延误自救时机，造成对市场主体私法自治的冲击，对契约自由原则的破坏。

重整制度的目的是为困境企业提供自救的机会与程序保障，但并不是运用公权力本身来挽救困境企业。[1]预重整制度作为庭外谈判重组与庭内司法重整相结合的混合性困境企业挽救制度，价值在于给予困境企业尽早、及时自我挽救的机会。预重整中，困境企业与其利益相关者之间基于契约自由原则进行协商达成方案，并通过司法强制力予以确认。贯穿这一制度始终的规范基础是私法自治之契约自由原则以及基于契约实质正义原则对契约自由的公权力规制。公权力对当事人之间契约自由进行规制的法理基础在于维护契约实质正义，而非以公权力替代市场的自我挽救。私法自治是市场经济的必然要求，而通过公权力对私法自治进行限制，是为了更好地发挥其积极作用，抑制其消极作用，从而使个人利益与社会整体利益实现相互融合与最佳保障。[2]由此，行政权基于其服务与管理的职能属性，对预重整中涉及政府职能的相关事项如信用修复、税收支持等提供配套政策与服务，对违反经营管理规定、违背社会公共利益的事项进行监管。行政权对预重整的规制在市场主体进行庭外重组的同时进行，是一种事中规制。司法权基于其裁判权的根本属性，对预重整是否遵守法定的程序，方案是否符合实质正义要求进行审查、批准，并产生相应的效力以及示范作用，是一种事后规制。除此之外，行政权、司法权无须也无权对预重整中的自由谈判进行干预，否则将构成对权力的滥用，影响预重整制度的有效运行，使其无法充分发挥制度优势，进而阻碍困境企业的早期挽救，影响市场经济的有序发展。

---

〔1〕 参见齐明：《我国上市公司重整中出资人权益强制调整的误区与出路》，载《法学》2017年第7期。

〔2〕 参见赵万一：《对民法意思自治原则的伦理分析》，载《河南省政法管理干部学院学报》2003年第5期。

结　语

预重整作为市场经济条件下的困境企业挽救制度，其根本目标是尽早挽救企业于困境之中，使企业获得重生，社会整体利益得到维护，企业的利益相关者权益获得最大化保障。围绕这一目标，预重整制度的根本价值理念是社会本位，而非个体本位。预重整是企业与利益相关者一起，以企业财产及营运价值保留与再生为核心展开的私法自治与公权规制的结合。本书在辨析了预重整的契约本质与社会本位属性的基础上，通过对我国内地预重整的实践现状进行检视，分析当前预重整实践与制度初衷背离的原因，以现代契约理论为分析框架，论述了预重整制度的规范基础。应当说，只有在社会本位价值理念指引下，在现代契约理论框架的规范下，预重整制度才能发挥其特有的优势，展现出相对其他困境企业挽救制度的特有价值。

一、现代契约理论之于预重整制度规范基础总结

现代契约理论以契约自由及基于契约实质正义对契约自由的限制为核心，二者如影随形，相得益彰。预重整制度的规范基础包括了私法自治之契约自由原则与公权规制之契约实质正义原则。私法自治之契约自由原则体现在预重整庭外重组阶段，各利益相关者在企业已经遭遇困境的情境下，就其自身权利遵从一定的规则进行自由的处分。具体规范原则体现为预重整启动自由、期限自治，债务人自行管理财产与营业事务，预重整不产生自动中止等强制效力，预重整庭内外程序中意思表示推定一致，预

重整庭外重组程序可逆。公权力基于契约实质正义原则对契约自由进行规制，分为行政权的规制与司法权的规制。行政权对契约自由的规制体现在对预重整提供政策配套服务以及对相关事项的行政监管，是对预重整的事中规制；司法权对契约自由的规制则体现在程序与实体两个方面。程序规制体现在对利益相关者的知情权、参与权、监督权、投票权的保护；在实体规制中，审查预重整方案是否实质公平，如是否符合最低限度接受原则、债权人等利益相关者权益最大化保障原则、同一表决组成员同等对待原则、绝对优先原则、可行性原则等；是否损害他人利益及违反相关规定；是否损害社会公共利益。在符合上述原则的前提下，司法权通过批准预重整方案使之具有强制效力，对于不同意的利益相关者而言构成强制缔约，达到“填塞”的法律效果。在上述规制的边界之外，则不应再有公权力的介入，从而确保市场主体在遭遇困境时，能够在上述框架内自由地遵从其自主意志及时进行挽救。预重整的价值理念与规范基础、规范原则如图1所示。

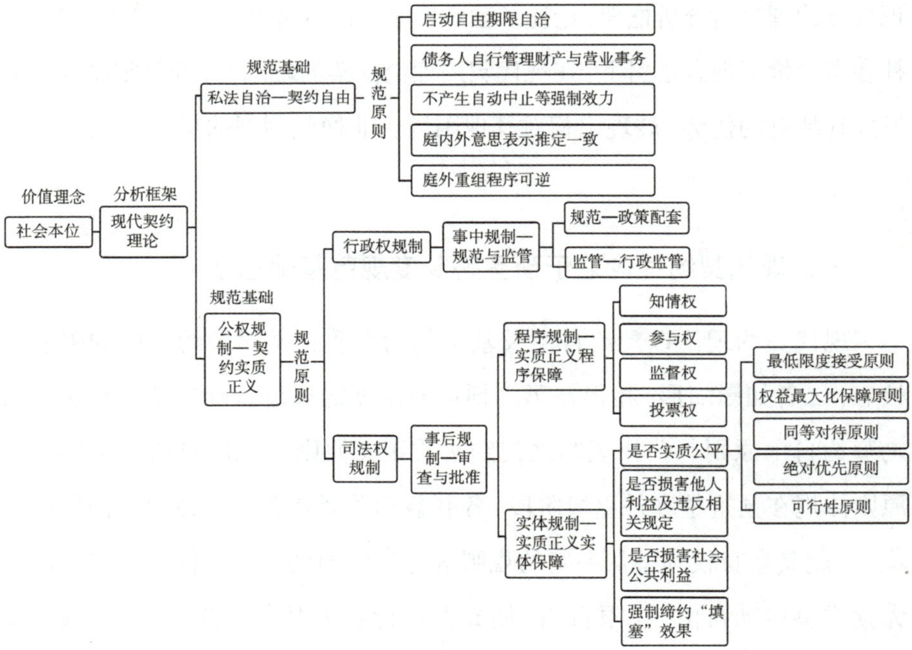

图1　预重整制度规范基础

本书通过一则案例演示，作为对预重整规范基础及规范原则的总结：

A公司系一家以液压设备生产与销售为主营业务的企业，受疫情影响，该公司陷入流动性不足的困境，已无法按期偿还银行贷款利息。但该公司技术先进、服务良好，其产品在国内外均有良好的市场与口碑。根据银行与企业的贷款合同约定，当企业出现不能按期偿还利息等情形时，银行可主张对其贷款提前到期，并可向法院提起诉讼，申请法院对企业财产采取保全措施。在此情况下，如不及时启动挽救程序，A公司将很快陷入无法经营的困境，债权人之间将不可避免地展开对企业资产的争夺，最终将导致A公司营运价值下降甚至无法经营，债权人等利益相关者利益受损。因此，及时启动挽救程序是当务之急。

根据本书论述的预重整庭外重组阶段的规范原则，A公司可主动向债权银行披露经营情况及财务情况，协商启动预重整程序对企业展开自救，并商定庭外谈判的期间以及在此期间的暂停执行。根据第四章论述的预重整中的代表人制度，在谈判过程中，权利受到影响的债权人可成立债权人委员会，作为债权人代表与企业等各方进行谈判，并共同聘请辅助机构及审计、评估机构等。谈判期间，为维持企业的营运价值，帮助企业重生，以使债权人等利益相关者的权益得到最大化保障，企业自行管理财产与营业事务，在债权人的监督下继续开展经营。根据第五章论述的行政权对预重整的规制边界，政府从规范层面提供对预重整期间企业经营的政策支持，如该期间内的税务信用调整，使企业可以保持正常经营。在庭外谈判重组中，企业的经营方案是否符合国家及当地的产业政策，地方政府应进行实时监督，预重整参与各方亦应主动了解并予以规范，避免通过预重整损害社会公共利益。各方依据契约自由原则进行谈判达成方案后，组织权益受到影响的债权人、出资人等分组进行表决。在分组表决获得通过或符合特定条件的情况下，债务人向法院申请受理A公司的破产重整，对庭外达成的预重整方案进行批准，并同时提交庭外谈判期间信息披露等程序权利保障的证明文件。根据第五章论述的预重整的司法规制原则，法院应从程序与实体两个方面对债务人的申请进行审查，一方面需审查庭外谈判重组是否保障了利益相关者的知情权、参与权、监督权与投票权，另一方面需审查庭外达成的方案是否实质公平，是否损害他人利益以及违反相关规定，是否损害社会公共利益。经审查如预重整庭外谈判重组及其成果在程序与实体上均符合实质正义原则，根据预重整庭内外程序中意思表示推定一致的规范原则，无须另行再组织债权人等利益相关者进行表决，可直接对庭外谈判重组达成的方案按法定程序予以批准，使方案产生强制效力，对不同意的利益相关者达到"填塞"效果，从而及时高效挽救困境企业。

根据本书第四章所论述的预重整庭外重组程序可逆的原则，如果A公司在庭外谈判重组过程中未能达成预重整方案，或达成的预重整方案未能获得债权人、出资人分组表决的任一组别通过，则预重整庭外重组结束，回复到预重整前的状态，债务人可另寻他途对企业进行救治，债权人亦可提起诉讼、申请执行或申请对债务人进行破产清算。

在该演示案例中，根据预重整制度规范基础及具体规范原则，当企业出现危机之苗头时，即可自行启动预重整的庭外谈判重组程序，展开与权益受到影响的债权人等主体之间的谈判，并共同商定谈判期间以及在此期间的暂停执行。程序的及时启动为企业挽救节约了宝贵的时间，并使对企业信誉的影响降到最低。预重整庭外谈判重组期间不产生自动中止等强制效力，将促使企业与债权人等利益相关者进行有效谈判。在庭外谈判重组期间，由债务人自行管理财产与营业事务、债权人进行监督的模式，维护了企业的营运价值，保护了企业挽救的必要条件。债权人组成债权人委员会作为代表参与庭外谈判重组程序如共同聘请辅助机构等，体现了契约自由的原则。庭外谈判重组期间，政府在规范层面提供政策支持，并对企业主营业务是否符合国家产业政策进行监管。法院仅在当事人申请转入庭内司法重整程序时，履行对预重整庭外谈判成果在程序与实体上的审查与批准权，债权人等利益相关者在庭外谈判重组中已经表决或征集意见的效力直接延伸至庭内司法重整程序中，无须另行组织表决。在私法自治之契约自由原则与公权规制之契约实质正义原则的规范基础下，困境企业挽救效率得到提升，挽救成本得到压缩，债务人企业所受的不利影响降到最低，最终企业获得重生，社会整体利益得到增进，债权人等利益相关者的权益得到最大化保障，充分体现了预重整这一混合性困境企业挽救制度的优势与魅力。

二、现代契约理论框架下我国内地预重整制度发展之展望

我国内地目前尚未建立完善的预重整制度。在社会本位价值观的指引下，基于现代契约理论的逻辑与理论框架，预重整在困境企业挽救中要发挥其应有的制度优势与作用，需要社会机构的充分参与，从而形成私法自治与公权规制之间的张力。在当前预重整实践的基础上，预重整辅助机构定位的明确与类型的进一步扩容、丰富将十分必要。预重整辅助机构的职能在于从专业的角度辅助预重整当事人推进各项程序，包括对企业的资产负债情况进行调查、组织投资人招募、对盈利能力等进行评估，辅助企业进行信息披露，辅助各方对预重整方案进行制定与谈判，辅助企业进行税务的规划与缴纳，辅助企业向法院申请对预重整方案进行确认，等等。从范围上看，预重整辅助机构可以包括法律机构，也可以包括财务机构、评估机构、税务机构等。与此同时，可以考虑设立预重整的专家咨询机构，为企业提供预重整专家咨询服务。例如，在英国，破产执业者是独立于律师、会计师等专业机构的特殊专业团队。[1]在日本，事业再生实务家

〔1〕 参见张海征：《英国破产重整制度及其借鉴》，载《政治与法律》2010年第9期。

协会系经法务大臣与经济产业大臣双重认证的团体组织，通过培养事业再生实务专业人才，参与事业再生的指导活动，从而促进事业再生市场的发展。[1]从性质上看，事业再生实务家协会与英国的破产执业者颇有相似之处。对于困境企业挽救程序而言，破产执业者或专家团体更具有综合性与专业性，在预重整制度建设中可以作为借鉴。另外，有学者提出成立破产管理署，负责管理与监督管理人、指定公派管理人、与行政部门进行协调、破产人在失权期间的监督及复权等事项。[2]从预重整的制度设计与运行来看，设立破产管理署，培育专业的破产执业实务专家，并在其职能中涵盖对预重整进行登记备案，为债务人与债权人选定辅助机构或专家团队提供服务等事项，亦将有助于预重整制度的规范高效运行，并使预重整庭外重组与后续司法程序进行有效衔接，使市场主体的私法自治与行政权的规范监管、司法权的裁判规制有效结合，促进社会主义市场经济体制下困境企业挽救制度的充分发展。

总之，在预重整制度建设与运行中，以社会本位为理念指引，以现代契约理论为理论框架，市场主体遵循私法自治之契约自由原则进行庭外谈判重组，行政权、司法权遵循公权规制之契约实质正义原则对预重整进行规制，在市场主体私法自治与行政权、司法权的公权规制之间形成明确的界限与合适的张力，才能使权利与权力相向而行、相互协同，预重整制度不断完善并高效运行，真正展现其及时、高效挽救困境企业，促进市场经济健康有序发展的无限活力。

---

〔1〕 参见［日］清水祐介：《事业再生ADR的指引》，席修举、吴色君、陈景善译，载王卫国、郑志斌主编《法庭外债务重组》（第1辑），法律出版社2017年版，第283-297页。

〔2〕 参见汤维建：《建立全国统一的破产管理署，实行垂直管理不受地方统辖》，载微信公众号"中国人民大学法学院"2022年4月16日，https://mp.weixin.qq.com/s/xTAatHvHNAVaesSJuecw7A。

参考文献

一、著作类

（一）中文（含译著）

1. 曹平、高桂林、侯佳儒:《中国经济法基础理论新探索》,中国法制出版社2005年版。

2. 陈聪富:《契约自由与诚信原则》,台北,元照出版有限公司2015年版。

3. 陈郁编:《所有权、控制权与激励——代理经济学文选》,上海三联书店、上海人民出版社2006年版。

4. 韩世远:《合同法总论》(第4版),法律出版社2018年版。

5. 何勤华、郝铁川、程维荣、戴永盛:《中西法律文化通论》,复旦大学出版社1994年版。

6. 何勤华、屈文生、崔吉子主编:《法律翻译与法律移植》,法律出版社2015年版。

7. 贺丹:《破产重整控制权的法律配置》,中国检察出版社2010年版。

8. 胡利玲:《困境企业拯救的法律机制研究——制度改进的视角》,中国政法大学出版社2009年版。

9. 胡启忠:《契约正义论》,法律出版社2007年版。

10. 黄启辉:《行政救济构造研究——以司法权与行政权之关系为路径》,武汉大学出版社2012年版。

11. 冀宗儒编著:《美国破产法案例选评》,对外经济贸易大学出版社2006年版。

12. 江丁库主编:《破产预重整法律实务》,人民法院出版社2019年版。

13. 李飞主编:《当代外国破产法》,中国法制出版社2006年版。

14. 李曙光、刘延岭主编:《破产法评论》(第1卷),法律出版社2018年版。

15. 李曙光、郑志斌主编:《公司重整法律评论》(第2卷),法律出版社2012年版。

16. 李曙光、郑志斌主编:《公司重整法律评论》(第5卷),法律出版社2019年版。

17. 李永军:《合同法》(第2版),中国人民大学出版社2008年版。

18. 李永军:《破产法:理论与规范研究》,中国政法大学出版社2013年版。

19. 刘连煜:《公司治理与公司社会责任》,中国政法大学出版社2001年版。

20. 陆晓燕:《"市场化破产"的法治内蕴》,法律出版社2020年版。

21. 路丽梅、王群会、江培英主编:《新编汉语辞海》,光明日报出版社2012年版。

22. 孟令彤:《比较公司治理研究》,沈阳出版社2011年版。

23. 齐砺杰:《破产重整制度的比较研究——英美视野与中国图景》,中国社会科学出版社2016年版。

24. 尚杰:《〈社会契约论〉导读》,四川教育出版社2002年版。

25. 沈亚平、吴春华编著:《公共行政学》,天津大学出版社2005年版。

26. 盛洪主编:《现代制度经济学》(上),北京大学出版社2003年版。

27. 汤维建:《破产程序与破产立法研究》,人民法院出版社2001年版。

28. 王俊豪:《政府管制经济学导论——基本理论及其在政府管制实践

中的应用》,商务印书馆2001年版。

29. 王利明:《法平如水——一位法学家的思想随笔》,中华书局(香港)有限公司2016年版。

30. 王利明:《合同法研究》(第1卷),中国人民大学出版社2015年版。

31. 王卫国、郑志斌主编:《法庭外债务重组》(第1辑),法律出版社2017年版。

32. 王欣新:《破产法》(第3版),中国人民大学出版社2011年版。

33. 王欣新:《破产法前沿问题思辨》,法律出版社2017年版。

34. 王泽鉴:《债法原理》,北京大学出版社2009年版。

35. 王佐发:《公司重整制度的契约分析》,中国政法大学出版社2013年版。

36. 吴兴光、龙著华、周新军、叶昌富:《合同法比较研究》,中山大学出版社2002年版。

37. 信春鹰、李林主编:《依法治国与司法改革》,中国法制出版社1999年版。

38. 许德风:《破产法论——解释与功能比较的视角》,北京大学出版社2015年版。

39. 尹正友:《企业破产与政府职责》,法律出版社2010年版。

40. 张俊浩主编:《民法学原理》(下册)(修订第3版),中国政法大学出版社2000年版。

41. 张守文主编:《经济法研究》2018年第1期(总第20卷),北京大学出版社2018年版。

42. 张守文主编:《经济法研究》2018年第2期(总第21卷),北京大学出版社2019年版。

43. 张婷、胡利玲编著:《预重整制度理论与实践》,法律出版社2020年版。

44. 张远超、孟祥仲主编:《宏观经济学》,经济科学出版社2006年版。

45. 赵万一:《公司治理法律问题研究》,法律出版社2004年版。

46. 郑志斌、张婷:《公司重整:角色与规则》,北京大学出版社2013年版。

47. [美]E.博登海默:《法理学:法律哲学与法律方法》,邓正来译,中国政法大学出版社2004年版。

48. [美]N.Gregory Mankiw:《经济学原理》(原书第3版),梁小民译,机械工业出版社2003年版。

49. [美]R.M.昂格尔:《现代社会中的法律》,吴玉章、周汉华译,译林出版社2001年版。

50. [美]查尔斯·J.泰步:《美国破产法新论》,韩长印、何欢、王之洲译,中国政法大学出版社2017年版。

51. [美]大卫·G.爱泼斯坦、史蒂夫·H.尼克勒斯、詹姆斯·J.怀特:《美国破产法》,韩长印等译,中国政法大学出版社2003年版。

52. [美]弗兰克·伊斯特布鲁克、丹尼尔·费希尔:《公司法的经济结构》(中译本)(第2版),罗培新、张建伟译,北京大学出版社2014年版。

53. [美]杰伊·劳伦斯·韦期特布鲁克、查尔斯·布斯、[德]克里斯托弗·保勒斯、[英]哈里·拉贾克:《商事破产:全球视野下的比较分析》,王之洲译,中国政法大学出版社2018年版。

54. [美]理查德·A.波斯纳:《法律的经济分析》,蒋兆康译,林毅夫校,中国大百科全书出版社1997年版。

55. [美]罗·庞德:《通过法律的社会控制法律的任务》,沈宗灵、董世忠译,杨昌裕、楼邦彦校,商务印书馆出版社1984年版。

56. [美]罗伯特·C.克拉克:《公司法则》,胡平等译,工商出版社1999年版。

57. [美]罗斯科·庞德:《普通法的精神》(中文修订版),唐前宏、廖湘文、高雪原译，法律出版社2010年版。

58.［美］麦克尼尔：《新社会契约论》，雷喜宁、潘勤译，中国政法大学出版社1994年版。

59.［美］美国破产法协会：《美国破产重整制度改革调研报告》，何欢、韩长印译，中国政法大学出版社2016年版。

60.［美］小戴维·A.斯基尔：《债务的世界：美国破产法史》，赵炳昊译，中国法制出版社2010年版。

61.［英］W.Ivor.詹宁斯：《法与宪法》，龚祥瑞、侯健译，贺卫方校，生活·读书·新知三联书店1997年版。

62.［英］费奥娜·托米：《英国公司和个人破产法》，汤维建、刘静译，北京大学出版社2010年版。

63.［英］亚当·斯密：《道德情操论》，韩巍译，西苑出版社2005年版。

64.［英］亚当·斯密：《国富论》，胡长明译，重庆出版社2015年版。

65.［英］亚当·斯密：《国民财富的性质和原因的研究》（下卷），郭大力、王亚南译，商务印书馆出版1974年版。

66.［法］贝特朗·理查、多米尼克·米艾莱：《公司治理》，张汉麟等译，经济管理出版社2006年版。

67.［法］孟德斯鸠：《论法的精神》（上），张雁深译，商务印书馆1961年版。

68.［德］卡尔·马克思、弗里德里希·恩格斯：《马克思恩格斯全集》（第6卷），中共中央马克思恩格斯列宁斯大林著作编译局编译，人民出版社1961年版。

69.［德］罗伯特·霍恩、海因·科茨、汉斯·G.莱塞：《德国民商法导论》，楚建译，中国大百科全书出版社1996年版。

70.［意］彼德罗·彭梵得：《罗马法教科书》，黄风译，中国政法大学出版社1996年版。

71.［日］芦部信喜:《宪法》，李鸿禧译，台北，月旦出版社股份有限公司1995年版。

（二）外文

1. Beale, Simon & Paul Keddie, *Insolvency and Restructuring Manual*, Bloomsbury Professional Ltd., 2018.

2. Finch, Vanessa & David Milman, *Corporate Insolvency Law: Perspectives and Principles*, 3rd ed., Cambridge University Press, 2017.

3. Lee Coppock & Dirk Mateer, *Principles of Macroeconomics*, W. W. Norton & Company, 2018.

4. Payne & Jennifer, *Schemes of Arrangement: Theory, Structure and Operation*, 2nd ed., Cambridge University Press, 2021.

二、论文类

（一）中文（含译文）

1. 曹文兵、朱程斌:《预重整制度的再认识及其规范重构——从余杭预重整案谈起》，载《法律适用（司法案例）》2019年第2期。

2. 柴刚、张晓迪:《渤海钢铁“病人”》，载《中国经营报》2019年4月20日，第4版。

3. 陈坚、顾建兵、花卉:《府院联动赋能“破局突围”——南通法院助力区域发展纪实》，载《江苏法治报》2022年7月1日，第A版。

4. 陈瑞华:《司法权的性质——以刑事司法为范例的分析》，载《法学研究》2000年第5期。

5. 池伟宏:《论重整计划的制定》，载《交大法学》2017年第3期。

6. 戴治勇、贾小兵:《破产法研究综述》，载《光华法学》2008年第2辑。

7. 丁国锋:《江苏首例上市公司预重整案圆满收官》,载《法治日报》2021年7月7日,第6版。

8. 丁燕:《论合同法维度下重整投资人权益的保护》,载《法律适用》2018年第7期。

9. 董惠江:《我国企业重整制度的改良与预先包裹式重整》,载《现代法学》2009年第5期。

10. 杜军、全先银:《公司预重整制度的实践意义》,载《人民法院报》2017年9月13日,第7版。

11. 杜军:《中、英企业破产拯救制度的比较研究》,载《法律适用》2017年第21期。

12. 范纯:《日本倒产法制改革》,载《现代日本经济》2007年第6期。

13. 付永、曾菊新:《地方政府治理结构与区域经济发展》,载《经济体制改革》2005年第2期。

14. 傅穹、王欣:《破产债务人财产制度的法律解释》,载《社会科学研究》2013年第5期。

15. 高丝敏:《论破产重整中信息披露制度的建构》,载《山西大学学报(哲学社会科学版)》2021年第3期。

16. 高丝敏:《我国破产重整中债务人自行管理制度的完善——以信义义务为视角》,载《中国政法大学学报》2017年第3期。

17. 高丝敏:《重整计划强裁规则的误读与重释》,载《中外法学》2018年第1期。

18. 葛结根:《资本结构契约理论研究——基于代理成本、非对称信息与企业控制权的分析框架》,中国人民大学2004年博士学位论文。

19. 郭佩颖:《凯恩斯主义宏观经济理论演进脉络探析》,载《吉林金融研究》2020年第4期。

20. 郭娅丽:《破产处置"僵尸企业"中府院联动机制建设的经济法分

析》，载《经济法研究》2018年第1期。

21. 韩长印:《简论破产重整计划表决的信息披露机制——以美国法为借鉴》，载《人民司法(应用)》2015年第1期。

22. 韩长印:《企业破产立法目标的争论及其评价》，载《中国法学》2004年第5期。

23. 何勤华:《法的移植与法的本土化》，载《中国法学》2002年第3期。

24. 何勤华:《耶林法哲学理论述评》，载《法学》1995年第8期。

25. 贺丹:《破产实体合并司法裁判标准反思——一个比较的视角》，载《中国政法大学学报》2017年第3期。

26. 贺丹:《破产重整控制权的法律配置》，中国政法大学2006年博士学位论文。

27. 贺丹:《破产重整优先规则:实践突破与规则重构》，载《政法论丛》2022年第2期。

28. 贺丹:《市场化的破产法与破产法的市场化》，载《人民法治》2017年第11期。

29. 贺丹:《通用公司重整模式的破产法分析》，载李曙光、郑志斌主编:《公司重整法律评论》(第2卷)，法律出版社2012年版。

30. 贺卫方:《“契约”与“合同”的辨析》，载《法学研究》1992年第2期。

31. 贺小荣、王富博、杜军:《破产管理人与重整制度的探索与完善——〈全国法院破产审判工作会议纪要〉的理解与适用》(上)，载《人民司法(应用)》2018年第13期。

32. 胡利玲:《公司重整中的股东权益调整——以我国上市公司重整为例》，载《科技创新导报》2019年第22期。

33. 胡利玲:《困境企业拯救的法律机制研究——以制度改进为中心》，中国政法大学2007年博士学位论文。

34. 胡利玲:《论困境企业拯救的预先重整机制》,载《科技与法律》2009年第3期。

35. 胡利玲:《破产重整制度之审思》,载《中国政法大学学报》2009年第4期。

36. 胡利玲:《预重整的目的、法律地位与性质——基于对我国预重整地方实践的反思》,载《东方论坛》2021年第4期。

37. 胡利玲:《预重整制度的功能定位——基于对我国预重整实践的思考》,载微信公众号"QDFX破产法学会"2021年1月27日,https://mp.weixin.qq.com/s?__biz=MzkxNzE5OTkxMQ==&mid=2247484218&idx=1&sn=2fdd83b1c4079c256cf4758983f7c80a&chksm=c1450e72f63287643529b1600bd9f7b785d96071dea12f930fe3ab23d240e09cd1af1593dcdb&mpshare=1&scene=23&srcid=0127fPsVTN6d4WGSsGxLRaMM&sharer_sharetime=1621562580480&sharer_shareid=cba22cb51b7603a1a5c521a7f16f7567#rd。

38. 胡启忠:《西方现代契约正义理论产生的理论基础》,载《财经科学》2007年第1期。

39. 纪红勇:《浅谈破产重整程序中债权人的知情权》,载《法律适用》2012年第11期。

40. 季奎明:《论困境企业的预先重整》,载《上海财经大学学报》2013年第4期。

41. 季奎明:《论企业预先重整制度》,载《公司法律评论》2011年卷。

42. 姜铄、丁燕:《试论我国破产管理人之民事责任》,载《广西政法管理干部学院学报》2021年第4期。

43. 金春、任一民、池伟宏:《预重整的制度框架分析与实践模式探索》(上),载王卫国、郑志斌主编《法庭外债务重组》(第1辑),法律出版社2017年版。

44. 雷磊:《法教义学的方法》,载《中国法律评论》2022年第5期。

45. 李大何、李永军:《论破产法上债权人委员会的地位》,载《海南大学学报(人文社会科学版)》2011年第6期。

46. 李慧:《金融危机视角下:政府与市场的关系——读〈美国实体经济长期失衡是根本〉后感》,载《中国商界(下半月)》2009年第4期。

47. 李建伟:《后〈民法典〉时代商法基本原则的再厘定》,载《学术论坛》2021年第3期。

48. 李立勇:《破产重整中债转股法律问题研究》,中南财经政法大学2021年博士学位论文。

49. 李曙光:《重整审判的市场化案例标本——评二重破产重整案》,载李曙光、刘延岭主编《破产法评论》(第1卷),法律出版社2018年版。

50. 李曙光:《论我国〈企业破产法〉修法的理念、原则与修改重点》,载《中国法律评论》2021年第6期。

51. 李曙光:《我国破产重整制度的多维解构及其改进》,载《法学评论》2022年第3期。

52. 李曙光:《预重整制度在中国的探索式样本——评福昌电子破产重整案》,载李曙光、刘延岭主编:《破产法评论》(第1卷),法律出版社2018年版。

53. 李帅:《论强制破产重整计划中对持反对意见债权人的保护》,载《人民司法》2013年第7期。

54. 李永军:《从契约自由原则的基础看其在现代合同法上的地位》,载《比较法研究》2002年第4期。

55. 李永军:《重申破产法的私法精神》,载《政法论坛》2002年第3期。

56. 李友根:《美国政府是如何干预市场的——美国police power理论与判例的启示》,载张守文主编:《经济法研究》2018年第2期(总第21卷),北京大学出版社2019年版。

57. 连志慧、武雪周:《服务型政府的价值理念探析》,载《前沿》2008年第12期。

58. 梁慧星:《从近代民法到现代民法——二十世纪民法回顾》,载《中外法学》1997年第2期。

59. 林毅夫:《转型国家需要有效市场和有为政府》,载《中国经济周刊》2014年第6期。

60. 林永然:《新时代政府治理能力现代化探析》,载《创新》2020年第3期。

61. 刘敏、池伟宏:《法院批准重整计划实务问题研究》,载《法律适用》2011年第10期。

62. 刘志云:《论契约正义及其理论基础》,载《华东政法学院学报》1999年第5期。

63. 陆晓燕:《"府院联动"的建构与边界——围绕后疫情时代市场化破产中的政府定位展开》,载《法律适用》2020年第17期。

64. 罗鹏:《对泸天化债转股案例的分析》,载《金融经济》2019年第12期。

65. 南岭:《私权的公权规制与公权的私权介入》,载《开放时代》1999年第2期。

66. 潘光林、方飞潮、叶飞:《预重整制度的价值分析及温州实践——以温州吉尔达鞋业有限公司预重整案为视角》,载《法律适用》2019年第12期。

67. 彭江:《发挥债委会作用为实体企业护航》,载《经济日报》2019年11月22日,第6版。

68. 齐爱民:《差序正义理论和差序分析法:一种崭新契约正义理论和法学研究方法——读胡启忠教授的〈契约正义论〉》,载《社会科学研究》2008年第2期。

69. 齐明:《美国破产重整制度研究》,吉林大学2009年博士学位论文。

70. 齐明:《我国上市公司重整中出资人权益强制调整的误区与出路》,载《法学》2017年第7期。

71. 钱叶芳:《社会法学的法域、核心范畴及范畴体系》,载《法学》2019年第9期。

72. 钱颖一:《市场与法治》,载《经济社会体制比较》2000年第3期。

73. 钱颖一:《市场经济搞得好坏取决于什么》,载《北京日报》2022年2月28日,第9版。

74. 荣艳:《论预重整中金融债委会的作用及债权人委员会制度的完善》,载王欣新、郑志斌主编:《破产法论坛》(第21辑),法律出版社2022年版。

75. 史际春、李青山:《论经济法的理念》,载《华东政法学院学报》2003年第2期。

76. 宋冬林、谢文帅:《中国社会主义基本经济制度的历史演进与实践愿景》,载《社会科学战线》2021年第4期。

77. 孙梦凡:《超十地出台措施拯救"烂尾楼"地产纾困基金加速落地》,载《第一财经日报》2022年9月5日,第A09版。

78. 孙笑侠:《司法权的本质是判断权——司法权与行政权的十大区别》,载《法学》1998年第8期。

79. 孙笑侠:《再论司法权是审判权》,载信春鹰、李林主编:《依法治国与司法改革》,中国法制出版社1999年版。

80. 汤维建:《建立全国统一的破产管理署,实行垂直管理不受地方统辖》,载微信公众号"中国人民大学法学院"2022年4月16日,https://mp.weixin.qq.com/s/xTAatHvHNAVaesSJuecw7A。

81. 汤维建:《论破产管理人》,载《法商研究(中南政法学院学报)》1994年第5期。

82. 汪莉:《契约法中的契约自由与契约正义》,载《学术界》2005年第6期。

83. 汪渊智、冯锦生:《论合同正义》,载《政法论坛》1996年第6期。

84. 汪志强:《转型社会中的农村公共安全服务研究——以湖北省麻城市治安管理与服务为表述对象》,华中师范大学2007年博士学位论文。

85. 王春业:《论行政权谦抑性品格》,载《广东行政学院学报》2015年第1期。

86. 王建平、张达君:《破产重整计划批准制度及反思》,载《人民司法》2010年第23期。

87. 王玲芳:《混合企业救援实践下的预重整制度构建》,载《法治研究》2022年第4期。

88. 王卫国:《论重整企业的营业授权制度》,载《比较法研究》1998年第1期。

89. 王卫国:《论重整制度》,载《法学研究》1996年第1期。

90. 王欣新、丁燕:《论破产法上信息披露制度的构建与完善》,载《政治与法律》2012年第2期。

91. 王欣新、李江鸿:《论破产重整中的债务人自行管理制度》,载《政治与法律》2009年第11期。

92. 王欣新、许胜锋:《落实全国法院民商事审判工作会议精神完善重整中的债务人自行管理制度》,载《人民法院报》2019年7月18日,第7版。

93. 王欣新、杨涛:《破产企业职工债权保障制度研究——改革社会成本的包容与分担》,载《法治研究》2013年第1期。

94. 王欣新:《建立市场化、法治化的预重整制度》,载《政法论丛》2021年第6期。

95. 王欣新:《论经济危机下的破产法应对》,载《人民法院报》2009年6月18日,第6版。

96. 王欣新:《论破产立法中的经济法理念》,载《北京市政法管理干部学院学报》2004年第2期。

97. 王欣新:《以破产法的改革完善应对新冠疫情、提升营商环境》,载《法律适用》2020年第15期。

98.王欣新:《预重整的制度建设与实务辨析》,载《人民司法》2021年第7期。

99.王新军、赵竹青、刘昭伯、王一楠:《破产重整企业金融信用修复问题探析》,载《征信》2022年第6期。

100.王轶:《民法价值判断问题的实体性论证规则——以中国民法学的学术实践为背景》,载《中国社会科学》2004年第6期。

101.王玉萍、左同宇:《善治视阈下的责任政府建设与社会主义市场经济治理进路》,载《理论导刊》2021年第4期。

102.王泽鉴:《台湾的民法与市场经济》,载《法学研究》1993年第2期。

103.王佐发:《公司重整的契约分析》,中国政法大学2008年博士学位论文。

104.王佐发:《预重整制度的法律经济分析》,载《政法论坛》2009年第2期。

105.韦忠语:《破产财产经营论》,载《法商研究》2016年第2期。

106.吴晓璐:《年内10家上市公司入列"重整席"业界呼吁建立全国统一预重整规则》,载《证券日报》2022年6月23日,第A03版。

107.吴勇:《浙江首例预重整案:2000万元急救金撬动负债18亿元房企》,载浙江在线网zjol.com.cn,2021年3月17日访问。

108.吴在存:《美国破产重整及管理人制度的考察与启示》,载《人民司法(应用)》2018年第28期。

109.夏锦文:《国家治理体系和治理能力现代化的中国探索》,载《理论导报》2019年第11期。

110.肖縢恺:《〈民法典〉中强制缔约义务条款解释论》,载《东南法学》2022年第1期。

111.谢鸿飞:《〈民法典〉合同编内在体系的变迁》,载《山西大学学报(哲学社会科学版)》2020年第6期。

112.徐国平:《论我国契约法应有的两大原则:契约自由和契约正义》,载《芜湖职业技术学院学报》1999年第1期。

113.徐星:《〈卡斯特桥市长〉中的维多利亚时期英国法律图景》,载《浙江海洋大学学报(人文科学版)》2019年第3期。

114.徐阳光、韩玥:《破产重整程序中的信息披露》,载《人民司法》2019年第34期。

115.徐阳光、何文慧:《出售式重整模式的司法适用问题研究——基于中美典型案例的比较分析》,载《法律适用(司法案例)》2017年第4期。

116.徐阳光、武诗敏:《企业拯救文化与破产法律制度的发展——基于英国破产制度最新变革的分析》,载《山西大学学报(哲学社会科学版)》2021年第1期。

117.徐阳光:《困境企业预重整的法律规制研究》,载《法商研究》2021年第3期。

118.许聪、王芳:《"生病"企业的"医院"——深圳中院服务供给侧结构性改革依法审理破产重整案探访》,载《人民法院报》2017年6月25日,第1版。

119.许德风:《破产法基本原则再认识》,载《法学》2009年第8期。

120.许胜锋:《重整中债务人自行管理制度价值及风险的实用性研究》,载《中国政法大学学报》2017年第3期。

121.薛克鹏:《规制的经济法属性及构成要素——〈民法典〉背景下的经济法理论变革》,载《现代法学》2022年第3期。

122.薛克鹏:《论经济法的社会本位理念及其实现》,载《现代法学》

2006年第6期。

123.杨叔朋、郭云峰:《东北特钢重整案:创新破产审判的大连经验》,载《人民法院报》2017年12月21日,第3版。

124.杨忠孝:《论破产重整程序的正当性》,载《公司法律评论》2007年卷。

125.尤春媛:《社会主义市场经济视野中的契约文明与法治政府建构》,南京航空航天大学2011年博士学位论文。

126.岳明、秦权:《全省法院发挥破产重整制度功能积极拯救危困企业》,载《河南法制报》2022年9月1日,第9版。

127.占菊钗:《2016年中国破产法理论研究综述》,载《公司法律评论》2017年卷。

128.张春:《银行业债权人委员会制度:理论基础、现实需求与优化路径——以河南省为例》,载《金融监管研究》2016年第11期。

129.张海征、金晓文:《浅析英国破产法上的预重整制度》,载《全国商情(理论研究)》2012年第7期。

130.张海征:《英国破产重整制度及其借鉴》,载《政治与法律》2010年第9期。

131.张恒飞:《论契约自由与契约正义的较量——读〈契约的死亡〉和〈契约的再生〉有感》,载《学理论》2014年第2期。

132.张弘:《论行政权的谦抑性及行政法的相应对待》,载《政法论丛》2017年第3期。

133.张民安:《法国民法中意思自治原则的新发展》,载《法治研究》2021年第4期。

134.张钦昱:《公司重整中出资人权益的保护——以出资人委员会为视角》,载《政治与法律》2018年第11期。

135.张树义、梁凤云:《现代行政权的概念及属性分析》,载《国家行政学院学报》2000年第2期。

136.张思锋、王舟浩、张立:《政府与市场:理论演进、美国改进、中国改革》,载《西安交通大学学报(社会科学版)》2015年第3期。

137.张思明:《美国破产重整DIP融资制度研究》,载《商业研究》2016年第6期。

138.张维迎:《所有制、治理结构及委托—代理关系——兼评崔之元和周其仁的一些观点》,载《经济研究》1996年第9期。

139.张旭:《"政府和市场的关系"与政府职能转变》,载《经济纵横》2014年第7期。

140.张旭东:《论契约自由与契约正义》,载《郑州航空工业管理学院学报(社会科学版)》2005年第4期。

141.张亚楠:《完善我国破产保护制度的若干思考》,载《政治与法律》2015年第2期。

142.张艳丽、陈俊清:《预重整:法庭外重组与法庭内重整的衔接》,载《河北法学》2021年第2期。

143.张艳丽:《破产重整制度有效运行的问题与出路》,载《法学杂志》2016年第6期。

144.张志华:《企业的契约性质、所有权理论及公司治理结构述评》,载《财经科学》2006年第7期。

145.赵万一:《对民法意思自治原则的伦理分析》,载《河南省政法管理干部学院学报》2003年第5期。

146.赵文洪:《市场经济与社会本位价值观》,载《哲学研究》1996年第12期。

147.赵锡勇:《中国企业破产预重整制度的博弈分析及制度借鉴》,中国政法大学2018年博士后研究工作报告。

148.赵修义、朱贻庭:《权利、利益和权力》,载《毛泽东邓小平理论研究》2004年第5期。

149.赵永行:《论行政权与司法权的关系》,载《现代法学》1997年第5期。

150.浙江省杭州市余杭区人民法院课题组:《房地产企业预重整的实务探索及建议》,载《人民司法(应用)》2016年第7期。

151.郑志斌、刘玥译,贺丹审校:《世界银行法庭外债务重组研究资料:法庭外债务重组》,载王卫国、郑志斌主编:《法庭外债务重组》(第1辑),法律出版社2017年版。

152.周晖国:《法律本位论析》,载《南京大学法律评论》2006年第2期。

153.周荆、杨琳:《破产重整计划的强制批准》,载《人民司法(应用)》2017年第31期。

154.周文、包炜杰:《再论中国特色社会主义市场经济体制》,载《经济学家》2019年第3期。

155.朱庆育:《意思表示与法律行为》,载《比较法研究》2004年第1期。

156.朱岩:《强制缔约制度研究》,载《清华法学》2011年第1期。

157.珠海市破产管理人协会:《如何盘活烂尾楼? |"珠海经验"聚焦破产预重整方式》,载微信公众号"珠海市破产管理人协会"2021年10月18日,https://mp.weixin.qq.com/s/tMTnF5_11ai3xK-QGP9elw。

158.卓泽渊:《论法的价值》,载《中国法学》2000年第6期。

159.邹海林:《供给侧结构性改革与破产重整制度的适用》,载《法律适用》2017年第3期。

160.[美]罗纳德.科斯:《企业的性质》,载盛洪主编:《现代制度经济学》(上),北京大学出版社2003年版。

161.[美]迈克尔·詹森、威廉·梅克林:《企业理论:管理行为、代理成本与所有权结构》,载陈郁编:《所有权、控制权与激励——代理经济学文选》,上海三联书店、上海人民出版社2006年版。

162.[美]米歇尔·詹森、威廉姆·马克林:《企业理论:管理者行为、代理费用与产权结构》,载盛洪主编:《现代制度经济学》(上),北京大学出版社2003年版。

163.[英]Jennifer Payne:《英国债务重整的未来》,杜军译,载徐阳光、张婷主编:《破产法茶座》(第3卷),法律出版社2019年版。

164.[日]高木新二郎:《事业事务程序中多数决的适用》,吴色君、席修举、陈景善译,载王卫国、郑志斌主编:《法庭外债务重组》(第1辑),法律出版社2017年版。

165.[日]今川嘉文:《〈法庭外债务重组指引〉的框架》,崔延花译,载王卫国、郑志斌主编:《法庭外债务重组》(第1辑),法律出版社2017年版。

166.[日]濑户英雄:《法庭外再生程序——事业再生ADR程序》,吴色君、席修举、芦超译,载王卫国、郑志斌主编:《法庭外债务重组》(第1辑),法律出版社2017年版。

167.[日]清水祐介:《事业再生ADR的指引》,席修举、吴色君、陈景善译,载王卫国、郑志斌主编《法庭外债务重组》(第1辑),法律出版社2017年版。

(二)外文

1. Bailey, Peter, "Restructuring Plans under the Companies Act 2006 Pt 26A: The Story so Far", *City University of Hong Kong Database*, https://launch-westlawasia-com.ezproxy.cityu.edu.hk/document/I0878DD004C1B11EDBF0AD27084713A21?srguid=i0ad832f2000001843da3ab27d61a3009&fromSearch=true&offset=2#:~:text=Company%20Law%20Newsletter,Peter%20Bailey.

2. Carlson, Thomas E. and Jennifer Frasier Hayes, "The Small Business Provisions of the 2005 Bankruptcy Amendments", *The American Bankruptcy*

Law Journal; *Ft. Wayne* 79, No. 3 (Sum., 2005): 645–695. Connolly, Dennis J., "Current Issues Involving Prepackaged and Prenegotiated Plans", *Norton Annual Survey of Bankruptcy Law* 2004, No. 2004 (Sep., 2004).

3. Carruthers, Bruce G., and Terence C. Halliday, *Rescuing Business: The Making of Corporate Bankruptcy Law in England and the United States*, Oxford: Clarendon Press, 1998.

4. Corporate Insolvency and Governance Act. *Restructuring Plan*. PDF file. June 30, 2020. https://www.pillsburylaw.com/images/content/1/3/135197/Restructuring-Plan.pdf.

5. Dahiya, Sandeep & Korok Ray, "A Theoretical Framework for Evaluating Debtor-in-Possession Financing", *Emory Bankruptcy Developments Journal* 34, No. 1 (Jan., 2017): 57–88.

6. Dahiya, Sandeep, Kose John, Manju Puri, and Gabriel Ramırez, "Debtor-in-possession financing and bankruptcy resolution: Empirical evidence", *Journal of Financial Economics* 69, No. 1 (Jul., 2003): 259–280. https://doi.org/10.1016/S0304-405X(03)00113-2.

7. Jackson, Thomas H., "Bankruptcy, Non-Bankruptcy Entitlements, and the Creditors'Bargain", *The Yale Law Journal* 91, No. 5 (1982): 857–907. https://doi.org/10.2307/796070.

8. Kim, Dong Kyoon, "Do self-serving managers choose Chapter 11 filing over out-of-court restructuring?", *Journal of Economics and Finance* 30, No. 1 (March 2006): 105–114. https://doi.org/10.1007/BF02834278.

9. Korobkin, Donald R., "Contractarianism and the Normative Foundations of Bankruptcy Law", *Texas Law Review* 71, No. 3 (Feb., 1993): 541–632.

10. Korobkin, Donald R., "Rehabilitating Values: A Jurisprudence of

Bankruptcy", *Columbia Law Review* 91, No. 4 (1991): 717, https://doi.org/10.2307/1122945.

11. Nihei, Zentaro, "The Role of Japanese Government-Backed Funds in Financial Restructurings", *Norton Journal of Bankruptcy Law and Practice* 25, No. 5 (Dec., 2016).

12. McConnell, John J., and Henri Servaes, "The Economics of Prepackaged Bankruptcy", *Journal of Applied Corporate Finance* 4, No. 2 (1991): 93–98.

13. Sakai, Hideyuki; Mõri, and Anderson; Tomotsune, "Reflections on a Revolution in Japanese Business Restructuring Proceedings: An Insolvency Practitioner's Perspective of the Early 21st Century and Future of Japanese Insolvency Law", *The American Bankruptcy Law Journal*; *Ft. Wayne* Vol. 92, Iss. 3 (Sum., 2018): 387–416.

14. Southern District of New York. United States Bankruptcy Court, *Procedural Guidelines For Prepackaged Chapter* 11 *Cases In the United States Bankruptcy Court*, PDF file. New York, February 2, 1999. https://www.nysb.uscourts.gov/sites/default/files/prepack.pdf.

15. Sussberg, Joshua, Rachael Bentley & Nir Levin, "Speeding Through Chapter 11: An Overview of Expedited Prepackaged Bankruptcies and Why Critics Are Flat Wrong", *American Bankruptcy Institute Journal*; *Alexandria* 40, No. 9 (Sep., 2021): 20–21, 47–48.

16. Swan, David and Phan, Thuc-Doan, "Prepackaged Plans in 24 Hours", *American Bankruptcy Institute Journal*; *Alexandria* 38, Iss. 9, (Sep., 2019): 28–29,60.

17. Tashjian, Elizabeth, Ronald C. Lease & John J. McConnell, "An empirical analysis of prepackaged bankruptcies", *Journal of Financial*

Economics 40, No. 1 (January 1996): 135−162, https://doi.org/10.1016/0304-405X(95)00837-5.

18. Umfreville, Christopher, "Pre-Packaged Administrations and Company Voluntary Arrangements: The case for a holistic approach to reform", *International Company and Commercial Law Review* 30, 11 (Oct., 2019): 581−603, https://publications.aston.ac.uk/id/eprint/40266/1/Pre_Packaged_Administrations_and_Company_Voluntary_Arrangements.pdf.

19. Walton, Peter. "Pre-packaged Administrations − Trick or Treat?" *Insolvency Intelligence* 19 (2006): 113−122.

20. Zide, Stephen D, P Bradley O'Neill & Stephen M Blank, "Prepackaged Bankruptcy: Is It Right for Your Company?", *American Bankruptcy Institute Journal*; *Alexandria* 34, No. 10 (Oct., 2015): 30-31,69−70.

三、案例类

（一）中国内地

1. 杭州怡丰成房地产开发有限公司预重整案，(2015)杭余(预)破字12号。

2. 深圳福昌电子有限公司预重整案，(2016)粤03民破143号。

3. 江苏冶金设计院有限公司预重整案，(2020)苏01破申76号。

4. 中南红文化集团股份有限公司预重整案，(2020)苏02破申10号。

5. 太仓嘉年华房地产开发有限公司预重整案，(2020)苏0585破申20号。

6. 重庆金菱汽车(集团)有限公司等4家公司预重整案，(2022)渝05破申191−194号。

7. 温州吉尔达鞋业有限公司预重整案，（2017）浙03引调1号，（2017）浙03破申46号。

8. 山农股份有限公司预重整案，（2018）浙03引调2号，（2019）浙（03）破申55号。

9. 中科建设开发总公司预重整案，（2020）沪03破307号。

10. 重庆市武隆区仙女山旅游投资有限公司预重整案，（2023）渝05破申193号。

11. 隆鑫控股有限公司预重整案，（2021）渝05破申666号。

12. 重庆市大足区上坤房地产有限公司预重整案，（2020）渝05破申436号，（2021）渝05破127号。

13. 浙江三工汽车零部件有限公司预重整案，（2016）浙0381破8号。

14. 浙江衢州康保医疗器材有限公司破产重整案，（2017）浙0802民破1号。

（二）中国香港特别行政区

联合地产（香港）有限公司及其控股公司预重整案，[2020] HKCU 4146。

（三）美国

1. Crystal公司预重整案。

2. Genco 公司预重整案，14–11108（SHL）（Bankr. S.D.N.Y.）。

3. Blue Bird系列公司预重整案，2006 WL 8441882。

4. Belk公司预重整案，21–30630（MI）（Bankr. S.D. Tex.）。

（四）英国

1. Virgin公司预重整（重组计划）案，[2021] EWHC 814（Ch）。

2. DKLL Solicitors预重整案，[2007] BCC 908。

3. Re Houst Ltd.预重整（重整计划案），[2022] EWHC 1765（Ch），[2022] EWHC 1941（Ch）。

4. Re ALL Scheme Ltd.预重整（重组计划）案，[2021] EWHC 1401（Ch）。

（五）日本

马瑞利公司预重整（简易再生）案。

后　记

自我国司法实践开启对预重整这一制度的探索以来，市场对预重整的呼声日渐增高，实践中涌现了一批又一批典型案例。对预重整制度的探索，不仅为我国困境企业挽救提供了一种新的路径选择，也为推动我国破产预防文化的发展贡献了力量。诚然，任何事物的发展都并非一蹴而就，预重整制度在我国的构建尚处在不断完善的过程中。毋庸置疑，当前预重整探索过程中出现的尺度不一、功能模糊等问题，呼唤理论上的进一步厘清与规则上的进一步统一。正是多年来司法实践中累积的疑问与困惑，以及对预重整制度之于我国企业破产制度体系发展完善意义的理解，促使我想要揭开预重整这一新兴制度的“面纱”一探究竟。

本书在讨论预重整制度契约本质与社会本位属性的基础上，由实践中的做法与问题出发，在比较预重整发源地美国的做法与同为英美法系的英国、我国香港地区的实践以及大陆法系国家日本的做法后，分析上述国家及地区预重整制度的内在机理与逻辑前提。在此基础上，提出预重整制度的规范基础，包括预重整制度规范基础之私法自治——契约自由原则，预重整制度规范基础之公权规制——契约实质正义原则，以及在上述规范基础之上的具体规范原则，期望以体系化的规范基础与原则，解决实践中的问题与困惑，为推动预重整这一制度的完善与发展贡献微薄的力量。当然，虽然本书努力从法教义学研究、实证研究、比较研究等多个研究角度进行综合研究，以最大限度地避免研究的不足与片面，但遗憾仍在所难免，如从比较研究的角度，受制于语言能力，对于美国、英国、日本、我国香港地区等国家与地区的案例收集与梳理尚显不足。另外，囿于个人学识及认识程度的限制，也可能存在以偏概全的情况。因此，书中所论及的问题，有诸多内容尚需进一步深入研究。

本书是在我的博士论文的基础上修改而成。感谢国家法官学院与香港城市大学合作的高级法官法学博士项目，感谢我的单位南京中院以及上级法院，国家法官学院以及香港城市大学，让我有机会以新的视角审视与观察实践问题、开展理论研究。感谢林峰老师、关文伟老师、王江雨老师、何天翔老师、梁美芬老师、刘桥老师等诸位老师，他们高尚的师德与严谨的治学让我受益匪浅，对我影响深远。特别感谢我的导师陈志轩老师，在四年的学习过程中，陈老师对我学术上的悉心指导与不断激励，是我完成研究的力量源泉。在博士论文最后完成阶段，北京师范大学的贺丹老师亦提出了宝贵意见，让我的论文得以进一步改进与完善，在此表示衷心感谢。法律出版社的编辑苗婕老师，不仅严谨专业，而且耐心细致，为本书的出版完成了大量的工作，她敬业的精神与专业的水平，令我十分感动与佩服。日本早稻田大学的许馨予博士，在繁忙的工作学习之余，对我查阅日文资料提供了巨大的帮助，让我难以忘怀。

本书的出版还要感谢我的同学、同事和朋友，他们在我学习与写作过程中给予的关怀与帮助，无论何时想起都令我感动。当然，特别要感谢我的家人，他们的支持和鼓励，永远是陪伴我学习与写作的温暖力量。

本书的完成仅是个人思考与研究的结晶，如果能够给同人们提供一些可资思考的启发与方法，便无可憾。当然，囿于个人学识等各方面的限制，本书的瑕疵与错误在所难免，真诚欢迎专家学者与同人们的批评指正。